龍巖書院誌

남명사적총서-서원

용암서원지龍巖書院誌

© 김경수, 2017

1판 1쇄 인쇄__2017년 07월 10일
1판 1쇄 발행__2017년 07월 25일

엮은이__김경수
번 역__이창호
題 字__조순(덕천서원 원장, 편찬위원장, 전 부총리, 대한민국학술원 회원)

펴낸곳__『덕천서원지』·『용암서원지』·『신산서원지』 편찬위원회
　　　　『덕천서원지』: 경상남도 산청군 시천면 남명로 137, 전화__010-3832-8019
　　　　『용암서원지』: 경상남도 합천군 삼가면 남명로 72-7, 전화__010-3631-0150
　　　　『신산서원지』: 경상남도 김해시 대동로 269번 안길 115, 전화__055-336-6676

편집·제작__(주)글로벌콘텐츠출판그룹
　　　　등록__제25100-2008-24호
　　　　대표__홍정표 이사__양정섭 편집디자인__김미미 기획·마케팅__노경민
　　　　주소__서울특별시 강동구 천중로 196 정일빌딩 401호
　　　　전화__02) 488-3280 팩스__02) 488-3281
　　　　홈페이지__http://www.gcbook.co.kr

값 21,000원

ISBN 979-11-5852-150-9 94910
ISBN 979-11-5852-152-3 94910(세트)

龍巖書院誌

용암서원지

김경수 엮음

『덕천서원지』·『용암서원지』·『신산서원지』 편찬위원회 펴냄

글로벌콘텐츠

남명 선생南冥先生 **표준영정**標準影幀

이 영정은 장우성 화백이 그린 흉상을 토대로 조원섭 화백이 전체를 새로 그린 것으로 남명 선생의 진영은 아니다.

용암서원

1 숭도사崇道祠
2 전사청典祀廳
3 내삼문內三門
4 용암서원龍巖書院(거경당居敬堂)
5 한사재閑邪齋
6 존성재存誠齋
7 용암서원 묘정비龍巖書院廟庭碑
8 집의문集義門(외삼문外三門)
9 을묘사직소 국역비乙卯辭職疏國譯碑
10 남명 조식 선생상南冥曺植先生像
11 관리사管理舍
12 화장실化粧室
13 뇌룡정雷龍亭
14 주차장駐車場
15 남명교육관南冥敎育館

용암서원 전경 및 배치도

1 숭도사崇道祠   2 전사청典祀廳
3 내삼문內三門   4 용암서원龍巖書院(거경당居敬堂)
5 한사재閑邪齋   6 존성재存誠齋
7 용암서원 묘정비龍巖書院廟庭碑   8 집의문集義門(외삼문外三門)
9 을묘사직소 국역비乙卯辭職疏國譯碑   10 남명 조식 선생상南冥曺植先生像
11 관리사管理舍   12 화장실化粧室
13 뇌룡정雷龍亭   14 주차장駐車場
15 남명교육관南冥教育館

용암서원 전경 및 배치도

숭도사崇道祠
(글씨는 고봉古蓬 최승락崔承洛이 썼다)

숭도사崇道祠 내부

용암서원龍巖書院(거경당居敬堂)
(현판의 글씨는 소헌紹軒 정도준鄭道準이 썼다)

한사재閑邪齋
(글씨는 고봉古蓬 최승락崔承洛이 썼다)

존성재存誠齋
(글씨는 고봉古蓬 최승락崔承洛이 썼다)

전사청典祀廳

내삼문內三門

집의문集義門(외삼문外三門)
(글씨는 고봉古蓬 최승락崔承洛이 썼다)

용암서원묘정비龍巖書院廟庭碑

관리사管理舍

남명 조식 선생상 南冥曺植先生像

을묘사직소 국역비 乙卯辭職疏國譯碑

뇌룡정雷龍亭

(글씨는 약헌約軒 하용제河龍濟가 썼다)

남명교육관南冥敎育館

發刊辭

　　朝鮮中期의 性理學者이며 嶺南學派의 巨儒이시고 慶南의 代表的 歷史人物이신 南冥 先生을 享祀하고 있는 龍巖書院 書院誌를 發刊하게 되었습니다.

　　龍巖書院은 1576年(宣祖 9)에 盧欽 宋希昌 等 여러 선비가 三嘉縣의 西便 20里 近處 晦峴에 세운 晦山書院인데 壬辰倭亂 때 燒失되어 1601年(宣祖 34)에 書院을 重刱하면서 垈地 狹小로 香江周邊으로 옮겨 新築하였고 1605年 8月 南冥 先生의 位牌가 奉安되었습니다.

　　1609年(光海君 1)에 賜額되면서 얻은 名稱이 龍巖인데 大院君의 書院撤廢令이 내려진 1871년까지 存在했던 것입니다. 以後 歷史의 흐름에 따라 書院 復元이 새로이 發議되어 郡民 및 儒林들이 뜻을 모아 書院을 건립키로 한바 陜川郡에서 三嘉面 外兎里 兎洞에 '丹城縣監 辭職疏를 올린 雷龍亭 近處'에 2000年 8月 着工하여 崇道祠, 居敬堂, 典祀廳, 內三門, 講堂, 東齋(閑邪齋), 西齋(存誠齋), 外三門(集義門) 等을 建立하고 2007年 4月 26日 書院竣工을 가져 位牌를 奉安하고 現在의 모습을 갖게 되었습니다.

　　龍巖書院 운영에 평소 많은 관심과 지원을 아끼지 않으시는 河敞喚 군수님과 김성만 군의회의장님께 感謝드리며, 특히 今番 德川書院 龍巖書院 新山書院의 3院 書院誌를 集大成 合刊하면서 각각 또 別篇으로 하게 된 것을 매우 뜻깊게 生覺하면서 其間에 勞苦와 精熱을 다하신 한국선비문화연구원 김경수 박사님을 비롯한 推進委員들께 깊은 感謝를 드립니다.

2017. 6

龍巖書院 院長 沈義祚

祝刊辭

安寧하십니까?

儒林의 고장 陜川은 가야산과 황매산의 빼어난 精氣가 서려있고 또한 山紫水明하여 傑出한 先人들을 輩出한 곳이며 忠孝를 崇尙하는 선비의 고장이리 불리고 있습니다. 이에 先人들의 발자취를 찾아 文化遺産의 所重함을 일깨우려 노력하는 중 이 찬란한 遺産을 널리 알리기 위해 龍巖書院誌를 發刊함은 名賢巨儒가 많이 輩出된 곳에 뜻깊은 일이라 思料됩니다.

南冥 曺植 先生은 朝鮮中期 때의 巨儒로서 陜川郡 三嘉面 外兎里 兎洞 外家에서 태어나 '尸居而龍見, 淵黙而雷聲'이라 하여 敬義之學을 통한 實踐性理學의 정신으로 鷄伏堂과 雷龍亭을 지어 後學을 養成하였습니다. 그 후 龍巖書院을 建立하고 保存會를 設立함으로써 南冥 先生을 奉享하여 士林祭를 모시고 있습니다.

이번에 發刊되는 龍巖書院誌가 史蹟 記錄의 嚆示로 우리 고장의 自矜心을 더 높이고 後世들에게도 先賢들의 깊은 뜻이 스며있는 重要한 資料가 되리라 生覺합니다.

끝으로 어려운 與件속에서 手苦하신 推進委員長님과 發刊에 盡力하신 編輯者 여러분의 勞苦에 깊은 敬意를 드리면서 祝刊辭에 代합니다.

感謝합니다.

2017. 6

陜川郡守 河敞晥

祝刊辭

『용암서원지』 단행본 발간을 진심으로 축하드립니다.
역사는 과거지만 잊어서는 안 된다는 말이 있습니다. 역사를 잊는 민족은 미래가 없다는 교훈이 있기 때문입니다.

2016년 '제40회 남명선비문화축제'의 뜻깊은 결실로서 그동안 세 갈래로 나뉘어 보존하던 서원지와 남명 관련 사적지, 각종 학술·기념사업회의 역사와 변천과정을 종합하여 현대적 감각에 맞게 간행하고자 한 결심을 환영하고 존중합니다.

남명선생은 수차례에 걸친 벼슬의 제수에도 바르지 못한 정치를 거부하며 정계에 나아가지 않고, 산천거사로 머물면서 하늘을 가슴에 품고 후학을 양성하며 한평생 절개를 지킨 유학자이자 백성의 편안함과 슬픔을 벗어나지 않는 실천가이셨습니다.

따뜻한 양지와 이득이 될 만한 곳을 찾아 이리저리 떠돌며 국민의 안위는 뒷전인 오늘날의 정치인들을 보면서 남명선생의 애민정신과 불의에 타협하지 않는 강직함이 더욱 절실히 그리울 따름입니다.

이러한 때에 용암서원보존회를 비롯한 남명선생 선양보존회들이 뜻을 모아 선생에 대한 기록과 자취들을 종합하여 새롭게 재탄생시킴으로써 선생의 높은 학덕을 재조명하고 후세가 널리 본받을 수 있도록 힘써 주심에 깊은 감사의 마음을 표합니다.

이번의 역사적인 사업을 계기로 선생의 학업과 애민정신이 향후 더 큰 하나의 물줄기로 집대성되기를 바랍니다. 그리하여 후세들이 더욱 쉽고 편리하게 선생의 삶과 사상에 접근할 수 있고 삶의 귀감으로 삼을 수 있도록 다양하고 대중적인 방편이 더욱 풍부하게 연구되기를 바랍니다.

뜻깊은 사업에 함께 하신 모든 분들과 나라의 앞날에 안녕과 희망이 가득하기를 기원합니다.

2017년 6월
합천군의회 의장 김성만

남명 선생의 생애와 학덕

1. 생애生涯

선생의 휘諱는 식植, 자字는 건중楗仲, 본관本貫은 창녕昌寧이며, 남명南冥은 선생의 호號이다. 선생은 1501년(연산군 7) 6월 26일 경남 합천군 삼가면 토동의 외가外家에서 아버지 언형彦亨[승문원판교承文院判校]과 어머니 인천 이씨[충순위 국忠順衛 菊의 여女] 사이에서 태어났는데, 본가는 삼가의 판현板峴이었다. 어려서 외가에서 자라던 선생은 아버지가 문과에 급제하여 벼슬길에 나아가자 아버지의 임지를 따라다니면서 학문을 익히고, 한편으로는 백성들의 곤궁한 생활을 직접 보게 되었다.

19세 때 산에서 독서하다가 기묘사화己卯士禍로 조광조趙光祖 등의 죽음을 들었고, 숙부 언경彦卿도 이에 연루되어 파직당하는 것을 보고서 잘못된 정치의 폐단을 슬퍼하였다. 20세 때에는 향시에 일등이등으로 합격하였는데, 좌류문左柳文[좌구명左丘明과 류종원柳宗元의 글]을 좋아

---

1) 집필 및 편집인, 한국선비문화연구원 책임연구원 겸 경상대학교 대학원 철학과 외래교수

하고 고문古文에 능하여 그 글을 많은 사람들이 전송傳誦하였다. 25세 때에는 과거를 위하여 절간에서 공부하다가『성리대전』을 보던 중 노재魯齋 허형許衡이 말한 "이윤伊尹이 뜻한 바를 뜻으로 삼고 안자顔子가 배운 바를 배움으로 하여, 벼슬에 나가면 이루는 일이 있어야 하고 물러나서는 지킴이 있어야 한다. 대장부라면 마땅히 이와 같아야 할 것이니, 벼슬에 나아가서도 하는 일이 없고 산림山林에 처해서 지키는 것이 없다면 뜻한 바와 배운 바를 무엇에 쓰겠는가?"라고 한 구절을 보고서 크게 깨달아 과거공부를 폐하고 유경사서六經四書 및 주정장주周程張朱의 유서遺書에 전념했다. 30세 때부터 처가가 있는 김해 신어산 아래에 산해정山海亭을 짓고 학문에 정진하면서 제자들을 교육하기 시작하였다. 37세 때에 어머니를 설득하여 과거를 완전히 포기하였다. 38세 때 회재 이언적李彦迪의 천거로 처음으로 헌릉참봉獻陵參奉에 제수되었으나 나아가지 않았다. 45세 때에는 을사사화乙巳士禍가 일어나 평소 교분이 두터웠던 이림李霖, 곽순郭珣, 성운成運 등 절친했던 많은 인재들이 화禍를 당하자 더욱 벼슬할 뜻을 버렸다.

48세 때에는 다시 고향인 삼가의 토동으로 돌아와 뇌룡정雷龍亭과 계부당鷄伏堂을 짓고 제자를 길렀다. 이 시기에 선생의 명성은 이미 사림士林의 영수領袖로서 온 나라에 떨쳐 48세에 전생서주부典牲署主簿, 51세에 종부시주부宗簿寺主簿, 55세에 상서원판관尙瑞院判官, 또 같은 해에 단성현감丹城縣監 등에 계속 제수되었으나 모두 나아가지 않았다. 단성현감을 사직하는 상소上疏에서 "대비大妃는 사려가 깊지만2) 궁궐 속의 한 과부寡婦에 불과하고, 전하殿下는 어리시어 선왕先王의 외로운 계승자孤嗣일 뿐입니다"라는 구절이 있어 조야朝野에 큰 파문을 일으켰다. 이 상소는 실로 선생이 죽음을 무릅쓰고 국정의 잘못을 바로잡고자 언로를 연 것으로, 이 같은 과감한 직언直言은 산림처사山林處士의 위상을 높이는

---

2) 이 구절은『시경』「邶風」'燕燕'편의 '仲氏任只 其心塞淵'에 나오는 말이다.

계기가 되었다.

　61세 때 선생은 평소 만년晩年에 살 곳을 찾고자 10여 차례에 걸쳐 답사한 적이 있는 지리산 아래 덕산으로 옮겨 산천재山天齋를 지어 후진을 양성했다. 66세 때에는 임금이 부르는 교지敎旨가 거듭 내리자 상경上京하여 포의布衣로 사정전思政殿에서 왕과 한 번 독대하고는 이내 돌아왔다. 67세 때에 새로 왕위에 오른 선조가 거듭 불렀으나 나아가지 않았고, 68세 때와 71세 때에는 글을 올려 정치의 폐단과 이를 개혁할 대안을 제시하였다. 특히 68세에 올린 「무진봉사」는 이른바 '서리망국론'을 주장하여 국정 폐단의 근본적인 잘못이 서리들로부터 비롯되고 있다는 점을 밝히면서 이들이 조정의 실권자들과 결탁하고 있음이 더욱 큰 문제라고 지적하고 있다. 선생의 '서리망국론'은 이후로 조정에서 수시로 거론되었던 사실은 『조선왕조실록』을 보면 알 수 있으니, 그 고상한 식견을 짐작할 수 있다.

　선생은 72세 되던 해(1572) 2월 8일 산청군 시천면 사륜동에서 조용히 운명殞命하였다. 임종臨終에 모시고 있던 제자들이 사후死後의 칭호稱號를 묻자 "처사處士로 하는 것이 옳다. 만약 벼슬을 쓴다면 나를 버리는 것이다"라고 하였으며, 창벽간窓壁間에 써두고 있었던 '경의敬義' 두 글자를 가리키면서 "오가吾家에 경의敬義가 있는 것은 하늘에 일월日月이 있는 것과 같으니 힘써 지행持行할 것"을 당부하였다. 선생의 부음이 알려지자 조정에서는 제물祭物과 예관禮官을 보내어 제사지내고 사간원司諫院 대사간大司諫에 추증追贈하였다. 이어 광해군光海君 때에는 선생에게 '도덕박문왈문道德博聞曰文 직도불요왈정直道不撓曰貞', 즉 도와 덕을 갖추고 널리 배웠다는 뜻의 문文과 도를 곧게 하여 흔들림이 없었다는 뜻의 정貞을 사용하여 문정文貞이란 시호諡號[3]와 함께 영의정領議政에 추증하

---

3) 선생의 시호에서 '직도불요왈정'이란 표현은 조선시대의 정식 시법諡法에 없는 내용이다. 그런데 이와 같은 뜻을 부여한 것은 선생의 특징을 가장 선명히 드러낼 수 있기 때문으로 볼 수 있다.

였으며, 선생을 향사享祀하고 있던 덕산의 덕천서원德川書院, 합천의 용암서원龍巖書院, 김해의 신산서원新山書院을 모두 사액賜額하였다.

2. 학덕學德

선생이 생존했던 시기는 조선조 중기로 이 시기는 성리학의 이론적 탐구가 본격적으로 전개되던 때였다. 게다가 선생은 당대의 명류들과 두루 깊이 사귀었으니 이윤경李潤慶 준경浚慶 형제, 이항李恒, 이황李滉, 성수침成守琛, 성운成運, 이원李源, 이희안李希顔, 신계성申季誠, 김대유金大有, 이림李霖 등이 그들이니 모두 성리학에 고명한 조예를 지니고 있었던 인물들이다.

그러나 선생은 성리학의 이론적인 측면만을 궁구함에 따른 폐단을 익히 알고서 오히려 그 실천을 중시하였다. 선생의 학문은 만년에 산천재 벽에 써 두었던 경敬과 의義 두 글자에 집약된다고 할 수 있다. 이것은 『주역周易』의 곤괘坤卦 「문언전文言傳」에 나오는 말로 '경이직내, 의이방외敬以直內 義以方外', 즉 '경으로써 안을 곧게 하고 의로써 밖을 반듯하게 한다'는 뜻을 지녔다. 여기서 선생은 경敬을 내적 수양과 관련시키고 의義를 외적 실천과 관련시켰는데, 이는 평소 즐겨 차고 다녔던 패검佩劍에 '내명자경 외단자의內明者敬 外斷者義', 즉 '안으로 마음을 밝히는 것은 경이요, 밖으로 행동을 결단하는 것은 의이다'라는 명銘을 새겼던 것에서도 알 수 있다. 또 선생은 성성자惺惺子라는 방울을 차고 다녔는데, 그 소리로 항상 마음에 경각심을 일깨워 안을 밝게 하였던 것이며, 행동은 의義에 맞지 않으면 칼로 자르듯이 반듯하게 하였던 것이다. 이와 같이 공허한 이론적 탐구보다는 실천과 실용을 중시한 남명의 학문은 뒷날 실학의 비조로 꼽히기도 한다.

또한 선생은 참으로 '선비정신'의 전형이었으니, 이른바 '천자天子도 신하 삼을 수 없고, 제후諸侯도 벗 삼을 수 없는' 처사로서의 모범을 보였다. 당시 4대사화로 인해 사림土林의 기운이 극도로 퇴상해 있던 때를 당하여 선생은 사기土氣를 만회하고 후진을 양성하여 선비의 본래 사명과 직분을 알게 하였다. 이는 선생이 10여 차례 이상 벼슬을 제수 받았으면서도 당시의 정국이 벼슬하여 뜻을 펼 수 있는 여건이 아님을 보고서, 단지 허명虛名으로 부름에 대해 단 한 차례도 나아가지 않고 처사로서의 직분을 굳게 지켰던 것에서도 알 수 있다.

이리하여 선생으로부터 과거를 보아 벼슬에 나아가는 것보다 산림에 묻혀 학문을 수양하는 선비가 더욱 존경받는 풍토가 되었으니, 이른 바 '묘당유廟堂儒'보다 '산림유山林儒'가 정치의 주체가 되는 사림정치시 대土林政治時代가 이때부터 비롯되었다. 이후로 은일隱逸 출사出仕의 관직 한계를 무너뜨려 정승政丞에까지 오를 수 있게 되었으니, 내암 정인홍, 미수 허목, 우암 송시열 등이 그 대표적인 사람들로서 모두 당대의 명현名賢들이었다. 이들은 모두 선생의 신도비명神道碑銘을 써서 추앙하고 있다.

한편 선생은 정치는 백성들 편에 서서 시행해야 한다는 위민정치爲民政治를 강조했다. 선생은 항상 백성들의 곤궁한 생활을 마음 아파하여, 관리들과 어울려 정치를 이야기할 기회가 있으면 팔을 휘두르며 백성들의 고통을 말했으며, 때로 혼자서 슬피 노래 부르고 눈물을 흘린 적이 한두 번이 아니었다고 기록되어 있다. 이와 같은 선생의 위민정치 사상은 백성 위에 군림하는 정치가 아니라 백성이 국가의 근본民爲邦本임을 알아야 한다는 주장에 근본하는 것으로 「민암부民嵒賦」에 잘 나타나고 있으니, 여기에서 선생은 '물이 배를 띄울 수도 있고 배를 뒤집을 수도 있다'는 외민畏民사상을 담고 있다.

선생은 이만규李萬珪가 『조선교육사』에서 우리나라 교육사상 가장 성공한 교육자로 꼽고 있는 것처럼 많은 영재英才를 길렀다. 선생의 교육 철학은 제자를 개인의 자질에 따라 가르치면서 넓게 지식을 섭취하여 그것을 자기 자질에 맞게 소화하는 것을 중히 여겼다. 구체적인 교육방

법은 글자 하나하나의 해석에 얽매이지 않고 요체를 파악하는 교수법을 택했으며, 아는 것을 결국 실천에 옮기도록 하는 데 교육의 목적을 두었다.

이리하여 선생의 문하에서 당대의 명유名儒, 석학碩學들이 많이 배출되었으니, 오건吳健 최영경崔永慶 정인홍鄭仁弘 하항河沆 김우옹金宇顒 정구鄭逑 정탁鄭琢 김면金沔 곽재우郭再祐 김효원金孝元 성여신成汝信 등이 그 대표적인 사람들이다. 특히 선생은 김해 시절부터 왜구의 노략질을 직접 목격하고서 오래지 않아 왜적이 침입해 올 것을 알고 제지들에게 이에 대비하도록 하였다. 선생은 성리학뿐만 아니라 천문天文, 지리地理, 의학醫學, 궁마弓馬, 행진行陣 등의 학문에도 밝아 제자들을 기르는데 이와 같이 병법兵法도 가르쳤던 것이다. 이후 결국 임진왜란이 일어나자 영남의 곽재우 정인홍 김면 등 3대의병장과 조종도趙宗道를 비롯한 50여 명의 의병장이 선생의 문하에서 일어나 국난을 극복하는데 크게 기여하였던 것이며, 여기서 선생의 학덕은 더욱 혁혁히 빛나게 되었다.

이 같은 선생의 학덕은 산해정 시절의 '한사존성, 악립연충閑邪存誠, 岳立淵冲(사악함을 막고 성을 보존하여 산악 같이 우뚝하고 깊은 연못처럼 고요하라)'라는 좌우명座右銘에서 비롯하여, 뇌룡정 시절의 '시거이용현 연묵이뇌성尸居而龍見 淵默而雷聲(시동처럼 가만히 있다가 용처럼 나타나고, 깊은 연못처럼 고요히 있다가 우레 같이 소리친다)'는 자세에서 함양되고, 산천재 시절의 '경의敬義'로 최종 집약되었던 것이다. 그리하여 후세에서 선생을 일러 '추상열일秋霜烈日'이니 '벽립천인壁立千仞'이니 '봉상만인鳳翔萬仞'이니 '고고탁절孤高卓絶'이니 '선생즉일월先生卽日月'이라고 하는 등과 같은 표현이 있게 되었으니, 이로써 선생의 학문과 인품을 능히 짐작하고도 남음이 있다.

일러두기

◆ 이 책은 남명 선생을 향사하고 있는 덕천서원 용암서원 신산서원 등 세 서원의 역사적 변천과정과 그 내용을 최대한 수습하여 정리하고자 기획되었다. 『덕천서원지』·『용암서원지』·『신산서원지』세 권을 한 질로 묶었다. 이렇게 함으로서 세 서원의 전체적 모습을 쉽게 확인할 수도 있고 동시에 각각의 서원지는 단행본으로서의 역할도 할 수 있도록 하였다.

◆ 덕천서원의 경우는 서원의 역사를 기록한 『덕천서원지』가 소략하지만 남아 있어 그 대체적인 연혁을 알 수가 있다. 그러나 용암서원과 신산서원은 훼철 이후 관리가 제대로 이루어지지 않아 서원이 보유하고 있던 자료들이 모두 분실되어 남은 것이 전혀 없는 실정이다. 그러므로 덕천서원의 연혁은 부분적으로 보충하여 정리하였지만, 용암서원과 신산서원의 연혁은 여러 가지 자료들을 열람하여 처음부터 새로 정리하였다.

◆ 덕천서원에는 수우당 최영경 선생이 종향되어 있고, 신산서원에는 송계 신계성 선생이 병향되어 있지만 용암서원은 남명 선생만 제향되어 있다. 따라서 『덕천서원지』에서는 수우당 선생의 생애자료와 관련한 기록들을 포함시켰고, 『신산서원지』에는 송계 선생의 생애자료와 관련된 기록을 포함시켰다.

◆ 덕천서원 주변에는 산천재를 비롯하여 남명 선생 묘소와 여재실 및 세심정 등의 사적지와 남명기념관과 한국선비문화연구원 그리고 덕문정 등과 같은 남명 선생 관련 기념사업 건물들도 산재하고 있다.

따라서 『덕천서원지』에는 이러한 사적지와 기념물 등과 관련한 내용들도 모두 포함하였다. 용암서원은 세 차례 위치를 바꾸어 건립되었는데, 현재의 서원은 뇌룡정 옆에 복원되었다. 그 주변에는 남명 선생께서 탄생한 생가지(남명 선생의 외가)가 복원되어 있으므로, 『용암서원지』에는 뇌룡정과 생가지에 대한 내용도 포함하였다. 신산서원은 원래 산해정 자리에 복원하였으나 훼철 이후 산해정만 복원하고 신산서원은 복원하지 못하고 있다가 1999년도에 산해정을 확대하여 신산서원으로 준건하였으므로, 현재의 신산서원 강당이 바로 산해정이었다. 그러므로 『신산서원지』에는 산해정의 모든 자료들도 포함하였다.

◆ 『덕천서원지』는 연혁을 먼저 수록하되 현재 서원에 걸려 있지 않은 기문류 등도 수습하여 여기에 포함시켰다. 이어서 봉안문 축문 향례 의절 등을 실었다. 그 뒤에 「남명 선생의 유향」편을 두어 선생이 남긴 자료를 수록하였다. 이어 「덕천서원의 자료」편을 두어 덕천서원이 소장하고 있는 원임록과 원생록 사우연원록 등에 기록된 명단을 정리하여 수록하고, 청무소축에 대해 소개하고 대표적 청무소 한 편을 번역하여 실었다. 그리고 각종 현판들을 수록하고, 세심정까지 포함하였다. 그 뒤에 「남명 선생편」을 두어 행장 묘갈명 묘지명 신도비명 교지 사제문 연보 등을 수록하였다. 이어서 「수우당선생편」에는 제남명선생문 행장 묘갈명 묘지명 신도비명 사제문 덕천서원 배향고문 등을 포함하였다. 그 뒤에 「산천재편」을 수록하여 각종 주요 문서와 행례홀기 등을 실었다. 이어서 여재실과 덕문정 관련 글을 싣고, 남명기념관과 한국선비문화연구원의 연혁과 주요 사업을 수록하였다. 그리고 「부록」으로 남명학 관련 기관들의 연혁과 주요사업실적을 수록하고, 그동안의 각종 기념사업 실적을 나열하였다. 따라서 『덕천서원지』는 그 분량이 다른 서원지에 비해 상당히 방대하다.

◆ 『용암서원지』는 연혁을 먼저 수록하고, 이어서 「남명 선생편」을 두어 남명 선생의 유향과 선생의 생애자료와 관련한 글들을 묶었다. 이어서 용암서원에 게시된 각종 현판의 글들을 싣고, 「뇌룡정편」을 그 뒤에 두어 관련 내용들을 수록하였다. 이어서 '남명 선생 생가지' 사진을 싣고 간단한 설명을 붙였으며, 그 뒤에 「을묘사직소(일명 단성소)」를 수록하여 그 내용을 알 수 있게 하였다. 「부록」으로는 「남명학의 선양경과」와 「남명 선생 선양회 연혁」을 실었다.

◆ 『신산서원지』는 연혁을 먼저 수습하여 수록하되 현재 게시되어 있지 않은 기문류의 글들도 수습하여 포함하였다. 그 뒤에 「남명 선생편」을 두어 남명 선생의 유향 및 생애자료와 관련된 기록들을 묶었다. 이어서 「송계 선생편」을 두어 송계 선생 관련 각종 기록들을 정리하였다. 그 뒤에 「신산서원편」을 두어 신산서원과 관련한 각종 현판들을 수록하고, 이어 「산해정편」을 두어 산해정과 관련된 모든 현판들을 실었다. 「부록」으로는 「남명학의 선양경과」를 실었다.

◆ 각 항목들에 대한 이해를 돕기 위하여 각 장마다 따로 '개요'를 붙여 구체적인 설명을 하였다.

◆ 사적지들에 걸려 있는 현판의 수록순서는 지어진 연기가 있는 경우는 연도가 앞서는 것부터 하였으며, 같은 일에 대한 기록에 대해서는 상량문, 기문, 원운의 순서로 하였다.

◆ 모든 한문으로 된 글들은 번역을 붙였으며, 일반인들의 이해를 돕고자 번역문을 먼저 싣고, 필요한 경우에는 원문과 대조해 볼 수 있도록 원문을 바로 이어 수록하였다.

◆ 번역은 원문의 문맥에 따르는 것을 가장 우선으로 하면서, 모두 한글로 번역하고 이해에 필요하다고 생각되는 한자는 괄호로 묶어 표시하였다.

◆ 원문의 작자들은 한결같이 당대의 명유名儒들로서 문장에 매우 어려운 구절을 많이 사용하였는데, 이러한 구절들은 가급적 각주를 달아

서 이해를 돕도록 하였고, 글의 작자에 대해서는 각주를 다는 것을 원칙으로 하였고, 글 속에 나타나는 인물들에 대해서도 가능한 범위 안에서 각주를 달았다.

◈ 번역에 있어 상량문·시詩·명銘 등은 원문이 지니는 운율을 최대한 살려 번역하였으므로, 읽을 때 운문체의 음률로 읽으면 그 맛이 더욱 드러나게 하였다.

◈ 책 표시는 『 』로 하였고, 논문이나 단편적인 글 제목은 「 」로 표시하였으며, 일반적 인용은 ' '로 표시하고, 대화체의 인용은 " "로 표기하였다.

◈ 책의 일차적인 편집과 설명문은 김경수가 담당하였고, 이에 대해 허권수 감수위원 및 이성규·노재성·박병련·최석기·이상필·김낙진·김학수 등 7명의 검토위원이 교정과 윤문을 맡았다.

◈ 이 책에 실린 한문 원문은 몇 가지를 제외하고는 이창호李昌浩 씨가 모두 번역하였으며 최종 교정은 김경수와 같이 맡았다.

◈ 책의 편찬에 있어 자료의 전산작업과 각주를 다는 작업에 구자익 박사와 구진성 박사의 도움이 있었다.

◈ 책 끝에 수록한 편찬위원회의 명단은 세 서원지의 공동편찬위원회로 이해하면 된다.

목차

제1부 남명 선생편

제1장 남명 선생의 유향 49

제2부 용암서원편

제3부 뇌룡정편

뇌룡정과 용암서원 연혁

○ 1501년(연산군 7) 6월 26일 남명선생이 삼가현 토동(현 합천군 삼가면 외토리 토동 마을)에서 탄생하였다. 4세 때 부친이 과거에 급제한 뒤에는 부친의 임지를 따라 다녔으며, 26세에 아버지께서 돌아가시고 3년 상을 치른 후에는 처가가 있는 김해로 옮겨 모부인을 봉양하면서 산해정山海亭을 짓고 강학하였다.

○ 1548년(명종 1) 삼가현 토동 외가 인근에 계부당鷄伏堂과 뇌룡사雷龍숨가 창건되었다. 남명선생은 모친상이 끝난 1547년(명종 2) 무렵부터 자신의 생가 근처에 계부당과 뇌룡사를 지어 거주했다. 계부鷄伏는 '함양하기를 닭이 알을 품듯이 한다[涵養如鷄抱卵]'는 말을 취한 것이다. 뇌룡雷龍은 '시동처럼 가만히 있다가 용처럼 나타나며, 연못처럼 고요히 있다가 우레처럼 소리친다[尸居而龍見 淵默而雷聲]'는 말을 취한 것인데, 남명 선생은 화공에게 뇌룡의 형상을 그리게 해서 좌우座右에 걸어 두었다.

○ 1572년(선조 5) 임신 2월 초8일, 남명 선생께서 역책易簀하셨다.

○ 1576년(선조 9) 노흠盧欽,[1] 송희창宋希昌[2] 등 여러 선비들이 의논하여

---

1) 노흠盧欽(1527~1602): 자는 공신公愼, 호는 입재立齋, 본관은 광주로 삼가에 거주했다. 임난 때 창의하였다. 저술로 『입재집』이 있다.

2) 송희창宋希昌(1539~1620): 자는 덕순德順, 호는 송헌松軒, 본관은 은진으로 대병에 거주했다.

삼가현 서쪽 20리 남짓 회현晦峴에 회산서원晦山書院을 건립하였다.[3]

○1582년 10월 회산서원에서 남명 선생의 위패를 봉안하였다.[4] 당시
의 원장은 각재 하항[5]이었다.

○1593년(선조 26) 임진왜란으로 서원이 소실되었다. 토동의 뇌룡사
와 계부당도 이 무렵 소실되었다.

○1601년(선조 34) 예전 서원 터가 협소하여 송희창宋希昌, 문경호文景
虎[6], 조응인曹應仁[7]의 주도로 현재의 합천군 봉산면 봉계리 향강[황
강] 앞으로 자리를 옮겨서 향천서원香川書院으로 중건하였다.

○1605년(선조 38) 8월에 남명 선생의 위판을 봉안하였다.
당시 주요 참여자는 다음과 같다.[8]

	姓名	生沒年代	字	號	本貫	居住	備考
1	河渾	1548~1620	性源	暮軒	晉陽	冶爐	임란창의
2	朴廷璠	1550~1611	君信	鶴巖	高靈	高靈	임란창의

---

3) 外沙里의 옛 이름은 祠宇室인데, 外沙里와 內沙里가 있으며 행정명으로는 외사리로 되어 있다. 새로 도로가 생기면서 도로변에 마을이 형성되어 오늘날의 外沙가 되었고, 晦山書院이 있던 본래의 사우실은 내사리이다. 사우실이라는 지명이 생긴 이유가 회산서원이 있었기 때문이다.

4) 하수일河受一, 『松亭續集』 附錄 卷3 「연보」에 '十五年壬午十月 陪覺齋先生 往晦山書院 奉安南冥先生 翌日 遊黃溪(三嘉人士新建書院於晦山 盖以南冥舊鄕也 覺齋時以德川山長 兼晦山山長 奉安位板 先生 往從之爲執禮 翌日 觀黃溪瀑㳍)'라는 내용이 있다.

5) 하항河㳚(1538~1590): 자는 호원灝源, 호는 각재覺齋·내복재來復齋, 본관은 진주로 진주 수곡에 거주했다. 저술로 『각재집』이 있다.

6) 문경호文景虎(1556~1619): 자는 군변君變, 호는 역양嶧陽, 본관은 남평으로 야로에 거주했다. 정인홍·정구의 문인이다. 저술로 『역양집』이 있다.

7) 조응인曹應仁(1556~1624): 자는 선백善伯, 호는 도촌陶村, 본관은 창녕으로 합천에 거주했다. 정인홍·정구의 문인이다. 저술로 『도촌실기』기 있다.

8) 문경호, 『嶧陽集』 「연보」에서 발췌하여 정리하였다. 수록 순서도 이를 따랐다. 이 모임에 내암 정인홍(1536~1623)도 참석하였을 것이 확실하지만, 여기에는 이름이 빠져 있다.

	姓名	生沒年代	字	號	本貫	居住	備考
3	李大期	1551~1628	任重	雪壑	全義	草溪	임란창의
4	文景虎	1556~1619	君變	嶧陽	南平	冶爐	임란창의
5	曹應仁	1556~1624	善伯	陶村	昌寧	陜川	임란창의
6	李屹	1557~1627	山立	蘆坡	碧珍	三嘉	임란창의
7	李厚慶	1558~1630	汝懋	畏齋	碧珍	靈山	
8	鄭蘊	1569~1641	輝遠	桐溪	草溪	安義	부친과 송암휘하 의병
9	金斗南	1567~1615	汝仰	德灘	義城	陜川	임란창의
10	文景晉	1576~1647	子昭	松溪	南平	冶爐	
11	崔汝契	1551~1611	舜輔	梅軒	陽川	高靈	임란창의
12	崔恒慶	1560~1638	德久	竹軒	永川	星州	
13	吳長	1565~1617	翼承	思湖	咸陽	山淸	임란창의
14	李東勳	1556~?	仁佑	龍澗			
15	李堉	1572~1637	士厚	心遠堂	全州	星州	
16	全雨	1548~1616	時化	睡足堂	完山	陜川	임란창의
17	郭永禧	1560~1619	德修	晩翠堂	玄風	率禮	
18	李大約	1560~1614			全義	草溪	
19	李明怘	1565~1624	養初	梅竹軒	廣平	咸安	
20	成辨奎	1556~?	賓如	惕齋	昌寧	安陰	
21	李明慜	1569~1637	一初	菊庵	廣平	咸安	
22	全八顧	1540~1612	景弼	原泉	竹山	居昌	임란창의
23	朴愚齋						
24	朴絪	1583~1640	伯和	无悶堂	高寧	陜川	
25	李殼	1575~1631	遵晦	梅軒	星州	丹城	
26	崔嶝						
27	金秀南	1585~?	汝瞻	龍湖	義城	陜川	

○1606년(선조 39) 11월에 한강 정구9)가 사우를 참배하였다.

○1607년(선조 40) 3월경 경상감사의 건의를 받아들여 선조가 정인
홍10)에게 향천서원·남계서원·덕산서원의 원장을 맡겼으나 정인홍

---

9) 정구鄭逑(1543~1620): 자는 도가道可, 호는 한강寒岡, 본관은 청주로 성주에 거주했다. 저술로 『한강집』
이 있다.

10) 정인홍鄭仁弘(1536~1623): 자는 덕원德遠, 호는 내암來庵, 본관은 서산으로 합천 가야에 거주하였다.
남명의 수문인으로 꼽히며 임진왜란 때 의병대장으로 활약하였고 영의정에 올랐다. 인조반정

은 곧 사임하였다.[11)

○ 1609년(광해 1) 용암서원으로 사액하였다.

○ 1615년(광해 7) 이 무렵 문경호文景虎(1556~1619)가 원장으로 재임하였다.

○ 1624년(인조 2) 이대기李大期[12)와 박인朴絪[13)이 용암서원에서 원규院規) 세웠다.[14) 이 무렵의 원장은 노파 이흘李屹[15)이었다. 이흘은 용암서원과 가까운 노파에 살면서 원내의 여러 일에 힘을 쏟는 한편 특히 원생들의 학력 증진에 힘썼다.[16)

○ 이흘 이후 원장을 맡은 인물은 정온鄭蘊[17)이었다.

이후 적신으로 처형되어 순종 때 신원되었다. 저서로 『내암집』이 있다.

11) 정경운鄭慶雲, 『고대일록孤臺日錄』 정미년(1607) 3월 4일조에 '聞慶尙監司狀啓 請以先生·寒岡及曺好益·張顯光·徐思遠·琴應薰爲院長 以作士習 依伊川學訓 自上依允 以先生[鄭仁弘]爲灆溪·德山·香川院長云'이라 하였고, 정미년(1607) 3월 17일조에 '十七日庚辰 聞先生以年老 辭三處院長 令有司報官 轉報于監 使司之達于朝廷云'이라는 내용이 있다.

12) 이대기李大期(1551~1628): 자는 임중任重, 호는 설학雪壑, 본관은 전의로 초계에 거주하였다. 최영경·정인홍의 문인으로 임진왜란 때 거의하였다. 저서로 『설학집』이 있다.

13) 박인朴絪(1583~1640): 자는 백화伯和, 호는 무민당无悶堂, 본관은 고령으로 야로에 거주하였다. 정인홍의 문인이다. 저서로 『무민당집』이 있다.

14) 이대기李大期, 『雪壑集』 「연보」에 '四年 我仁祖二年 甲子 … ○ 與朴无悶堂期會香川書院 完立院規 香川乃南冥先生 俎豆之所'라는 내용이 있다.

15) 이흘李屹(1557~1627): 자는 산립山立, 호는 노파蘆坡, 본관은 벽진으로 삼가에 거주했다. 저술로 『노파집』이 있다.

16) 조임도趙任道, 『간송집澗松集』 5卷 「喜靜堂行狀」에 다음 내용이 있다. "龍巖去蘆坡僅一牛鳴 士林推先生 爲山長 院中事悉心句當 勸課諸生 通讀小學 嘗謂綱目聚諸史之精英 經大賢之筆削 麟經之後無此史法 學史者所宜專治 而篇帙浩穰 卒難徧究 聰明不逮者 率多有望洋之歎 必須節略校勘 名以綱目節要如少 微通鑑 然後庶可以探討領要 方與門生鄭以道等抄取謄書 不幸未就而卒"

17) 정온鄭蘊(1569~1641): 자는 휘원輝遠, 호는 동계桐溪, 본관은 초계草溪로 거창에 거주했다. 저서로 『동계집』이 있다.

○1631년(인조 9) 정온이 조임도, 유진柳袗[18] 등과 함께 용암서원에서 회합하였다.[19]

○1633년(인조 11) 10월 정온이 용암서원을 방문하고 아울러 전임 원장 이흘의 묘에 제사를 지냈다. 당시 모인 사람은 조임도趙任道,[20] 박인, 강대수姜大遂,[21] 조정립曹挺立,[22] 임진부林眞怤[23] 등이다.[24]

○정온 이후 원장을 맡은 인물은 임진부林眞怤(1586~1657)였다. 임진부는 1639년 용암서원 옆 향천 가에 우거하였다. 임진부가 새벽녘 용암서원에서 지은 시 한 수는 다음과 같다.

바람이 섬운 걷어 개인 달이 새로운데,　　　　風捲纖雲霽月新
뜰에 가득한 송죽은 모두 선생의 정신일세.　　滿庭松竹揔精神
창문 열고 앉아서 닭 울기를 기다리니,　　　　開窓坐待天鷄叫
오장에 어찌 한 점 티끌을 용납하랴![25]　　　五內寧容一點塵

○임진부가 용암서원에서 공부하던 생질 송정렴宋挺濂[26]에게 보낸 시

---

18) 유진柳袗(1582~1635): 자는 계화季華, 호는 수암修巖, 본관은 풍산豊山으로 유성룡柳成龍의 아들이다. 저서로 『수암집』이 있다.

19) 조임도趙任道, 『澗松集』「연보」: 四年辛未 先生四十七歲 與鄭桐溪·柳修巖會龍巖書院 時修巖爲陜川郡守

20) 조임도趙任道(1585~1664): 자는 치원致遠·덕용德勇, 호는 간송澗松, 본관은 함안으로 함안에 거주했다. 저술로 『간송집』이 있다.

21) 강대수姜大遂(1591~1658) : 자는 학안學顏, 호는 한사寒沙, 본관은 진양으로 합천에 거주했다. 저술로 『한사집』이 있다.

22) 조정립曹挺立(1583~1660): 자는 이정以正, 호는 오계梧溪, 본관은 창녕으로 조응인曹應仁의 아들이다. 저서로 『오계집』이 있다.

23) 임진부林眞怤(1586~1657): 자는 낙옹樂翁, 호는 임곡林谷, 본관은 은진으로 노흠盧欽의 외손자이다. 저서로 『임곡집』이 있다.

24) 정온鄭蘊, 『동계집桐溪集』「연보」의 1633년 10월조.

25) 임진부林眞怤, 『林谷集』「龍巖吟三首」.

26) 송정렴宋挺濂(1612~1684): 자는 계맹繼孟, 호는 존양재存養齋, 본관은 은진으로 삼가에 거주했다.

두 편은 다음과 같다.

동쪽 현판에는 경敬, 서쪽 현판에는 의義,	東楣之敬西楣義
걸려 있는 현판을 예사롭게 보지 말라.	莫把尋常揭額看
모든 성인이 전한 말 오직 두 글자이니,	千聖相傳惟二字
직내直內하고 방외方外하여 안정함을 이루기를!	直方要到定而安

엄한 스승 지척에 밝게 임해 계시니,	嚴師咫尺赫其臨
우러러 받들면서 언제나 조심하고 두려워하라.	對越恒存戒懼心
우뚝 섰던 당시에 오직 의를 근거하셨으니,	特立當年惟義比
변하는 세속 따라 부침해서야 되겠는가?	肯隨渝俗任浮沉[27]

○ 임진부의 시에 화답한 송정렴의 시 두 편은 다음과 같다.

용암서원 고요한 곳에 수개월 있으면서,	數月龍巖幽靜處
어찌 한갓 장구만을 탐닉하여 보겠습니까!	豈徒章句是耽看
오직 경의 지니어 우리 도를 구하리니,	直將敬義求吾道
진실로 그 문을 얻으면 죽음 또한 편안하겠지요!	苟得其門死亦安

천지간에 밝고 밝게 일월이 임했으니,	天地昭昭日月臨
어찌하여 세속 따라 초심을 잃겠습니까?	肯隨流俗變初心
남들과 영합하여 휩쓸리지 아니 하고,	逢人不用望望意
선성의 책 속에 침잠할 뿐입니다.	先聖書中會浸沉[28]

○ 1678년(숙종 4) 당시 원장은 송정렴이었는데, 그의 주도로 용암서원 옆에 뇌룡정이 중건되었다.[29] '뇌룡'이라는 이름을 가진 집은 본래

저술로 『존양재집』이 있다.

27) 임진부林眞怤, 『임곡집林谷集』「送宋甥挺濂讀書龍巖書院二首」.

28) 송정렴宋挺濂, 『존양재집存養齋集』「龍巖院次林林谷先生惁怤韻二首」.

남명 선생이 생가지(토동) 근처에 세운 건물인데, 후에 용암서원 동쪽에 있는 건물을 '뇌룡정雷龍亭'이라고 명명하였다.[30)]

○ 1758년(영조 34) 뇌룡정이 중창重創되었다.[31)]

○ 1812년(순조 12) 우암 송시열이 지은 「남명선생신도비문」을 '용암서원묘정비'로 만들에 세웠다. 이 무렵 뇌룡정을 비롯한 용암서원의 건물들이 중수되었다.[32)]

○ 1871년(고종 8) 대원군의 서원철폐령으로 훼철되었다.

○ 1873년(고종 10)과 1876년(고종 13) 토동에 뇌룡정 복원이 발의되었다.[33)]

○ 1885년(고종 22) 뇌룡정이 중건되었다.[34)] 당시 허유許愈[35)]와 정재규

---

29) 송정렴의 연보에는 1678년 용암의 뇌룡정이 중수되었다고 표현되었고, 신호인申顥仁(1762~1832)의 「뇌룡정중수기」에는 1678년 창건되어 1758년 중창되었다고 기록되어 있다(宋挺濂, 『存養齋集』「年譜」: 戊午 先生六十七歲春 重修龍巖雷龍亭 先生時爲洞主 歎雷龍舍之毀頹 與士林議重新之; 申顥仁, 『三洲集』「雷龍亭重修記」: 亭之創始在於肅廟戊午 而重創則英廟戊寅也).

30) 조희규曺禧奎, 『창와집昌窩集』「雷龍亭重建議」: 噫吾鄉是我南冥老先生嶽降之地 而兔洞卽杖屨之所也 舊有亭曰雷龍 粤自晦院之撤 亭隨而移在龍巖祠之東畔 舊亭則墟矣.

31) 신호인申顥仁, 『삼주집三洲集』「雷龍亭重修記」: 亭之創始在於肅廟戊午 而重創則英廟戊寅也.

32) 이교우李敎宇(1881~1944)가 지은 신호인申顥仁(1762~1832)의 묘지명에 따르면, 신호인이 주도하여 용암서원을 복구하고 용암서원묘정비를 세운 것으로 보이는데[縣有龍巖書院卽山海先生俎豆之所 規久幾廢 公經晝畫管 俾之復舊 建尤菴先生所撰碑於院庭 春秋會諸生講學], 신호인의 「뇌룡정중수기」에 따르면, 이 당시 역할을 했던 인물은 박기중朴基中·송규택宋奎澤·유귀한柳龜漢·신정교申正敎 등이다.

33) 조희규曺禧奎, 『창와집』「雷龍亭重建議」: 往在癸酉(1873)冬 余以重建之意 煞用心力 而物議竟未諧 丙子(1876)仲春之月 因校宮之會 復申前議 無一敢携貳者 乃通于至鄉 期以三月上巳更會 座旣圓 余起而告曰 今玆之擧 必有定算 盍各言諸 僉曰此事非倉卒可成 曷若醵金立稧 積數年力以圖之 余曰君子臨事惟觀義之可否 義苟可矣 何用趦趄 然僉意旣如此 余豈以今日不成而謂永無斯亭也 因成一冊子列書姓名畢

34) 신두선申斗善, 「雷龍亭重建記」: 迺至乙酉(1885) 齊奮而鳩財建之 構成縱五架橫五間 覆以瓦 又立廊舍以

鄭載圭[36)]가 중건을 주관하였다.

○2000년 8월 20일 각계 인사 100여 명이 '용암서원복원추진위원회'
　를 결성하고, 추진위원장에 김연 씨를 추대하였다.

○2002년 용암서원부지 6,530㎡를 매입 완료하였다.

○2002년 7월 건물고증 및 경상남도의 설계승인을 마쳤다.

○2002년 12월 31일부터 2004년 1월 17일까지 2,972㎡의 부지를 조성
　하였다.
　사당(숭도사) 27㎡, 전사청 8.82㎡, 내삼문 17.28㎡을 신축 건립하였다.

○2003년 2월 22일 숭도사 상량식을 거행하였다.

○2005년 4월 20일부터 2005년 12월 21일까지 강당[居敬堂] 76.50㎡,
　동재[閑邪齋] 40.50㎡, 서재[存誠齋] 40.50㎡, 외삼문[集義門] 29.52㎡을 신
　축 건립하였다.

○2005년 8월 20일 용암서원 강당(거경당) 상량식을 거행하였다.

○2005년 11월 16일부터 2006년 6월 22일까지 관리사 42.72㎡, 화장실

護之 每年以三九之望 設位參謁 立規會講.

35) 허유許愈(1833~1904): 자는 퇴이退而, 호는 후산后山·남려南黎, 본관은 김해金海이다. 저술로 『후산집』이
　　있다.

36) 정재규鄭載圭(1843~1911): 자는 영오英五·후윤厚允, 호는 노백헌老栢軒·애산艾山, 본관은 초계草溪이며,
　　현 경상남도 합천군 쌍백면 육리 묵동에 거주하였다. 저술로 『노백헌집』이 있다.

27㎡을 신축 건립하였다.

○ 2006년 9월 10일 숭도사崇道祠 용암서원龍巖書院 거경당居敬堂 한사재
邪齋 존성재存誠齋 집의문集義門 등의 현판을 게시하였다.

용암서원 중수봉안문

정인홍

회산서원晦山書院 무너지고 소실되어 많은 선비 의지할 곳 없더니, 하늘이
내린 한 자리에 터를 잡아 건립하였습니다. 신과 사람 힘을 합쳐 공사 마침
고하니, 영령 모시고 위패 갖추어 길일 택해 행사합니다. 머리꾸미개 잃은
지 칠일 지나[37] 다시 찾을 때가 되었고, 선생 모습 여기에 있으니 마땅히
향사를 드립니다. 공경히 한 잔 술을 올리니 바라건대 흠향하시고, 백세토록
어려움 없게 우리 후학 도와주십시오.

龍巖書院 重修奉安文

鄭仁弘

晦山頹燬 羣子靡依 天作一區 載卜載築 神人齊力 工告訖功 妥靈位成 涓吉從事
茀喪七日 得自有時 儀形在玆 宜用享祀 虔共一獻 庶其右之 百世無斁 佑我後學

용암서원 향사축문

정인홍

학문은 경의를 성취했고 도는 중용에 부합하였습니다.

---

37) 『周易』 旣濟卦 六二 爻辭에 '婦喪其茀 勿逐 七日 得'이란 말이 있다.

은둔하여 형통했으니 백세토록 의혹이 없을 것입니다.

龍巖書院 享祀祝文

鄭仁弘

學成敬義 道合中庸 以遯而亨 百世不惑

용암서원 복원봉안문

  대한민국 89년 세차 정해년(2007) 3월 신사 삭 초 9일 기축에 후학 합천군수 심의조沈義祚는 선사先師 증 보국숭록대부 영의정 문정공 남명선생에게 감히 밝게 고합니다.

  엎드려 살피건대, 규성奎星이 정채 모아 선생께서 나셨으니, 모습이 준수하고 이목이 총명했습니다. 일찍이 가정에서 성경聖經을 독학하여, 도는 공맹孔孟을 전승하고 학문은 정주程朱를 소술하였습니다. 마음에 경의敬義를 지니고 배운 바를 실행하여, 산해정에서 강도講道하고 산천재에서 육영育英였습니다. 왕성往聖을 계승하고 내학來學을 계발함에 모두 전형典型 있었으니, 벽에는 신명사도神明舍圖 걸어놓고 허리에는 성성惺惺 방울 찼습니다. 기개는 우주에 충만하여 강직함을 굽히지 않았고, 마음은 빈천貧賤에도 편안하여 기한飢寒을 불평하지 않았습니다.

  일신은 암혈에 있었지만 명성이 조정에 알려지자, 성주聖主께서 흠모하여 단성丹城을 다스리라 명했습니다. 항명抗命하여 나가지 아니하고 사직소를 우러러 올리니, 상소한 말이 지나치게 곧아서 온 나라가 놀랐습니다. 거적 깔고 어명을 기다리다가 마침내 용서함을 입었으니, 선비 추향 정직해지고 관리 기강 청명해졌습니다. 명종께서 즉위하자 부름 받고 상경上京하여, 편전에서 정사政事를 질문하자 경敬과 성誠으로 답하였습니다. 군신 간에 서로 만남은 예부터 어려운 일이기에, 제갈무후諸葛武侯가 중원中原을 평정하지 못함을 한탄했습니다.

  일신은 본래 뜻을 편히 여겨 삼일 밤을 자고서 돌아왔으니, 출처는 도리에 합당하여 도정절陶靖節[도연명陶淵明]과 명성이 나란했습니다. 몸은 비록 세상을 피했지만 마음은 임금 백성 간절하여, 명종께서 승하하자 읍궁대泣弓臺에서 눈물을 흘리셨습니다. 선조께서 왕위를 계승하여 예우함이 또한 청고했지만, 산에는 목가木稼가 맺히고 임종을 예견하는 꿈을 꾸었습니다. 성주聖主께서 소식 듣고 의원 보내 문진問診했으나, 얼마 후 부음이 전해지자, 조회朝會를 폐하고 어육을 금했으며, 다시 중관中官 보내어 제사를 드리고 무덤을 높게 하였습니다.

임진년에 이르러 국운이 기울어지더니, 왜구가 침범하여 전쟁이 7년이나 지속되었습니다. 관구이 와해되고, 인민이 희생되었으며, 어가御駕는 파천하여 용만龍灣으로 떠났습니다. 선생의 문하에서 숱한 의병義兵 일어나, 수륙水陸으로 합세하여 목숨 걸고 토벌했습니다. 왜구가 패퇴하고 묵은 운수 쾌청하니, 산하 다시 회복되고 사직 거듭 안정되었습니다. 광해군 집정하여 아형阿衡처럼 존숭했고, 행실 도덕 상고하여 문정文貞 시호 내렸습니다.

사림이 발의하여 사당을 건립하고 향사를 받드니, 용암龍巖이라 사액하여 일성처럼 빛났습니다. 우암尤庵 대로大老 신도비명 묘정廟庭에 우뚝하니, 선생의 도학은 사방 모두 칭송했습니다. 대원군 집정하여 서원이 철폐되고 형극이 무성하니, 행인들 탄식하고 후손들 울먹였습니다.

이에 지난 계미년(2003) 사론士論 다시 일어나, 토곡吐谷의 언덕에 자리 잡아 중건했습니다. 당은 계부당鷄伏堂 가깝고 문은 뇌룡정雷龍亭 가까우니, 선사先師께서 지난 날 소요하던 곳입니다. 용암 자리 수몰되어 오직 이곳 정하였고, 관청에서 조력하여 사당 서원 갖췄으니, 계산溪山 더욱 광채 나고 초목草木 한층 향기롭습니다. 이에 길일吉日 택하여 예식 거행 고하노니, 기일 전날 재계하고 공경히 영령을 봉안합니다. 바라건대 존령께서는 술과 제물 흠향하시고, 이에 음우陰佑 내리시어 우리 도를 다시 밝혀주십시오.

합천 이상학 근찬

龍巖書院 復元奉安文

維 大韓民國 八十九年 歲次 丁亥 三月 辛巳朔 初九日 己丑 後學 陝川郡守 沈義祚 敢昭告于

先師 贈輔國崇祿大夫 領議政 文貞公 南冥先生 伏以 奎宿聚精 先生乃生 形貌俊
秀 耳目聰明 早登家塾 篤學聖經 道承孔孟 學紹朱程 心存敬義 所學實行 海亭講
道 山齋育英 開來繼往 具有典型 壁掛舍圖 腰佩惺鈴 氣充宇宙 剛直不橫 心安貧
賤 冬餒不鳴 身居巖穴 名聞王廷 聖主欽慕 命治丹城 抗命不就 辭疏仰呈 疏言過
直 舉國震驚 席稿待命 竟蒙宥情 士趨賴正 官紀亦淸 明廟莅國 承召上京 問政便
殿 對以敬誠 君臣際遇 自古難亨 常恨武候 中原未平 身安所履 三宿返旌 出處合
道 靖節齊名 身雖避世 心切君珉 明廟賓天 泣弓沾縷 穆陵嗣位 恩遇亦淸 山結木
稼 楹夢乃縈 聖主聞報 遣醫問症 俄傳凶訃 廢朝撤鱐 復遣中官 致祭封塋 逮至玄
黙 邦運否傾 倭寇犯國 戰績七齡 官軍瓦解 人民犧牲 御駕遠播 龍灣之汀 先生門
下 多起義兵 水陸合勢 舍生討征 倭寇敗退 陳運始晴 山河再造 社稷重寧 光海秉
政 尊如阿衡 夷考行德 賜諡文貞 士林發議 建祠奉祊 龍巖賜額 光爭日星 尤老銘
石 特立廟庭 先生道學 西南共稱 大君執政 院廢生荊 行路點指 裔孫呑聲 乃於癸
未 士論復興 吐谷之畔 擇地重營 堂近鷄伏 門近龍亭 先師昔日 在此伶仃 龍巖水
沒 惟此可憑 官府助力 祠院具形 溪山增彩 草木添馨 爰擇穀旦 將告禮成 前期齊
沐 敬奉妥靈 伏惟尊靈 俯歆牲觥 式垂冥佑 吾道復明

陜川 李相學 謹撰

용암서원 향사축문

유세차 모년 모월 모삭 모일에 후학 모는 선사先師 남명선생에게 감히 밝게 고합니다.

엎드려 생각건대, 학문은 경의敬義를 성취했고 도는 중용中庸에 부합했으며, 대동大東에 탁립하여 백세의 종사宗師입니다.

이에 계춘季春 맞아 삼가 결생潔牲과 자성粢盛과 예제醴齊를 진설하여 밝게 올리니 바라건대 흠향歆饗하십시오.

龍巖書院 享祀祝文

維歲次 某年 某月 某朔 某日 後學 某

敢昭告于
先師南冥先生 伏以 學成敬義 道合中庸 卓立大東 百世宗師
　屬玆季春 謹以潔牲粢盛醴齊 式陳明薦 尚
饗

남명 조선생 뇌룡정 석채고유문

박치복(朴致馥)[38]

　예에 있어 석채釋菜가 중함은 선사先師를 존숭하여 보답함이니, 예기禮記에 경문經文이 적혀 있고[39] 창주정사滄洲精舍에 의례儀禮가 남아있습니다.[40] 공손히 생각건대 선생께서는 우리 남쪽 고을 진작하여, 완부頑夫 유부懦夫 풍범을 들었고 경의敬義로 자물쇠를 열었습니다. 우뚝한 이 뇌룡정雷龍亭 숱한 준사俊士 추창趨蹌했으나, 위패 봉안 간소하여 앙모함이 미흡하였습니다. 이에 예전 전례 상고하여 성대한 의식 거행하니, 창포菖蒲 김치 정갈하고[41] 서직黍稷[42] 이 향기롭습니다. 제물 향기 피어오르니 바라건대 감우監佑하시고, 행사 이에 시작하면서 감히 흠향하시기를 고합니다.

---

38) 박치복朴致馥(1824~1894): 자는 훈경薰卿, 호는 만성晩醒, 본관은 밀양이다. 함안에서 태어났고, 만년에 합천 가회에 거주하였다. 류치명柳致明·허전許傳에게 수학하였다. 저서로 『만성집』이 있다.

39) 『예기禮記』 「문왕세자文王世子」편에 '凡學 春官 釋奠于其先師 秋冬亦如之 凡始立學者 必釋奠于先聖先師'라는 말이 있다.

40) 주자朱子가 1194년 창주정사滄洲精舍를 건립하여 공자에게 석채례를 올렸는데 안자顔子 증자曾子 자사子思 맹자孟子를 배향하고 주돈이周敦頤 정호程顥 정이程頤 소옹邵雍 장재張載 사마광司馬光 이동李侗 등을 종사從祀하였다.

41) 원문의 '창본昌本'은 『주례周禮』 「해인醢人」에 '朝事之豆 其實有昌本'이란 말이 있다. 정현鄭玄의 주注에 "창본昌本은 창포 뿌리이다. 길이가 4촌四寸 정도 되게 잘라 김치를 담근다."고 하였다.

42) 원문의 '보뇨普淖'는 『의례儀禮』 「사우례士虞禮」의 '嘉薦普淖'라는 말에서 나왔다. 정현鄭玄의 주注에 '보뇨普淖는 서직黍稷이다. 보普는 크다는 뜻이고 뇨淖는 온화하다는 뜻인데 하늘의 덕이 능히 크고 온화하여 이에 서직黍稷이 있게 되었으므로 서직黍稷을 보뇨普淖라 부른다.'고 하였다.

南冥 曺先生 雷龍亭 釋菜告由文

朴致馥

禮重舍菜 崇報先師 戴禮垂經 滄舍著儀 恭惟先生 振我南服 頑懦聞風 敬義啓鑰
巋然斯亭 棠髦璋趨 牌儀已簡 顒敬未孚 玆稽舊典 載秩縟文 昌本之藏 普淖之薰
其香始升 庶冀監佑 卽事攸始 敢告以侑

뇌룡정 석채상향문

박치복

이윤 안자 지학志學이요, 정자 주자 도통道統이니,
백세의 뒤에도 채례菜禮를 봉행 할 것입니다.

雷龍亭 釋菜常享文

朴致馥

伊顔志學 洛婺統緖 百世在後 菜禮式擧

뇌룡정 석채고유문

정재규[43]

도道는 하늘에서 나왔지만 흥폐興廢는 사람에게 달렸으니, 선각자가 있지
않았다면 누가 밝히고 누가 전하겠습니까! 한훤당寒暄堂과 일두一蠹께서 비로
소 창도倡道했지만 사초史草가 재앙을 초래했고, 정암靜菴께서 뒤이어 나타났
으나 벌레 먹은 글자의 겁화가 혹독했습니다. 이에 선비들은 학문을 기피했

---

43) 정재규鄭載圭(1843~1911): 자는 영오英五·후윤厚允, 호는 노백헌·애산艾山, 본관은 초계草溪이며, 합천군
   쌍백면 육리陸里 묵동墨洞에 거주하였다. 기정진奇正鎭에게 수학하였다. 저서로 『노백헌집』이 있다.

고 세상은 혼몽함이 가득하여, 미친 물결이 범람하니 누가 이를 막아 물길을 돌리겠습니까!

당시 오직 선생께서 우뚝하게 남방에 출현했으니, 호걸豪傑의 자품에다 명성明誠한 학문이었습니다. 고도古道를 확신했고 명절名節을 단련했으니, 오직 경敬과 의義는 성문聖門의 진결이었습니다. 안을 곧게 하고 밖을 바르게 하며 고요할 때는 존양存養하고 움직일 때는 성찰省察했습니다. 신명사神明舍에는 명銘을 남기고 박약博約은 그림으로 그렸으며, 조석으로 공자孔子 주자朱子 대하였고 요순堯舜을 노래하였습니다. 용龍이 잠복하고 봉鳳이 비상하듯 금종金鐘이 낭랑하고 옥경玉磬이 잔잔하듯, 명성이 세상에 가득하여 두성斗星이 북쪽에 있는 것과 같았습니다. 무너진 풍속을 일으키고 끊어진 실마리를 이었으니, 높은 산과 넓은 길처럼 원근의 모든 이가 우러러보았습니다.

하물며 이곳은 고향이라 갱장羹墻의 추모가 간절하니, 비록 제례 의식 폐했어도 어찌 잊을 수가 있겠습니까! 저 뇌룡정雷龍亭 쳐다보니 빈터에 사슴만 놀고 있었는데44), 마땅히 정공향鄭公鄕45)을 세우고 이에 안락정顔樂亭46)을 지었습니다. 춘추로 경건히 향사함을 처음에는 남전藍田 향약 따랐기에, 덕은 높고 예는 간소하여 선비들 마음이 여태까지 미흡하였습니다. 하물며 지금 시절 보건대 현창함이 더욱 마땅하니, 이에 창주정사滄洲精舍 의례를 본받아 석채례釋菜禮를 거행합니다. 일변一籩과 일두一豆를 영세토록 준수하리니, 영령께선 뜰 녘에 척강陟降하시면서47) 우리에게 광명을 베푸십시오.

---

44) 원문의 '정탄록장町疃鹿場'은 『시경詩經』 「빈풍豳風」 '동산東山'편에 있는 말이다.

45) 원문의 '정향鄭鄕'은 '정공향鄭公鄕'의 준말인데 후한 공융孔融이 정현鄭玄을 극히 공경하여 그의 고향인 고밀현高密縣에 특별히 한 고을을 세워 정공향鄭公鄕이라 하였다. 이후 다른 사람의 향리를 칭송하는 말로 사용된다.

46) 원문의 '공작孔作'은 송宋나라 정호程顥가 지은 「안락정명顔樂亭銘」에 나오는 말이다. 공자의 후손 공주한孔周翰이 안자顔子의 누항陋巷에 안락정顔樂亭이란 정자를 지었는데 여기에 정명도程明道가 명銘을 지어 칭송하면서 '千載之上 顔惟孔學 百世之下 顔居孔作'이라 하였다.

47) 원문의 '척강정지陟降庭止'는 『시경詩經』 「주송周頌」 '민여소자閔予小子'편에 있는 말이다.

雷龍亭 釋菜告由文

鄭載圭

道出於天 興廢由人 不有先覺 孰明孰傳 暗蠱肇倡 史草釀毒 靜爺繼作 蠹篆禍酷
士諱學問 世入昏濛 狂瀾旣倒 誰障而東 時惟先生 蹶起南服 豪傑之姿 明誠之學
尊信古道 砥礪名節 惟敬與義 聖門眞訣 內直外方 靜存動察 神明有銘 博約有圖
昕夕孔朱 嘯咏唐虞 龍潛鳳翔 金鏗玉栗 聲名洋溢 如斗在北 頹俗復振 墜緒可續
高山景行 遠邇同情 矧玆梓鄉 于墻于羹 俎豆禮廢 俾也可忘 睠言龍亭 町疃鹿場
宜立鄭鄉 爰有孔作 春秋虔香 始依藍約 德崇禮簡 士心尙缺 況今時義 尤宜表章
迺倣滄儀 釋菜是將 一籩一豆 永世作程 陟降庭止 惠我光明.

1부 남명 선생편

제1장 남명 선생의 유향

〈개요〉

남명 선생의 유묵과 유품은 많이 남아 있지 않다. 선생 사후 불과 20년 만에 임진왜란이 일어나 선생께서 남긴 것들 거의 모두가 병화에 소실되었기 때문이다. 특히 선생의 제자 50여 명이 의병장으로 일어나 왜군의 작전에 심각한 타격을 주었기에 선생에 대한 왜군의 감정이 극도로 좋지 않았던 것으로 볼 수 있다. 일제강점기에도 선생의 위패를 봉안하고 문중에서 불천위제사를 드리는 별묘(여재실)로 들어가는 종택 입구에 면사무소를 설치하여 그 기운을 꺾고자 하였다고 한다.

현재 선생의 유묵으로 알려지고 있는 것은 8종이다. 그러나 선생의 친필로 알려진 간찰 중 1장은 선생의 작품이 아닌 것으로 판단되어 여기에서 제외하였으며, 여기에 수록한 「의성김씨묘지」와 「판교공묘갈명」도 선생의 친필은 아닌 것으로 판단되지만 선생이 지은 글이므로 포함하였다. 나머지 5편의 글은 지금까지 선생의 친필로 인정되고 있다.

선생의 문집은 여러 차례에 걸쳐 간행되었다. 여기에 수록한 문집과 목판은 산천재의 장판각에 보관되어 있던(현재는 남명기념관 수장고에 보관되어 있음) 마지막 목판으로 98년도에 다시 영인한 것과 초간본인 '갑진본(1604)' 그리고 1700년 이후 간행된 이정본 계통의 주요 판본들이다.

선생은 평소에 허리에 검을 즐겨 차고서 '경의검'이라 하였다. 나중에 이것을 정인홍에게 전했다고 하는 설도 있으나 확인된 바는 없다. 또한 옷섶에 방울을 차고서 '성성자'라고 하여 그 소리로 항상 스스로를 경계하였다. 이것은 선생의 제자이자 외손서인 동강 김우옹에게 주었다는 사실이 확인된다.

'사성현 유상 병풍'으로 불리는 작은 병풍은 선생이 직접 그린 공자 주렴계 정명도 주자 등의 흉상인데, 세월이 지나면서 계속 종이를 새로 입히고 덧칠을 하여 최근에는 거의 그림을 알아볼 수 없는 실정이었다. 2016년도에 진주박물관에서 이 그림에서 새로 입힌 종이와 덧칠을 제거하고 원래의 모습에 가까운 상태로 복원하였다. '신명사도'도 감정 결과 조선중기의 재질이 확인되어 진주박물관에서 '사성현 유상 병풍'과 같이 원형에 가깝게 복원하였다.

1) 유묵遺墨

서이군원길소증심경후書李君原吉所贈心經後

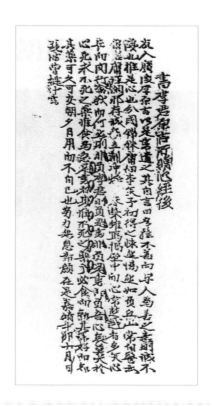

남명이 김해에 정착한 후인 1531년에 동고東皐 이준경李浚慶으로부터 『심경心經』을 기증받고서
느낀 감상을 쓴 글로서 현재 동아대학교박물관에 소장되어 있다. 『교감 국역 남명집』에 수록되어
있으므로 번역문만 싣는다. 여기서 선생은 『심경』에서 말하는 '이 마음을 저버리면 자신의 마음
을 저버리는 것'이라고 하면서 자신의 「좌우명」을 처음으로 드러내고 있다.

나의 벗 광릉 이원길이 이 책을 주면서, 스스로 말하기를 "나는 비록 착하지 못하지만 남이 착하도록 도와주려는 생각은 진실로 얕지 않다. 이 '마음'을 잘 미루어나가면 비록 나라를 나누어주더라도 저울 눈금처럼 자잘하게 여길 것이다"라고 하였다.

내가 처음 이 책을 받고는 황송하고 두려워서 마치 산더미를 짊어진 듯하였다. 내가 항상 스스로 경계하여 "언행을 신의 있게 하고 삼가며, 사악함을 막고 정성을 보존하라. 산처럼 우뚝하고 못처럼 깊으면 움돋는 봄날처럼 빛나고 빛나리라"라는 말을 써서 벽에 걸어두었으나, 마음은 늘 초나라와 월나라 사이처럼 아득히 멀어져 있는 경우가 많았다.

마음은 죽고 육체만 걸어 다닌다면 금수가 아니고 무엇이겠는가? 그렇다면 내가 이군을 저버린 것이 아니라 바로 이 책을 저버린 것이며, 이 책을 저버린 것이 아니라 바로 내 마음을 저버린 것이다. 그러니 슬프기로는 마음이 죽은 것보다 더 큰 것이 없다. 죽지 않는 약을 구했으면 먹는 것이 급한 일인데, 이 책은 아마 마음을 죽지 않게 하는 약이리라. 반드시 먹어서 그 맛을 알고 좋아해서 그 즐거움을 알아야, 오래갈 수도 있고 편안할 수도 있으며, 아침저녁으로 일상생활에서 쓰기를 스스로 마지않을 것이다. 노력하여 게으르지 않도록 하라, 안자와 같이 되는 길이 바로 여기에 있느니라.

가정 신묘년(1531) 10월 일에 하성 조건중이 쓰다.

남명 선생이 배삼익裵三益에게 보낸 편지

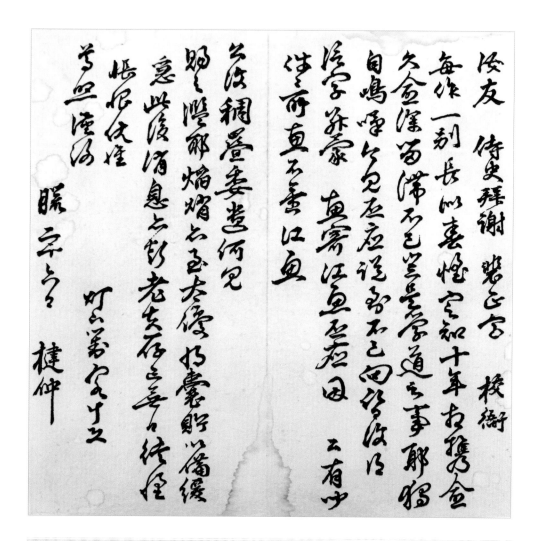

남명 선생이 제자인 임연재臨淵齋 배삼익裵三益(1534~1588, 자는 여우汝友)에게 보낸 편지이다. 『임연재문집』「연보」에 의하면 배삼익은 32세 때에 밀양 교수로 부임하여 선생을 배알한 것으로 나타난다. 첫머리의 '교아校衙'가 향교 관아를 지칭하는 말이므로 이 편지도 그 당시에 쓴 것임을 알 수 있다. 배삼익이 보내준 물고기와 약재 등에 대해 고마움을 표시하는 내용이다. 이 편지글은 성균관대학교에서 간행한 『근묵槿墨』의 제1권에 수록된 것에서 발췌한 것이다.

여우汝友[1] 시사侍史[2]에게 절하며 사례함. 배정자裵正字[3] 교아校衙[4]

매양 한 번 헤어지고 나면 오랫동안 봄날의 회포 같습니다. 참으로 십 년 동안 서로 이끌어주어 세월이 오래 될수록 더욱 깊어짐을 알겠습니다. 미련이 남아 그칠 수가 없으니 어찌 이것이 도를 배운 사람의 일이겠습니까! 홀로 자탄할 뿐입니다.

지금 계응啓應[5]을 만나 얘기가 끝나지도 않았는데 황혼녘에 다시 서신을 받고 아울러 부쳐준 물고기도 받았습니다. 계응도 공에게 들은 것이 있는지 매 번 가져다주는 것이 물고기뿐만이 아닌데 공이 다시 중첩하여 보내주니 어찌 선물하는 것을 남용하십니까? 염소焰硝[6]도 또한 너무 많으니 장차 주머니에 넣어두었다가 필요할 때를 대비하겠습니다.

차후로 소식 또한 끊어지고 노부老夫의 죽음도 얼마 남지 않았으니 한갓되이 슬프고 한스러울 뿐입니다. 엎드려 바라건대 살펴보십시오. 삼가 사례 드립니다. 등불 아래 객을 마주하여 서둘러 적어 보냅니다.

섣달 26일   건중楗仲

---

1) 여우汝友: 배삼익裵三益(1534~1588)의 자字. 배삼익은 흥해인興海人으로 호가 임연재臨淵齋이고 안동에 거주했으며 퇴계의 문인이다. 명종 19년(1564) 문과에 급제하여 호조좌랑 풍기군수 양양부사 사헌부 장령 성균관 사예 황해도 관찰사를 지냈다. 『남명집』에 보면 배삼익이 남명 선생을 위해 지은 만시輓詩가 등재되어 있다.

2) 시사侍史: 윗사람을 모시고 문서를 맡아보는 사람이란 뜻으로 서찰 봉투에 상대방을 높여서 쓰는 말이다.

3) 정자正字: 홍문관 승문원 교서관 등에 소속된 정 9품직 벼슬이다.

4) 교아校衙: 향교 관아이다. 『임연재선생문집』 「연보」편에 보면 배삼익은 32세인 1565년 9월에 밀양 교수로 부임하여 남명 선생을 배알하였다고 한다.

5) 계응啓應: 미상未詳

6) 염소焰硝: 염소焰消인 듯하다. 염소는 소석消石이라고도 하는데 염전에서 나는 광물질로 적열積熱을 풀어주고 소변을 잘 나오게 하며 오임五痳을 다스리는 약재로 사용된다.

每作一別　長似春懷　定知十年相攜　愈

久愈深　留滯不已　豈是學道之事也　獨

自鳴嘆　今見啓應　說到不已　向昏　復得

信字　竝蒙　惠寄江魚　啓應　因　公有聞

件件所惠　不啻江魚

公復稠疊委遺　何見

賜之濫耶　焰焇亦至太優　將囊貯　以備緩

急　此後　消息亦斷　老夫存亡無日　徒懷

悵恨　伏惟

尊照　謹謝

　　　臘二十六日　燈下對客　草送

汝友　侍史　拜謝　裵正字　校衙

　　　　　　　　　　　　　　　　　　　　楗仲

남명 선생이 성수침成守琛에게 보낸 편지

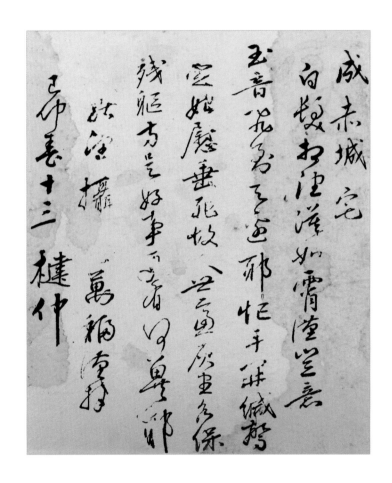

남명 선생이 벗인 청송 성수침 선생의 편지를 받고서 답장으로 쓴 글이다. 아마도 명종 14년(1559) 기묘년에 쓴 것으로 추정된다. 이 간찰은 의령의 강구봉 씨가 소장하고 있다.

성적성成赤城[7] 댁

백발 되어 서로 바라보니 아득하기가 하늘의 은하 같은데 어찌 옥음이 날아서 하늘 끝에 이를 줄을 알았겠습니까? 급히 손을 놀려 봉함을 열어보고는 놀라움이 진정되자 비로소 위안이 되었습니다.

죽을 때가 다 된 친구이니 세상 생각이 식은 재처럼 다하였습니다. 각자 쇠잔한 몸을 보전하고 있는 것만으로도 바야흐로 좋은 일인데 다시 무슨 바람이 있겠습니까? 단지 바라건대 몸조리 잘 하시어 만복하십시오. 삼가 절합니다.

기*년[8] 중춘 13 건중楗仲

成赤城宅
白髮相望 漠如霄漢 豈意
玉音飛到天邊耶 忙手開緘 驚
定始慰 垂死故人 世慮灰盡 各保
殘軀 方是好事 更有何冀耶
姑望攝履萬福 謹拜
己仲春十三 楗仲

---

7) 적성赤城은 적성積城(현 파주)인 듯하다. 성수침은 만년에 적성 현감을 제수 받았다.

8) 천간天干에 기자己字가 들어가는 해를 말하는데 지지地支는 생략되어 있다. 명종 14년 기미년(1559)으로 추정된다.

남명 선생이 토끼를 요청하는 편지

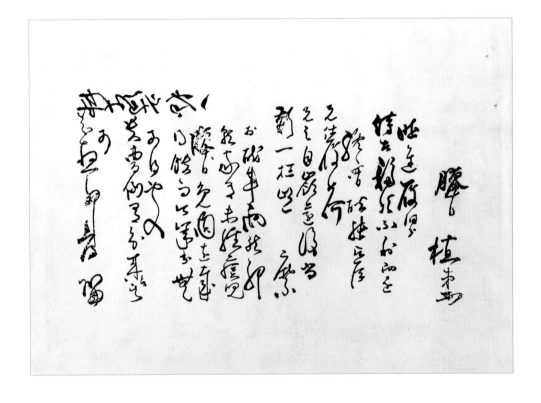

초서草書로 쓴 편지로서 현재 경북 예천군 풍양면 삼강리 고故 정재홍鄭載洪 씨 집안에서 소장하고 있다. 탈초와 번역을 첨부한다.

어제 이동履洞9)에 갔더니 시자侍者가 처소를 옮겼습니다. 만나지 못하고 돌아와 밤새도록 안타까웠습니다. 문안드리니 형은 벼슬 중의 근황이 어떻습니까? 형이 영남에서 돌아온 후 여태 한 번 왕림하기를 아끼시니 어찌 직분에 얽매여 그런 것입니까?

드릴 말씀은 집안에 두창痘瘡[홍역]을 마치지 않은 아이가 있습니다. 납일臘日[섣달]의 토끼고기를 해마다 구해 먹였는데 금년에는 구할 데가 없습니다. 귀조貴曹에는 관례상 나누어주는 것이 있을 것이니 보내 줄 수 있겠습니까?

나머지는 모두 한 번 만날 때로 미루고 이만 줄입니다. 늙은이가 송구합니다.

납일臘日에   식植 아우 올림.

臘日 植弟頓

昨進履洞 則
侍者移次 不利而還
終宵耿悵 即候
兄 仕履如何
兄之自嶺還後 尙
慳一往 豈麼
就 家有未經痘兒
臘日兔肉 連歲
得饋 而今年 則無
可得處
貴曹 例有分來者 其
可
送惠耶 都留
一穩 不備 老悚

---

9) 이동履洞: 『서울지명사전』에 보면 중구 을지로 저동 초동 사이에 걸쳐 있던 마을 이름으로 신을 파는 가게가 있어 신전골이라 하였다고 한다.

1부 남명 선생편⋯⋯59

남명 선생이 이요李瑤에게 보낸 편지

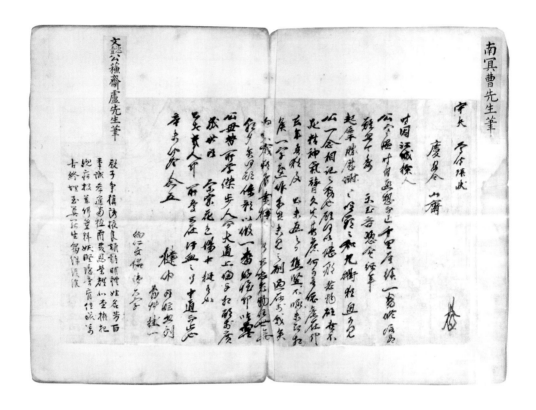

선생이 신미년(1571)에 경안령 이요에게 보낸 글이다. 이요李瑤(1537~?)는 세종의 아들인 담양
군의 증손으로 자가 수부이다. 안부를 묻고 학문에 정진하기를 바라면서 '한혈마汗血馬가 달려가다
가 중도에서 그만두는' 일이 없기를 바란다고 하고 있다.

수부守夫[10]의 학문하는 시하侍下에 드리는 글

경안령慶安令 산재山齋

때때로 강성江城 사람을 인하여 공公의 안부를 탐지하고는 스스로 멀리서 그리워할 뿐입니다. 천리 길을 계속 왕래할 수 없으니 한번 서신을 보내기도 어렵습니다. 홀연히 이제 옥음玉音을 보여주어 근년의 기거가 평안함을 알았으니 심히 위로되고 감사합니다. 명학鳴鶴의 화답이 도성까지 통하여 공이 일념으로 기억해주는 근면함을 보겠으니 돌아보건대 어찌 감당하겠습니까?

노부老夫는 비록 다행히 죽지는 않았지만 정신과 기력이 예전 상태를 잃은 지 오래되었으니 어찌 예전 모습 그대로 있다고 말할 수 있겠습니까? 지난 해 내가 공이 돌아가기 전에 문안할 수도 있었는데 나무하는 아이가 겨를이 없어 안부 편지 한 자도 전하지 못하고 문득 천리 멀리 만날 수 없는 작별을 하였으니 허물이 나에게 있습니다. 짐작컨대 내년에도 고향 행차가 있겠지만 단지 노부가 세상에 살아 있을 날이 얼마 없어 염려스러우니 어찌 해 그림자를 잡아매어 한 번 좋은 회포를 나누기를 기약하겠습니까?

오직 바라건대 공은 배운 바를 폐하지 말고 인간의 대도大道 위를 활보하여 서로 더불어 넓은 성城으로 돌아가기를 기약합시다. 종가宗家의 화색花色이 빛나는 장중에서 공과 같이 특출한 이가 몇이나 되겠습니까? 단지 우려되는 바는 한혈마汗血馬가 달려가다가 중도에서 그만두는 것입니다.

건중楗仲이 현기증이 나서 어지러이 써서 만에 하나를 거론합니다.

---

10) 수부守夫: 경난령慶安令 이요李瑤(1537~?)의 자字. 이요는 세종의 아들인 담양군潭陽君의 증손曾孫이다.

慶安令　山齋

時因江城人探
公寒溫　時自遐想而已　千里莫續　一番修信爲
難　忽令委　示玉音　憑審經年
起居平勝　慰謝慰謝　鳴鶴之和　九衢猶通　可見
公一念相記之勤也　顧何以堪耶　老物雖幸不
死　精神氣瘠　久失其舊　何可言依舊在耶
去年　吾猶及公未返之日　樵豎不暇　未即相
候一字　遽作千里未見之別　過在於我矣
想來歲　猶有桑梓之行　只恐老物住世無
朝夕矣　何期係影　以做一番好懷耶　唯冀
公毋替所學　傑步人間大道上　歸與相期於廣
城地頭　宗家花色場中　挺有如
公者幾人耶　所憂只在汗血之行　中道而止也
辛未仲冬念五　　楗仲　頭眩*　劇　亂艸　挂一

의성 김씨 묘지義城金氏墓誌

선생의 제자이자 외손서인 동강東岡 김우옹金宇顒의 누이를 위해 1570년에 지은 묘지문墓誌文이다. 현재 남명의 후손인 고故 조봉조曺鳳祚 씨 집안에서 소장하고 있는데, 『교감 국역 남명집』에 수록되어 있으므로 번역문만 싣는다.

집에 칠보의 구슬이 있다면 사람들은 그 집이 가난한 집이 아님을 안다. 김씨 가문의 경우는 이옥·대옥이 있는 셈이다. 삼척 부사 김공 사로는 아들 셋을 두었으니, 우홍·우굉·우웅이다. 모두 좋은 성적으로 문과에 급제해 문원을 독차지해서 우리나라의 쌍벽이 되었다. 딸 하나를 두었는데 강 위에 뜬 아름다운 달이 물속에 떨어진 것 같았으니, 세 아들에 비교하자면 천구가 완염 가운데 있는 것 같았다. 이군 응명에게 시집간 사람이 바로 그 사람이다.

몇 살 안 되었을 때 길쌈 벽돌이나 가지고 노는 것이 그녀의 일이련마는 어버이의 병에 한 번도 곁을 떠난 적이 없었다. 점점 자라서는 의젓하고 차분하며, 단정하고 순수하였다. 효성과 우애의 마음은 타고난 것이었다. 시집가서는 시어머니의 성품이 너그럽지 않고 남편은 생각이 모자랐지만, 공경히 따르고 온화하게 견디며 부도를 잘 지켰다. 친정어머니가 돌아가시자 허둥지둥 달려와서 애통해 하다가 자리에 쓰러졌다. 상을 다 마치기도 전에 병이 심해져 일어나지 못하고 말았으니, 애석하다.

부인의 보계는 문소에서 나왔으니 고려 태자첨사 용비의 후손이요 통정대부 부사 희삼의 딸이다. 바탕이 맑고 깨끗해서 안팎으로 모두 흠이 없었다. 예의범절이 정성스럽고 단아했으며, 말과 행동에 법도가 있었다. 재물에 대해 욕심을 내지 않고 남을 꾸짖는 모진 소리를 입에 올리지 않았다. 백로는 희고 까마귀는 검은 것은 대개 타고난 바탕이 있어서 그렇게 된 것이다.

병이 깊어진 지 여러 날 되어 기력이 실낱같았으나, 정신과 언동은 평소 때나 꼭 같았다. 집안 식구들이 신에게 빌어 보자고 하자 문득 역정을 내어 "죽고 사는 것은 천명이 있는 것이니, 푸닥거리를 해서 피할 수 있는 것이 아니다"라 고 하면서 못하게 하였다. 다만 대부에 관한 몇 마디 말을 여러 동기간들에게 부탁하고 세상을 떴다. 아무리 옛날에 독실히 공부하여 훌륭한 인격을 갖춘 사람이라 하더라도 아마

이러하지는 못했을 것이다. 오직 정명도 선생의 딸이 이와 흡사할 뿐이다. 향년은 스물일곱 살이었고 딸아이가 하나 있었다. 선영 곁에 합장하였다.

선대부는 나와 사이좋게 지냈고, 우옹은 또 나의 손녀에게 장가들었다. 우옹이 울면서 나에게 말하기를 "저는 차마 흰 옥이 누런 흙 속에 묻혀서 까마득히 아무도 모르게 하지는 못하겠습니다. 누이의 행적을 비석에 새겨 그녀의 존재를 남기게 해 주십시오"라고 하였다. 나는 남에 대해서 잘 인정해주지 않는다. 무슨 일이 있어도 살아 있는 사람에게 아첨한 적이 없었는데, 지금 편안히 지내면서 어찌 죽은 귀신에게 아첨하려 하겠는가? 마침내 이어서 말하기를 "부인은 문 밖 출입을 하지 않아서 이정에 기록되지는 못한다. 그러나 달 속의 계수나무와 같아 사람들이 가까이 할 수는 없어도 향내는 그치지 않는다"라고 하였다. 나는 마침 통혼한 가문의 우호로 인해 그 향기를 맡고 이를 기록한다.

융경 4년 경오년(1570) 10월 모일에 남명 조식이 쓰다

판교공묘갈명判校公墓碣銘

선생이 직접 지은 부친 승문원판교承文院判校 조언형曺彦亨의 묘갈명이다. 이 글은 선생의 친필로 알려져 있지만 약간의 의문점도 있다. 자식으로서 아버지의 묘갈을 지었는데, '임금을 섬기고 백성을 다스릴 적에 기술할 만한 덕이 있다면 사관이 기록하고 백성들이 말할 것'이라고 하여 한 글자의 수식도 없음을 볼 수 있다.

2) 사성현 유상 병풍과 신명사도

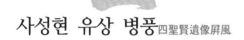

사성현 유상 병풍四聖賢遺像屛風

남명 선생은 공자孔子, 주렴계周濂溪, 정명도程明道, 주자朱子 등 네 성현의 흉상胸像을 손수 그려서 높이가 60cm가 채 안 되는 자그마한 네 폭의 병풍으로 만들어 놓고 때때로 직접 가르침을 받는 듯이 참배하였고 한다.

이 병풍은 선생의 후손인 고故 조원섭曺元燮 씨가 소장하고 있다가 작고하기 전에 남명기념관으로 기증하였다. 덕천서원이 훼철되고 난 후 산천재에서 이 화병을 모시고서 채례를 드렸는데, 이때 남명 선생의 위패를 동편에 모시고 함께 향사를 드렸다. 2016년 현재 이 화병은 국립진주박물관 에서 최대한 원형을 회복한 것이다.

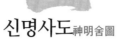

신명사도神明舍圖

'신명사도'도 감정 결과 조선중기의 재질이 확인되어 진주박물관에서 '사성현 유상 병풍'과 같이
원형에 가깝게 복원하였다.

3) 패검佩劒과 성성자惺惺子

▲ 패검

▲ 복원된 경의검과 성성자

남명 선생은 평소 뜻을 굳게 하기 위해 칼을 즐겨 차고 있었다고 전한다. 칼은 약간 긴 것과 짧은 것 두 자루였다고 한다. 칼자루는 상아象牙로 만든 것(흰자루)과 물소뿔로 만든 것(검은자루) 두 종류였으며, 1960년대 초까지 검은자루로 만든 것은 있었다고 전한다. 칼 자루에는 '내명자경內明者敬 외단자의外斷者義(안으로 마음을 밝히는 것은 경이요, 밖으로 행동을 결단하는 것은 의이다)'라는 명銘을 새겼으므로 '경의검敬義劒'으로 불린다. 이 경의검은 선생의 사후에 조선의 선비 사회에서 전설처럼 전해지고 있었다고 하며, 이 경의검을 직접 본 느낌을 기록으로 남긴 경우도 있다.

긴 칼은 6.25 당시 인민군 장교가 가져간 것으로 전해지고 짧은 칼은 그 이후에 분실된 것으로 전해지는데, 이 사진은 선생의 후손 고故 조원섭曺元燮 씨가 일제강점기에 찍어 둔 것이다. 남명 선생께서는 평소 스스로 경각심을 일깨우기 위해 성성자惺惺子라는 방울을 옷섶에 달고 다녔는데, 나중에 이를 제자인 동강 김우옹에게 주었다고 한다. 오른쪽 사진은 2001년 남명탄신 500주년을 맞이하여 기념사업의 일환으로 '경의검'과 함께 복원한 '성성자'의 모습이다.

4) 문집文集 및 목판木板

▲ 현존하는 목판과 1998년에 인출한 문집

선생의 문집은 1602년에 제자인 정인홍 등에 의해 해인사에서 처음 간행되었는데, 책판이 불에 타 2년 뒤에 다시 간행하여 현재까지는 이것이 최고본最古本으로 확인되는 '갑진본(1604)'이다. 그 후 『남명집』은 여러 가지 이유로 인해 수정·보완되면서 현재까지 확인된 바로는 대략 16차에 이르는 판본이 있다.

위의 책은 현재 남명기념관에 보관되어 있는 목판으로 1998년에 인출한 판본이며, 다음 쪽의 그림은 현존 최고본인 갑진본(1604) 계열의 병오본 『남명집』의 주요 판본들이다.

▲ 현존 최고본인 갑진본(1604) 계열의 『남명집』

(이상필 교수가 소장하고 있는 3권 2책의 완질 병오본(1606) 『남명집』)

▲ 이정본 계통의 『남명집』

(남명 선생의 후손인 조영철 씨 등이 기증한 판본으로 남명기념관에 전시되어 있다.)

제2장 남명 선생의 생애자료

〈개요〉

　이 장에서는 남명 선생의 생애자료를 기록한 글을 싣는다. 선생 사후 제자인 내암 정인홍과 동강 김우옹이 각각 행장을 지었다. 당시 선생의 문하에는 학문적으로나 정치적으로 상당한 명망을 지닌 제자들도 있었지만 당시 30대 중반이었던 두 사람이 행장을 지은 것은 의미하는 바가 있다고 하겠다. 정인홍은 임종 직전의 선생이 평소의 독서 차기인 「학기」를 『근사록』의 체제에 따라 분류 편집할 것을 허락할 정도로 아끼며 기대한 인물이었다. 김우옹은 남명 선생의 절친한 친구인 김희삼의 아들로 어려서부터 학행이 뛰어났고 성년이 되어서는 남명 선생의 외손서가 된 인물로 문장이 뛰어났다. 이 둘의 「행장」은 그 내용이 대부분 비슷하지만 또한 다소 다른 점도 있으므로 그 차이를 살펴보는 것도 흥미롭다. 『남명집』과 『내암집』 및 『동강집』에 수록된 두 「행장」은 모두 지은 시기가 1572년 윤2월로 되어 있다. 그런데 두 「행장」의 내용에는 모두 4월 6일에 있었던 남명의 장례식도 언급하고 있다.

　대곡 성운이 지은 묘갈명墓碣銘은 가장 절친한 친구의 입장에서 남명 선생의 생애와 학덕을 잘 묘사하고 있는 명문으로 남명 선생에 대한 후대의 평가에서 기준이 되는 글이라고 할 수 있다. 특히, 그 명銘에서 이르기를 '그러나 어찌 반드시 금일의 사람에게만 알아주기를 구하겠는가! 곧바로 백세를 기다려도 아는 이는 알아 줄 것'이라고 하여 당시에 남명이 임금이 제대로 알아주지 못해 세상을 위해 쓰이지 못했음을 탄식하고 있다.

　보통 묘지명은 장례식에 맞추어 짓는 것이지만 남명 선생의 경우는 구한말의 거유인 면우 곽종석이 지었다. 그 글의 말미에 '당일에 선생은 경과 의를 해와 달로 가르쳤지만, 선생이 돌아가시고 난 오늘날에는 "선생이 곧 일월先生卽日月"이라'고 표현할 정도로 극진한 존경심을 표하고 있기도 하다.

　남명 선생의 신도비명神道碑銘은 아마도 우리 역사에서 다른 유래가 없을 정도로 네 개나 된다. 이는 인조반정이라는 역사적 사건이 초래한 결과로서 남명학파의 부침을 담고 있다. 처음 정인홍이 신도비명을 지어 비석으로 세웠다가 인조반정 이후 철거하고, 이후 송시열과 허목 그리고 조경 등이 지은 신도비명이 있다. 미수 허목이 지은 것으로 덕산에 신도비를 세우고 우암 송시열이 지은 것은 부득이 합천의 용암서원 뜰에 비석으로 세워 '용암서원묘정비龍巖書院廟庭碑'라고 하였다. 용주 조경이 지은 것은 비석으로 세우지 못했다. 그러다가 일제강점기에 우여곡절을 겪으면서 허목이 지은 비석을 철거하고 송시열이 지은 것으로 다시 세웠다. 따라서 여기에 수록한 순서는 정인홍 허목 송시열 조경의 순으로 하였다. 비석에 새겨진 글은 문집에 수록된 글과 약간 차이가 나는 경우가 더러 있는데, 여기서는 비석에 쓰인 글을 따랐다.

선생의 비문을 쓴 인물들은 모두가 당대의 명문장들로서 그 문체가 지극히 고상하다. 이들의 문장은 참으로 전범이 되기에 족하여 후인들이 쉽게 비판할 것이 못 되며, 두고두고 깊이 완미할 가치를 지니고 있다고 하겠다.

마지막에는 선생의 「연보」를 실었는데, 편의상 핵심적인 내용만을 수록하였다.

행장 行狀

선생의 성은 조씨曹氏이고 휘는 식植이며 자는 건중楗仲이니 세계가 창산昌山에서 나왔다. 고려 태조의 덕궁공주德宮公主가 하가下嫁하여 아들 서瑞를 낳아 형부원외랑이 되었으니 선생의 시조이다. 고조 휘 은殷은 중랑장이고 비妣 곽씨郭氏는 현감 흥인興仁의 여이며 증왕부 휘 안습安習은 성균생원이고 비妣 문씨文氏는 학유 가용可容의 여이며 왕부 휘 영永은 벼슬하지 않았고 비妣 조씨趙氏는 감찰 찬瓚의 여이다. 고考 휘 언형彦亨은 통훈대부 승문원 판교이니 충순위 이국李菊의 여와 결혼하여 홍치弘治 신유년1501 6월 임인에 가수현嘉樹縣 토동兎洞에서 선생을 낳았다.

관례 전에 공명과 문장으로 스스로 기약하더니 일세一世를 능가하여 천고千古에 내달릴 뜻을 지녔다. 책을 읽음에 좌구명左丘明과 류종원柳宗元의 문장을 즐겼고 글을 지을 때는 기고奇高함을 좋아하여 세체世體를 달갑게 여기지 않더니 누차 향시에 합격하여 명성이 사림에 진동했다. 가정嘉靖 병술년(1526)에 선대부先大夫의 상을 당하여 시묘侍墓로 3년을 마쳤다. 선생은 집안이 청빈하고 결혼한 김해金海의 부가婦家가 자못 넉넉하여 모부인을 모시고 나아가 봉양했다. 을사년(1545)에 모친상을 당하여 관棺을 받들고 돌아와 선대부의 묘 동쪽 기슭에 장사하고 시묘를 처음과 같이 하였으며 상복을 벗지 않았고 초려를 벗어나지 않았다. 상을 마치고 인하여 본향本鄕에 거주했으니 구택舊宅 가까이에 일실一室을 지어 계부당鷄伏堂이라 하였고 앞 시내를 굽어보는 곳에 모옥茅屋을 지어 뇌룡사雷龍舍라 하고는 화공으로 하여금 뇌룡雷龍의 형상을 그리게 하여 벽에 붙였다. 만년에는 두류산頭流山 아래 복거하여 그 집을 다시 뇌룡雷龍으로 이름 짓고 달리 정사精舍를 지어 산천재山天齋라 편액하고는 노년을 보냈다.

선생은 호매豪邁하여 무리와 어울리지 않았고 높은 식견은 천성에서 나왔다. 종종 정유년(1537) 선생의 나이 37세였으니 이때 나라에 다급한 일이 없었는데도 홀로 우환의 기미를 보고 드디어 선부인先夫人에게 청하여 과거를 포기하고는 산림에 은둔하였다. 의춘宜春의 명경대明鏡臺를 사랑하여 왕래하며 거처한 지 수 년이었고 김해의 탄동炭洞에 산해정山海亭을 지어 학문을 강론하고 덕을 쌓으며 외물外物을 바라지 아니한 것이 또한 수 년이었다. 중종이 비로소 헌릉참봉을 제수했으나 나가지 않았고 명종이 전생서 종부시 주부를 제수하고 또 단성丹城 현감을 제수 했으나 모두 나가지 않았으며 소를 올렸지만 비답批答이 없었다. 그 뒤에 또 사지를 제수했으나 나가지 않았고 병인년(1566)에 유일遺逸로 불렀지만 사양했으며 다시 상서원 판관으로 부르자 이에 명을 받아 사정전思政殿에서 인견하였다. 주상이 치란의 도와 학문의 방법을 물으니 대답하여 말하기를 "고인古人의 치란은 서책에 있으니 신의 말을 기다릴 필요가 없습니다. 신은 가만히 생각건대 군신 사이에는 정의情義가 서로 부합하여 환연히 틈이 없어야 하니 이것이 바로 다스림의 법도입니다. 옛날 제왕들은 신하 대접을 벗과 같이하여 더불어 치도治道를 강론했으나 지금은 비록 이와 같지 못하더라도 반드시 정의情義가 서로 부합한 연후에 가능할 것입니다." 하였다. 또 말하기를 "백성들의 흩어짐이 물이 사방으로 흐르는 것과 같으니 마땅히 불난 집을 구하듯이 하여야 합니다. 인주의 학문과 다스림의 근본은 반드시 스스로 체득함을 기다려야 할 것이니 한갓되이 남의 말을 듣는 것은 무익합니다."라고 하였다. 주상이 또 삼고초려三顧草廬의 일을 물으니 대답하기를 "반드시 영웅을 얻은 연후에야 큰일을 할 수 있기 때문에 세 번이나 제갈량諸葛亮을 찾아 간 것입니다. 제갈량이 일고一顧에 일어나지 않은 것은 혹자들이 시세時勢가 그러했다고 하지마는 그러나 소열昭烈과 함께 일한 지 수십 년 동안 끝내 한실漢室을 회복하지 못했으니 이는 곧 알 수 없습니다." 하고 드디어 고산故山으로 돌아왔다.

융경隆慶 정묘년(1567) 지금의 주상이 왕위에 올라 교서敎書로 부르니 사양하여 말하기를 "신은 늙음이 심하고 병이 깊으며 죄가 많아 감히 명을 따를 수 없습니다. 재상의 직분은 사람을 등용하는 것보다 큰일이 없는데도 지금 이에 선악善惡을 논하지 않고 사정邪正을 분별하지 아니합니다."라고 하였다. 이때 근신近臣이 경연에서 주상에게 아뢰어 말하기를 "조식曺植은 배운 바가 유자儒者와 다르기에 이로써 사양한 것입니다." 하였다. 교지를 연이어 내려 반드시 불러들이고자 하였으나 다시 사양하고 말하기를 "청컨대 구급救急이란 두 글자를 올려 몸을 바침에 대신합니다." 하고 인하여 시폐時弊 십수조十數條를 열거하여 말하기를 "온갖 병폐가 바야흐로 위급하여 천의天意와 인사人事를 능히 헤아릴 수 없는데도 이를 방치하여 구제하지 아니하고 한갓되이 허명虛名을 일삼으면서 논의만 열중합니다. 아울러 산야山野의 버려진 사람을 불러서 현인賢人을 구한다는 미명美名을 더하니 명분이 실지를 구하기에 부족함이 마치 그림의 떡으로 허기를 채우기에 부족한 것과 같습니다. 청컨대 완급緩急과 허실虛實을 다시 자세히 살피십시오." 하였다. 당시 주상이 바야흐로 유학 제현을 불러 온 조정이 성리性理를 논설하고자 하니 조정의 기강이 무너지고 나라의 근본이 날로 쇠퇴함으로 선생이 대개 이를 깊이 염려하여 언급한 것이다. 무진년(1568)에 다시 교지教旨를 내려 부르니 사양하고 봉사封事를 올렸는데 비답批答을 내려 이르기를 "이 격언格言을 보니 재덕才德의 높음을 더욱 알겠다."고 하였다. 다시 종친부 전첨을 제수했으나 병으로 사양하고 나가지 않으니 조정에서 자리를 비워두고 기다린 지가 일 년이 넘었다. 신미년(1571)에 큰 흉년이 들자 주상이 곡식을 하사했는데 인하여 감사하고 다시 상소한 뜻으로 거듭 아뢰어 간절함을 보였다. 이 해 12월 병이 들어 침과 약을 썼으나 오랫동안 효험이 없었다. 주상이 내관内官을 보내어 문병하였지만 이르지 아니하여 세상을 떠났으니 임신년(1572) 2월 8일로 향년 72세이다. 선비들이 서로 조문하며 사문斯文을 위하여 통곡했으니 유독 문하생뿐만 아니었다.

선생은 천자天資가 이미 특별하고 오랫동안 힘써 수양했으며 의義를 이에 바탕삼아 참으로 이로써 성취했으니 역량은 족히 만 길 높은 산악 같고 신채는 일월과 더불어 광채를 다툴 만하였다. 세인이 좋아하는 일체를 초개 같이 여겨 이로써 다른 사람에게 바라지 않았고 "저들이 부귀富貴로써 한다면 나는 인의仁義로써 대하리니 내 무엇을 꺼리겠는 가!" 하여 스스로 경솔히 쓰임을 구하지 않았다. 엄정하고 준결했으나 온화하고 정성스런 뜻이 일찍이 서로 통하지 않음이 없었으며 고답하 고 초월했으나 백성을 사랑하고 세상을 근심하는 마음은 일찍이 하루 도 잊지 못하였다. 그 부모를 섬김에는 신혼晨昏으로 반드시 정성定省하 여 돌아가실 때까지 그만두지 않았고 부모가 연로하고 집안이 가난했 지만 숙수菽水를 오히려 즐기면서 녹봉을 위해 벼슬하고자 아니했으며 친상親喪을 치를 때는 예를 좇아 허물이 없었다. 그 형제간의 우애에는 집안의 재물을 모두 형제에게 나누어주어 조금도 스스로 지니지 않았 고 아우 환桓과 더불어 한 담장 안에 살면서 같은 문으로 출입했으며 늙도록 적사嫡嗣가 없자 승중承重으로 환桓에게 부탁하였다. 그 사람을 대할 때는 비록 비부鄙夫 야인野人이라도 반드시 온화한 안색과 따뜻한 말로 능히 그 진정을 다하게 했으니 선행을 하면 반드시 마주하여 칭찬 했고 허물이 있으면 문득 잘 인도했다. 서로 아는 사람에게도 그 병통을 꺼리지 아니하고 처방을 내려 하여금 스스로 다스리게 하였다. 비록 소원해도 그 단점을 덮어두지 않았으며 사람을 관찰할 때 꿰뚫어보는 법과 경중을 달아보는 깊이에는 쉬이 헤아릴 수 없는 점이 있었다. 그 세상을 잊지 않음에는 백성들의 괴로움을 염려하여 마치 자기 몸이 아픈 듯이 하였고 회포가 쌓이어 이를 애기할 때면 혹 목이 메면서 이어 눈물을 흘렸다. 벼슬아치와 더불어 애기할 때 일분이라도 백성을 이롭게 할 수 있는 일이 있으면 힘을 다하여 고했으니 그 혹 베풀어지기 를 바라서이다. 누차 불러도 나가지 않았고 남들이 알아주지 않아도 걱정하지 않았으니 사람들은 혹 그 높고 강직하여 벼슬하지 않는 이로

만 인식하고 애초부터 몸을 고결히 하여 세상을 초월한 선비가 아닌 줄을 알지 못했다. 일찍이 왕명을 받고 나아가 아룀이 정성스럽고 간절했으며 거듭 봉장封章을 올려 단충丹衷을 쏟았으니 군신의 의를 처음부터 폐하고자 아니했다.

고괘蠱卦 상구上九의 전傳에서 말한 선비의 고상함은 한 가지 길만 있는 것이 아니다. 도덕을 품고서도 때를 만나지 못하여 고결히 자기를 지킨 이도 있고 자족의 도를 알아 물러나서 스스로를 보전한 이도 있으며 능력과 분수를 헤아려 알아주기를 구하지 아니한 이도 있고 청렴과 절개로 자기를 지켜 천하의 일을 탐탁하게 여기지 않으면서 홀로 그 일신을 깨끗이 지닌 이도 있으니 혹자는 선생이 이 몇 가지 중에 해당된다고 여겼다. 지금 선비들의 습성이 투박해져서 이욕利欲이 드러나고 의리義理가 상실됨을 염려했으니 겉으로는 도학道學을 내세우지만 안으로 사리私利를 품어 시세를 따라 명성을 취하는 이가 세상에 만연한지라 심술心術을 무너뜨리고 세도世道를 그르침이 어찌 단지 홍수와 같은 이단異端 뿐이겠는가! 그들의 처신과 행사를 보건대 왕왕 전혀 학자 같지 아니하여 속학배들이 이를 좇아 비난하니 이는 참으로 명성만 취하고 알맹이를 버린 자들의 죄이다. 그 사이 행여 진실하게 학문을 하는 이도 또한 잘못된 이름을 입을 수도 있어 안타깝지만 그러나 단지 학문이 진실하지 아니함을 근심할 뿐 어찌 이를 고민하겠는가! 매양 초학들이 성명性命의 이치를 고담高談하는 것을 들으면 항상 꾸짖어 말하기를 "공부란 처음부터 사친事親 경형敬兄의 사이에서 벗어나지 않거늘 초학의 선비가 혹 그 부모 형제에게는 잘못하면서 문득 천도天道의 묘리妙理를 찾고자 하니 이것이 무슨 공부이며 무슨 습성인가!" 하였다. 이기李芑가 일찍이 영남으로 부임했는데 기芑는 평소 중용中庸을 즐겨 읽어 당시 사람들에게 추중을 받았다. 책을 가지고 선생을 찾아와 의리義理에 의심나는 점을 논하자 답하여 말하기를 "상공相公은 제가 과업科業을 버리고 산림에 살고 있으니 혹 학문을 쌓아 견문이 있으리라 짐작하였겠지만 이는 속임을 많이 당한 것입니다. 이 몸은 병이 많기에 인하여 조용한 곳에 들어앉아 단지 여생을 보전할 뿐 의리義理의 학문은 강론할 바가 아닙니다.” 하였다. 이렇게 겸손할 말로 회피함에는 실로 뜻이 있었으니 기旣는 결국 을사사화의 흉괴兇魁가 되었다. 출처를 군자의 대절大節로써 깊이 여겼으니 고금의 인물을 두루 논할 때에는 반드시 먼저 그 출처를 살핀 연후에 그 행사行事의 득실을 논했다. 일찍이 말하기를 “근세에 군자로서 자처하는 사람이 또한 적지 않지만 출처가 의義에 합당한 이는 전혀 듣지 못했다. 얼마 전 오직 퇴계退溪가 고인古人에 거의 가깝다고 하지만 그러나 인욕人欲이 다했는가를 논할진대 필경 그 분수를 다하지 못함이 있다.”고 하였다.

병인년(1566)에 왕명을 받았는데 당시 이일재李一齋도 또한 사축으로 부름을 받아 경사京師에 이르렀다. 하루는 서로 만나는 자리에 선비들이 많이 모여들자 일재一齋가 사도師道로써 자임하여 후배와 더불어 의리義理를 강론하였다. 선생이 술잔을 들다가 문득 이를 희롱하여 말하기를 “그대와 나는 모두 도둑이다. 이름을 도둑질하고 벼슬을 훔치고도 이에 감히 남을 향해 학문을 논하니 어찌 그대의 우각牛角을 굽히지 아니하는가? 심히 경건하지 못하다.”고 하였다. 선비들이 이를 괴이하게 여기자 선생이 이르기를 “일재一齋는 세습에 물들었는데도 엄연히 현자로 자처하니 내 수긍할 수 없다.”고 하였다. 일찍이 부윤 이정李楨과 더불어 오랫동안 사귀다가 취향이 갑자기 달라 자못 서로 어긋나더니 뒤에 일로 인하여 절교하였다. 선생은 구차히 따르지도 아니하고 구차히 침묵하지도 않았으니 식자들은 비록 이를 좋아했지만 알지 못하는 이들은 또한 자못 싫어했다. 나아가고 물러남에 반드시 때를 보아 스스로를 지키려하였고 남을 좇고자 아니하여 암혈巖穴을 굳게 닫고서 죽어도 후회함이 없었으니 천 길을 나는 봉황이라 하여도 될 것이다. 세상에 군자들이 나아가 등용되어선 좋은 일을 하려다 도리어 일을 실패하고 몸을 망쳐 사림에 화를 끼친 이들을 애석히 여겼으니 이는 바로 기미를

살핌에 밝지 아니하고 시세를 판단함에 자세하지 아니하며 또한 송宋
나라 원풍元豊 연간의 대신大臣들과 함께 하는 뜻을 알지 못했기 때문이
다. 나라의 큰일을 담당한 이들이 기미를 알지 못하고 시세를 살피지
아니하며 마음을 합치지 않고서 단지 강직과 날카로움으로 자임하여
망녕되이 일을 저지르고는 혹 서로 전후하여 승부를 다투니 이는 처음
부터 진심으로 나라를 위한 것이 아니라 단지 사심을 좇았을 뿐이다.
어떤 사람이 묻기를 "선생으로 하여금 세상에 뜻을 얻게 한다면 큰
사업을 이루겠습니까?"라고 하자 말하기를 "나는 일찍이 덕과 재주가
없고 잘난 점이 없으니 어찌 능히 사업을 감당하겠는가! 단지 훌륭한
친구를 서로 권장하고 후배들을 발탁하여 많은 현재賢材로 하여금 각각
그 재능을 다하게 하고서는 앉아서 그 성공을 살피는 일은 내가 혹
할 수 있을 것이다."고 하였다. 어떤 이가 지금의 과거를 결단코 폐지할
수 없다고 하니 말하기를 "옛날 선비를 뽑을 적에는 어깨를 나란히
하여 나온 이들이 모두 훌륭한 인재였으니 비유컨대 재목을 길러 들보
와 기둥과 서까래 같은 재목들이 모두 갖추어짐에 재목 따라 이를 벌채
하여 큰집을 짓는 것과 같다. 양성함에 법도가 있고 등용함에 빠뜨림이
없으면 절로 넉넉해질 것이다."고 하였다. 일찍이 이르기를 "제갈공명
諸葛孔明은 소열昭烈이 삼고三顧하여 나왔으나 행할 수 없는 시기에 행하
려고 하다가 소용小用의 유감을 면하지 못했다. 만약 끝내 소열昭烈을
위해 일어나지 아니하고 차라리 융중隆中에서 일생을 마쳐 천하 후세가
무후武侯의 사업을 알지 못하더라도 또한 괜찮았을 것이다." 하였으니
고인을 상론할 때 전언前言에 얽매이지 아니하고 일단의 새로운 뜻을
구함이 왕왕 이와 같았다.

그 학문을 함에는 선생의 나이 25세 때에 벗들과 함께 산사山寺에서
공부를 하였는데 성리대전性理大全을 읽다가 허노재許魯齋가 말한 "이윤
伊尹이 뜻한 바를 뜻으로 삼고 안연顏淵이 학문한 바를 학문으로 삼아서
나아가면 큰일을 하고 물러나선 지킴이 있어야 하나니 장부는 마땅히

이와 같아야 한다. 나아가서 성취함이 없고 물러나서 지킴이 없다면 뜻한 바와 학문한 바가 장차 무엇이겠는가!"라는 구절에 이르러 이에 비로소 전일의 학문이 옳지 않음을 깨달아 부끄러움에 땀을 흘리고 망연자실하여 밤이 새도록 잠자리에 들지 않다가 새벽에 벗들에게 읍하고 돌아왔다. 이로부터 성현의 학문에 전념하여 용감히 직진하더니 다시 속학俗學에 굽히지 않았다. 날렵하고 분방한 기운이 한 번 크게 변하자 동정動靜과 어묵語默은 예전 모습이 아니었지만 오히려 스스로는 완전히 씻지 못했다고 여겼다. 그 독서를 할 때에는 일찍이 장구章句를 해석하지 아니하고 혹 10행을 아울러 읽어 내려가다가 자기에게 절실한 곳에 이르면 문득 깨달아 전념하였다. 화항직방和恒直方으로 사자부四字符를 삼고 격물치지格物致知로 제일 공부로 삼았으며 경敬으로써 심신을 돌아보고 기미로써 미세한 움직임을 살폈으며 주일근독主一謹獨으로 금인명金人銘을 지었고 색태塞兌라는 글자를 써서 근언계謹言戒로 삼았으니 모두 표제標題로 삼아 염두에 두었던 것이다. 항상 금령金鈴을 차고 다니면서 성성자惺惺子라 하였으니 깨어 있음을 환기시킨 공부이며 선성현先聖賢의 유상遺像을 그려 때때로 궤안에 펼쳐놓고 엄숙히 마주하였다. 항상 혁대革帶를 묶었으니 명銘하기를 "혀는 새는 것이고 가죽은 묶는 것. 산 용을 잡아 묶어 깊은 곳에 감춰두라." 하였고 즐겨 보검寶劍을 찼으니 명銘에 말하기를 "안으로 밝은 것은 경敬이고, 밖으로 끊는 것은 의義이다."라고 하였다. 일찍이 신명사도神明舍圖를 만들어 이에 명銘을 지었는데 안으로는 마음을 잡아 함양하는 실체를 드러내고 밖으로는 성찰하여 극복하는 공부를 밝혔으니 표리表裏가 일치한 모양과 동정動靜이 서로 함양되는 이치가 그림을 보면 일목요연하여 모두 볼 만하였다. 이는 선생이 스스로 체득한 바를 손수 그린 것이다. 선유들이 논한 천도天道 천명天命 심心 성정性情 이기理氣 등과 학문하는 차례와 덕에 들어가는 맥락을 손수 그린 그림이 한두 개가 아니며 모두 지극히 분명했으니 또한 남에게 보이려고 한 것이 아니었다.

항상 논어論語 맹자孟子 중용中庸 대학大學 근사록近思錄 등과 같은 책을 연구하여 그 근본을 북돋우고 그 취향을 넓혔으니 그 중에 나아가 더욱 자기에게 절실한 부분은 다시 사색을 더하였다. 거론하여 남에게 말할 때는 구차히 널리 펼쳐 듣기 좋음을 구하지 않았고 문득 강론하여 외인外人들의 논란을 야기하지 않았으니 이는 선생이 실질에 근본하여 요점을 파악한 것이다. 최후로 특별히 경의敬義를 드러내어 창벽 간에다 크게 써 놓고 일찍이 말하기를 "오가吾家에 이 두 글자가 있는 것은 하늘에 일월日月이 있는 것과 같으니 만고에 뻗치도록 바뀌지 않을 것이다. 성현의 천만 마디 이야기가 그 귀결점은 모두 이 두 글자를 벗어나지 않는다."고 하였다. 학문에는 반드시 자득自得함을 귀하게 여겼으니 말하기를 "한갓되이 서책을 의지하여 의리를 강론하여도 실제로 체득함이 없는 것은 끝내 소용이 없으니 이를 마음에 체득하여 입으로 표현하기 어려운 듯이 해야 한다. 학자는 말을 잘하는 것으로 귀하게 여기지 않아야 한다."고 하였다. 대개 선생은 이미 경전經傳을 널리 구하고 백가百家를 두루 통한 연후에 번잡함을 수렴하고 몸소 실천하여 요점을 터득했으니 스스로 일가一家의 학문을 이루었다. 일찍이 학자들에게 일러 말하기를 "학문하는 요점은 먼저 지식을 고명하게 해야 하니 마치 태산에 올라 만물이 모두 아래에 있는 것 같은 연후에야 오직 나의 행하는 바가 이로울 것이다."고 하였다. 또 말하기를 "도시의 큰 시장을 구경해 보면 금은金銀의 노리개가 없는 것이 없지만 종일토록 거리를 오르내리면서 그 값을 얘기해보아도 결국 자기 집안의 물건이 아니 되니 도리어 나의 한 필 베로써 한 마리 고기를 사가지고 오는 것만 못하다. 지금의 학자들이 성리性理를 높이 얘기하면서도 자기에게 소득이 없는 것은 무엇이 이에 다르겠는가!" 하였다. 또 말하기를 "밤중의 공부는 절실한 곳이 많으니 잠을 많이 자지 않아야 한다." 하였고 또 "평소 거처할 때 처자妻子와 섞여 지내는 것은 옳지 않다. 비록 자질이 훌륭하더라도 습성에 빠져들면 끝내 바른 사람이 될 수 없다."고 하였으니 이는 모두 선생의 평소 말씀이다. 사람을 가르칠 때는 반드시 자질을 보고 이를 좇아 격려했으며 책을 펼쳐 강론하고자 아니 했으니 말하기를 "옛날 성인들의 미묘한 말과 깊은 뜻 중에 사람들이 쉽게 깨달을 수 없는 것은 주자周子 정자程子 장자張子 주자朱子가 서로 이어 천명하여 남김이 없다. 학자들은 그 알기 어려움을 근심하지 말고 단지 실천하지 않음을 근심해야 할 뿐이다. 단지 그 흐릿함만 깨우쳐주면 깨어난 뒤에는 천지일월을 장차 스스로 볼 것이다."고 하였다. 일찍이 책을 저술하지 않았으니 단지 독서할 때 중요한 말을 차기箚記하여 이를 학기學記라 이름했다.

선생은 기우氣宇가 청고하고 눈빛이 형형하여 바라봄에 진세塵世의 인물이 아님을 알 수 있다. 언론의 빼어남은 우레가 치고 바람이 일듯하여 사람들로 하여금 은연중에 이욕利欲의 잡념을 없게 하였으니 자기도 모르게 사람을 감화시킴이 이와 같았다. 평소 거처할 때 종일토록 단정히 앉아 일찍이 나태한 모습이 없었고 귀한 손과 마주해도 동요되지 않았으며 천하거나 어린이를 접할 때도 해이함이 없어 나이 칠순이 넘도록 항상 한결 같았으니 그 자연함이 이와 같았다. 가수嘉樹의 선업이 매우 빈약하여 혹 흉년이 들면 집안사람들이 나물밥조차 잇지 못했으나 선생은 느긋이 걱정하지 않았다. 덕산德山에 거처한 뒤에도 화전火田에서 거둔 곡식은 겨우 연명할 정도였지만 선생은 태연히 항상 넉넉한 듯하였다. 병환이 나신 뒤로 혼절했다가 소생한 것이 몇 번이었지만 사생死生으로써 조금도 의義를 어지럽히지 않았고 부인의 손에서 운명할 수 없다 하여 방실旁室로 하여금 접근치 못하게 하였다. 병환이 조금 차도 있을 적에는 문득 경의敬義로써 힘써 문생에게 말하기를 "이 두 글자는 학자에게 지극히 중요하다. 오로지 공부가 원숙해야 하나니 원숙해지면 한 점의 티끌도 마음에 없을 것이다. 나는 이 경지에 이르지 못하고 죽는다."고 했으니 평생토록 지닌 바를 이에서 더욱 징험하겠다. 아! 외진 땅에 말세 되어 도학道學이 떨쳐지지 못하더니 선생께서 우뚝이 떨치고 일어나 사전師傳을 말미암지 아니하고 능히 스스로 수립하여 초연히 홀로 나아갔다. 대개 또한 사람 중에 이에 능한 이가 드문지 오래되었으니 이는 내가 좋아하는 바에 아첨하는 말이 아니다. 이해 겨울 두류산頭流山에 목가木稼 재앙이 있어 식자들이 자못 철인哲人에게 불행이 있으리라 하더니 선생이 과연 병을 얻어 일어나지 못했다. 세상을 떠나던 날 세찬 바람과 폭우가 몰아쳤으니 사람들이 우연이 아니라 하였다.

부인은 남평南平 조씨曺氏 충순위 수琇의 여이니 선생보다 먼저 별세했다. 1남 1녀를 낳았으니 아들 차산次山은 풍골이 비범했으나 9세에 요절했고 딸은 만호 김행金行에게 출가하여 2녀를 낳았는데 장녀는 권지승문원 부정자 김우옹金宇顒에게 시집갔고 다음은 유학 곽재우郭再祐에게 시집갔다. 선생은 부인과 비록 사이가 좋지는 못했지만 종신토록 은의恩義를 끊지는 않았다. 선생과 판관 이희안李希顔은 지기知己의 벗으로 내외內外가 더불어 통했는데 이李가 일찍이 말하기를 "조모曺某는 그 부부 사이에 더욱 남달리 행하기 어려운 바가 있으나 남들이 이를 알지 못한다."고 했으니 그 지적한 바를 알 수는 없지만 벗들이 신복信服했음을 볼 수 있다. 만년에 방실旁室을 얻어 3남 1녀를 낳았으니 차석次石은 부사 김수생金水生의 딸에게 장가들었고 차마次磨는 미혼이며 차정次矴과 여식은 모두 어리다. 4월 초 6일에 산천재山天齋 뒤 임좌壬坐 병향원丙向原에 장사했으니 선산에 환장還葬하지 못한 것은 시세가 혹 그러했을 것이다. 아! 아!

융경隆慶 6년(1572) 임신 윤 2월 일
문인 생원 정인홍鄭仁弘 근장謹狀

先生 姓曺氏 諱植 字楗仲 系出昌山 高麗太祖 德宮公主 下嫁生子瑞 爲
刑部員外郎 於先生始祖 高祖諱殷中郎將 妣郭氏縣監興仁之女 曾王父諱

安習成均生員 妣文氏學諭可容之女 王父諱永不仕 妣趙氏監察瓚之女 考
諱彦亨通訓大夫承文院判校 娶忠順衛李菊女 以弘治辛酉六月壬寅 生先生
於嘉樹縣之兎洞 未冠 以功名文章自期 有駕一世軼千古之意 讀書喜左柳
文字 製作好奇高 不屑爲世體 屢捷發解 名震士林 嘉靖丙戌 遭先大夫憂
廬墓終三年 先生家世淸貧 授室金官 婦家頗饒 奉母夫人就養 乙巳丁憂 奉
柩還葬于先大夫墓東岡 廬墓如初 身不脫衰 足不出廬 服闋 因居本業 近舊
宅 構一室曰鷄伏堂 俯前流 結茅屋曰雷龍舍 使工畫者摹雷龍狀 樓諸壁 晩
卜頭流山下 其室復以雷龍名 別構精舍 扁曰山天齋 老焉 先生豪邁不群 明
見高識 出於天性 中廟丁酉 先生年三十七 于時 國家無朝夕之虞 獨見有憂
違之幾 遂請命先夫人 棄擧子業 筮遯山林 愛宜春之明鏡臺 往來棲息 累歲
月 作山海亭于金官之炭洞 講學蓄德 不願乎外者 亦有年矣 中廟始授獻陵
參奉 不就 明廟除爲主簿典牲也宗簿也 又除爲縣監丹城也 皆不就 上疏不
報 其後又授司紙 不就 丙寅以遺逸召 辭 復以尙瑞院判官徵 乃拜引對思政
殿 上問治亂之道爲學之方 對曰古今治亂 載在方策 不須臣言 臣竊以爲君
臣之際 情義相孚 洞然無間 此乃爲治之道 古之帝王 遇臣僚若朋友 與之講
明治道 今雖不能如此 必須情義相孚 然後可也 又言生民離散 如水之流 救
之當如失火之家 人主之學 出治之本 必須自得 徒聽人言 無益也 上又問三
顧草廬事 對曰必得英雄 然後可以有爲 故至於三顧亮 亮一顧不起 或者時
勢然也 然與昭烈 同事數十年 竟未能興復漢室 此則未可知也 遂去歸故山
隆慶丁卯 今上嗣服 以敎書召之 辭曰臣老甚病深罪深 不敢趨命 宰相之職
莫大於用人 今乃不論善惡 不分邪正 蓋時有近臣 於筵中白上 曰曺植所學
異於儒者 故以此辭 有旨繼下 必欲徵起 復辭曰請獻救急二字 以代獻身 因
歷擧時弊十數條 曰百疾方急 天意人事 有未能測 舍此不救 徒事虛名 論篤
是與 幷求山野棄物 以助求賢美名 名不足以救實 如畫餅之不足以救飢 請
以緩急虛實 更加審處焉 時主上方問儒學諸賢 滿朝論說性理 而朝綱不振
邦本日壞 先生蓋深念之 故及之 戊辰 又下旨趣召 辭 上封事云云 批下云
觀此格言 益知才德之高矣 轉授宗親府典籤 以病辭不就 朝廷虛位以待者
逾一年 辛未 大匈歉 上賜之粟 因陳謝 復以疏意申啓 而更勁切焉 是年十
二月 疾作 鍼藥久不效 上遣中使問疾 未至而終 壬申二月八日也 享年七十

有二 士子相吊 爲斯文慟 不獨門下輩也 先生天資旣異 克治力久 義爲之質
而信以之成 力量足以岳立萬仞 神采可與日月爭光 一切世好視若草芥 而
不以此望於人 以仁以義 吾何慊乎 而不自輕以求用 方嚴淸峻 而和易懇惻
之意 未嘗不相濟 高蹈遠引 而愛物憂世之念 未嘗一日忘 其事親也 晨必省
昏必定 終不或輟 親老家貧 菽水猶歡 不欲爲祿仕 執親之喪 遵禮不怠 其
友睦也 家藏盡以業兄弟 一毫不自與 與弟桓居共一垣 出入同門 年老無嫡
嗣 以承重付桓 其接物也 雖鄙夫野人 必和顏溫語 使得盡其情 爲善必面稱
有過輒導 於相識之人 不諱其病痛 因投鍼劑 使之自治 雖疎遠 不沒其長
雖親愛 不掩其短 至於觀人之際 視察之鑑 斤兩之蘊 有未易窺測者 其不忘
世也 念生民困悴 若恫瘝在身 懷抱委襞 言之或至嗚噎 繼以涕下 與當官者
言 有一分可以利民者 極力告語 覬其或施 屢徵不起 不見是而無憫 人或認
爲高亢不仕之人 而不知初非潔身長往之士也 嘗趨朝命 奏對誠切 再上封
章 披瀝丹悃 則君臣之義 初不欲廢也 蠱之上九 傳曰士之高尙 亦非一道
有懷抱道德 不偶於時 而高潔自守者 有知止足之道 退以自保者 有量能度
分 安於不求知者 有淸介自守 不屑天下之事 而獨潔其身者矣 或者 先生於
此數者 居一焉 病今之士習偸弊 利欲勝而義理喪 外假道學 內實懷利 以趨
時取名者 擧世同流 壞心術誤世道 豈特洪水異端而已 觀其行己做事 往往
專不似學者 所爲俗學輩 從而譏誚焉 此固取名蔑實者之罪也 其間倘有眞
實爲學者 亦被假僞之名 初可痛也 然特患學不眞實而已 庸何病於此乎 每
聞初學高談性命之理 未嘗不呵止之 曰爲學初不出事親敬兄之間 始學之士
或不能於其父母兄弟 而遽欲探天道之妙 此何等學也 何等習也 李芑嘗出
使嶺外 芑曾以喜讀中庸 爲時所推 以書抵先生 論義理疑處 答曰相公以植
棄擧業入山林 意或積學有見 而不知被欺已多矣 此身多病 仍投閑靜 只爲
保得餘生 義理之學 非所講也 遜辭靳避 實有深意 芑卒爲乙巳兇魁 深以出
處爲君子大節 泛論古今人物 必先觀其出處 然後論其行事得失 嘗曰近世
以君子自處者 亦不爲不多 出處合義 蔑乎無聞 頃者唯景浩 庶幾古人 然
論人欲盡 畢竟有未盡分矣 丙寅拜命 時李一齋 亦以司畜召 至京師 一日相
見 士子坌集 一齋以師道自任 與後輩講論義理 先生因杯勺 遽爲之戲 曰君
與我儘是盜 盜名字竊官爵 乃敢向人論學爲 胡不彎君牛角 不甚敬重 士子

多怪議 先生謂一齋滾同世習 儼然以賢者自當 吾所不服也 嘗與李府尹禎
友善 久之所趨頓異 頗與相失 後因事絶之 先生不苟從不苟默 識者雖好之
不知者亦頗惡之 隱見必欲相時自守 不欲徇人 牢關巖穴 死而不悔 謂之翔
千仞鳳凰 可也 惜世之君子 出爲時用 要做好事 事敗身僇 貽禍士林者 正
坐見幾不明 相時不審 又不知如元豊大臣同之義也 當國大事者 不知幾不
相時不恊 心強銳自任 胡亂作爲 或相前却 因較勝負 初非赤心謀國 只是徇
私意而已 有人問使先生得行於世 做得大事業否 曰吾未嘗有德有才而不長
豈得當了事 但尊舊相奬 後輩推拔 多小賢材 使之各效其能 坐觀其成功 吾
或庶幾焉 或言今之科擧 決不可廢 曰古有選士法 士比肩而出者 皆良才 譬
如養得林木 棟楹樑桷之材 靡有不具 比株而伐之 以構大厦 養之有道 而取
不遺 材用自無不足矣 嘗謂諸葛孔明 爲昭烈三顧而出 欲爲於不可爲之時
顧未免有小用之憾 若終不爲昭烈起 寧老死於隆中 天下後世 不知有武候
事業 亦未爲不可矣 尚論古人 不拘前言 更求一段新義 往往如此 其爲學也
先生年二十五歲時 偕友人隷業於山寺 讀性理大全 至許魯齋之言 曰志伊
尹之所志 學顔淵之所學 出則有爲 處則有守 丈夫當如此 出無爲處無守 所
志所學 將何爲 於是 始悟舊學不是 心愧背汗 惘若自失 終夜不就席 遲明
揖友人而歸 自是刻意聖賢之學 勇猛直前 不復爲俗學所撓 飛揚不羈之氣
一頓點化 動靜語默 非復舊時樣子 猶自以謂或未消了 其讀書也 不曾章解
句析 或十行俱下 到切己處 便領略過其用功也 以和恒直方 爲四字符 以格
物致知 爲第一工夫 敬以心息相顧 幾以察識動微 爲主一謹獨法 作金人銘
書塞兌字 爲謹言戒 皆標題而念在焉 常佩金鈴 號曰惺惺子 蓋喚惺之工也
畵先聖賢遺像 時展几案 肅容以對 常束革帶 銘曰舌者泄 革者結 縛生龍
藏漠冲 愛佩寶劍 銘曰內明者敬 外斷者義 嘗作神明舍圖 繼爲之銘 內以著
操存涵養之實 外以明省察克治之工 表裡無間之體 動靜交養之理 按圖了
然 有目皆可見 此先生所自得而手摹畵者也 以至先儒所論 天道天命心性
情理氣等處 與爲學次第 入德路脉 手自圖畵者 非一二而皆極分明 亦不以
示人 常繹論孟庸學近思錄等書 以培本 以廣其趣 就其中 尤切己處 更加
玩味 仍擧以告人 未嘗苟爲博洽以徇聽聞之美 未嘗便爲講說引惹外人論議
此先生着實說約者也 最後特提敬義字 大書窓壁間 嘗曰吾家有此兩箇字

如天之有日月 洞萬古而不易 聖賢千言萬語 要其歸 都不出二字外也 學必
以自得爲貴 曰徒靠冊字上 講明義理 而無實得者 終不見受用 得之於心 口
若難言 學者不以能言爲貴 蓋先生旣以博求經典 旁通百家 然後斂繁就簡
反躬造約 而自成一家之學 嘗謂學者 曰爲學要先使知識高明 如上東岱 萬
品皆低 然後惟吾所行 自無不利 又曰遨遊於通都大市中 金銀珍玩 靡所不
有 盡日上下街衢 而談其價 終非自家家裡物 却不如用吾一匹布 買取一尾
魚來也 今之學者 高談性理 而無得於己 何以異此 又曰夜中功夫儘多切 不
可多睡 又曰恒居不宜與妻孥混處 雖資質之美 因循汨溺 終不做人矣 此皆
所雅言也 敎人必觀資稟 將順激勵之 不欲便與開卷講論 曰從古聖人微辭
奧旨 人不易曉者 周程張朱 相繼闡明 靡有餘蘊 學者不患其難知 特患其不
爲已耳 只要喚覺其睡 覺後天地日月 將自覩得矣 未嘗著書 只有讀書時箚
記要語 名之曰學記 先生氣宇淸高 兩目炯耀 望之知其非塵世間人物 言論
英發 雷屬風起 使人潛消利欲之念 而不自覺 其動人如此 燕居終日危坐 未
嘗有惰容 對貴客不爲動 接卑幼不以懈 年踰七旬 常如一日 其自然如此 於
嘉樹先業甚尠 歲或不熟 家人蔬食不繼 先生怡然不以爲意 山居之後 藟畬
所收 僅賴以不死 先生熙然常若甚饒 邏疾之日 絶而復甦者數 不以死生毫
髮亂義 不絶婦人手 令旁室不得近 少間 輒以敬義字 亹亹爲門生言 曰此二
字極切要 學者要在用功熟 熟則無一物在胸中 吾未到這境界以死矣 平生
所存 至此益驗矣 嗚呼 偏荒晚世 道學未唱 而先生傑然奮起 不由師傳 能
自樹立 逈發獨往 蓋亦民鮮能久矣 此非阿所好之言也 是冬 頭流木稼 識者
頗爲哲人憂 先生果得疾不瘳 卒之日 烈風暴雨 人以爲不偶然也 娶南平曺
氏 忠順衛琇之女 先歿 生男一女一 男曰次山 風骨不常 九歲而夭 女適萬
戶金行 生二女 長適權知承文院副正字金宇顒 次適幼學郭再祐 先生於內
子 雖不好合 終身不絶恩義 先生與李判官希顔 爲知己友 內外與通 李嘗曰
曺某 於其夫婦間 尤有人所難能者 而人莫之知也 未知所指 其爲朋友所信
服可見 晚得旁室 生三男一女 曰次石 娶府使金水生女 曰次磨 未娶 曰次
矴與女 皆幼 四月初六日 葬于山天齋後壬坐丙向之原 不得歸祔於先塋者
勢或使然也 嗚呼嗚呼

隆慶 六年 壬申 閏二月 日 門人 生員 鄭仁弘 謹狀

행장行狀

선생의 성은 조씨曺氏이고 휘는 식植이며 자는 건중보楗仲甫이니 자호가 남명南冥이다. 조씨는 창산昌山의 저성著姓으로 고려 태조의 신덕왕후神德王后가 덕궁공주德宮公主를 낳아 조씨에게 하가下嫁하여 형부원외랑 서瑞를 낳았으니 이분이 시조이다. 그 후 9세 동안 평장사를 지내 대마다 위인이 났다. 선생은 홍치弘治 신유년(1501) 6월 26일 진시辰時에 태어났다. 나면서부터 특이한 자질이 있었으며 소시에 호방하고 용맹하여 얽매임이 없었다. 자라면서 글짓기를 좋아하여 기고奇高함에 힘쓰더니 문장으로 자부했다. 판교공이 매양 과거공부로 면려하면 선생은 스스로 그 재주를 크게 여겨 이르기를 "과거는 쉽게 합격할 수 있습니다." 하였다. 25세에 벗들과 함께 산사에서 과거공부를 하다가 성리대전性理大全을 읽으면서 노재魯齋 허형許衡의 말 중에 "이윤伊尹의 뜻을 뜻으로 삼고 안자顔子의 학문을 학문으로 삼아 나가서는 큰일을 하고 물러나서는 지킴이 있어야 하나니 장부는 마땅히 이와 같아야 한다."는 글귀를 보고 선생은 척연히 각성하고 망연히 자실하여 비로소 종전의 취향이 그릇됨을 깨달았다. 이에 "고인이 이른 바 위기爲己의 학문이라는 것은 대개 이와 같다." 하고 드디어 탄식하며 분발하여 밤새도록 자리에 들지 않더니 새벽에 벗들에게 읍하고는 돌아왔다. 이로부터 실학에 뜻을 돈독히 하여 각고면려하더니 종일토록 단정히 앉아 밤을 새운 지 수년이었다. 이미 경전을 널리 섭렵하고 백가를 두루 달통한 연후에는 번잡한 것을 수렴하여 간략히 하고 일신을 반성하여 요체를 터득했으니 스스로 일가一家의 학문을 이룩하였다. 가정嘉靖 정유년(1537) 선생의 나이 37세에 비로소 과거를 완전히 포기하고 유학에 전념하였다. 구원丘園에 물러앉아 수죽水竹 사이에 모옥茅屋을 지어서는 세상 일을 사절하고 한가히 자적했으니 이로 말미암아 조용히 수양하고 정신을 연마하여 조예가 더욱 고원해졌다. 집안이 청빈한 선생은 김해로 장가들어 부가婦家가 자못 넉넉했으며 선생이 이미 일찍 부친을 잃었는지라 드디어 모부인을 모시고 김해로 옮겨가 봉양했다. 을사년(1545)에 모친상을 당하자 관棺을 받들어 가수嘉樹로 환장還葬하고는 드디어 본향本鄕에 거처했으며 만년에는 두류산 덕산동에 복거하여 은거처를 정했다.

선생은 중종조에 천거를 입어 특별히 참봉에 제수되었으나 나가지 않았고 명종이 왕위에 올라 거듭 주부를 제수했지만 모두 나가지 않았다. 을묘년(1555)에 특별히 단성丹城 현감을 제수했으나 또 나가지 아니하고 봉사封事를 올렸으니 대략 이르기를 "전하의 국사國事는 이미 그릇되고 방본邦本은 이미 망했으며 천의天意는 이미 떠나고 인심人心은 이미 이반되었습니다. 자전慈殿은 사려가 깊으나 깊은 궁궐의 한 과부에 불과하고 전하께선 어리시어 단지 선왕의 한 고아일 뿐입니다. 백천 가지 천재天災와 억만 갈래 인심人心을 무엇으로 감당하고 무엇으로 수습하시렵니까? 시내가 마르고 우박이 내리니 그 조짐이 무엇입니까? 울음소리 슬프고 소복素服을 하였으니 형상이 이미 드러났습니다. 이때를 당하여 비록 주공周公 소공召公의 재주를 겸하고 나라의 중요한 자리에 있어도 또한 어찌 할 수 없거늘 하물며 일개 미천한 몸으로 재주가 초개같은 이에게 있어서야 어찌 하겠습니까? 위로는 능히 만에 하나도 위태로움을 해결하지 못하고 아래로는 능히 털끝만치도 백성을 도울 수 없으니 전하의 신하되기가 또한 어렵지 않겠습니까? 근왕勤王할 인재를 부르고 국사를 정돈함은 구구한 정형政刑에 있는 것이 아니라 오직 전하의 한 마음에 달렸습니다. 방촌方寸의 마음에 한마汗馬의 노력을 기울여 만우萬牛를 이끄는 위치에서 공을 거두어들이는 일은 그 기틀이 자신에게 있을 뿐입니다. 유독 알 수는 없지만 전하께서 종사하는 일은 무엇입니까? 학문을 좋아하십니까? 성색을 좋아하십니까? 궁마를 좋아하십니까? 군자를 좋아하십니까? 소인을 좋아하십니까? 좋아하는 바가 있는 곳에 따라 존망이 달렸습니다. 참으로 능히 하루에 확연히 깨닫고 분연히 노력하여 홀연 명덕明德과 신민新民의 안에서 터득함이 있으면 명덕 신민의 안에 만 가지의 선행이 모두 내재하고 백 가지의 조화가 흘러나오리니 이를 들어 시행하면 나라가 고르게 될 것이고 백성이 화평하게 될 것이며 위태로움이 편안하게 될 것입니다."라고 하였으니 소가 들어갔지만 비답이 없었다.

병인년(1566)에 조정에서 명유名儒인 성운成運 이항李恒 임훈林薰 김범金範 한수韓脩 남언경南彦經 등을 크게 부르면서 다시 유일遺逸로 선생을 불렀으나 사양하였다. 거듭 교지를 내려 두터이 부름으로 이에 응하여 나아가니 상서원 판관을 제수했고 명을 받들어 사정전思政殿에서 인견할 때에 주상이 치란의 도와 학문의 방법을 물었다. 이에 대답하여 말하기를 "고금의 치란은 서책에 있으니 신의 말을 기다릴 필요가 없습니다. 신은 생각건대 군신 사이에는 반드시 정의情意가 서로 부합한 연후에 큰일을 할 수 있을 것입니다." 하고 인하여 백성들이 떠도는 괴로운 정상을 극력히 아뢰었다. 주상이 또 삼고초려三顧草廬의 일을 묻자 대답하기를 "제갈량諸葛亮은 영웅이라 사리를 능히 헤아리지 못할 이가 아니지만 그러나 소열昭烈과 더불어 수십 년간 함께 일하여 끝내 한실漢室을 회복하지 못했으니 신은 이를 알 수 없습니다." 하였으니 선생의 뜻은 대개 공명孔明의 출사를 부당하다고 이른 것이었다. 선생은 이미 입대入對하고 즉시 출발하여 남쪽으로 돌아왔으니 조명朝命을 기다리지 않았다. 융경隆慶 정묘년(1567)에 금상今上이 즉위하자 제일 먼저 교서敎書를 내려 권장하고 도움을 구한 바가 매우 지극했으며 얼마 후 연이어 교지敎旨를 내려 날씨가 따뜻한 때를 기다려 역말을 타고 길에 오르라고 하였으나 선생이 거듭 사양하였다. 처음 사양하면서 뜻한 바에는 "늙음이 심하고 병이 깊으며 죄가 많다."는 말이 있었고 또 말하기를 "재상의 직분은 인재를 등용하는 것보다 중한 일이 없는데 지금은 이에 선악善惡을 논하지 않고 사정邪正을 분별치 않습니다." 하였으니 당시 근신近臣이 경연에서 주상에게 아뢰기를 "조모曹某는 배운 바가 유자儒者와 다르기 때문에 이로써 사양한 것입니다."라고 하였다. 재차 사양하면서 뜻을 펼쳐 이르기를 "청컨대 구급救急 두 글자를 바쳐 나라 일으킬 일언一言으로 삼고 몸 바침에 대신합니다. 바야흐로 이제 방본邦本이 무너지고 온갖 폐단이 지극하니 마땅히 대소 관료들이 급박하게 여기기를 마치 화재나 수재에서 구하는 것과 같이 하여도 혹 지탱할 수 없거늘 한갓되이 허명만 일삼고 논의만 힘씁니다. 아울러 산야山野에 버려진 사람을 찾아내어 현인을 구한다는 미명을 더하니 명분이 실질을 구하기에 부족한 것이 마치 그림의 떡이 허기를 채우기에 부족한 것과 같습니다. 청컨대 완급緩急과 허실虛實을 분간하여 처치하십시오." 하였다. 이때에 주상이 바야흐로 유학儒學 제현諸賢을 불러 온 조정이 성리性理를 논하려 하자 조정의 기강이 해이해지고 나라의 근본이 날로 위축되었으니 선생은 이를 깊이 염려했기 때문에 아뢰어 언급한 것이었다.

무진년(1568)에 또 교지를 내려 불렀으나 사양하고 봉사封事를 올려 군덕君德을 개진하였으니 대저 선을 밝히고 몸을 정성되게 하는 것으로 요점을 삼았다. 그 마지막에 이르기를 "신이 전날에 뜻한 바 구급救急이라는 말에 아직까지 천의天意의 감동을 듣지 못했으니 응당 늙은 선비가 곧음을 파는 말이라고 여겨 족히 생각을 움직이지 못한 것이라 여겨집니다. 황차 군덕君德을 개진한 것도 고인들이 이미 진술한 전철에 불과하지만 그러나 전철을 말미암지 아니하면 다시 좇을 길이 없습니다." 하였다. 또 말하기를 "지금 왕령王靈은 떨쳐지지 아니하고 정사政事는 은혜를 빙자함이 많으며 조령朝令은 나오자마자 거두어져 기강이 서지 아니한 지 수세가 되었습니다. 헤아릴 수 없는 위엄으로 이를 진작시키지 아니하면 백방으로 흩어진 팥죽 같은 형세를 구할 수 없고 큰 장마비로서 이를 적시지 않으면 칠년 가뭄에 마른 풀을 살릴 수 없으니 반드시 명세命世의 보필을 얻어 상하가 공경하고 협력함이 같은 배를 탄 사람과 같이한 연후에 조금이라도 무너지고 메마른 형세를 다스릴 수 있을 것입니다."라고 하였다. 또 서리의 정상을 극언하여 말하기를 "당당한 천승千乘의 나라로서 조종祖宗 200년 업적을 의지하여 공경대부가 전후로 늘어서 따르거늘 정사를 아전에게 맡겨서야 되겠습니까? 이것은 소의 귀에도 들려줄 수 없는 일입니다. 군민軍民의 서정庶政과 나라의 기무機務가 모두 이 아전들의 손을 거치면서 사속絲粟 이상의 뇌물이 아니면 행해지지 아니하고 지방에서 바치는 물건은 일체 저지당해 한 물건도 상납되지 아니하니 어찌 전하께서 일국의 큰 부를 누리지 못하시고 도리어 노예가 방납防納한 물건을 의지할 줄 생각했겠습니까? 이에 싫증내지 아니하고 나라 창고의 물건을 도둑질하여 몇 자 몇 말의 저축도 없으니 나라는 나라꼴이 아니고 도적들만 수레 아래 가득합니다. 대저 윤원형尹元衡의 권세도 조정에서 능히 이를 바로잡았거늘 하물며 이 같은 이리와 쥐새끼의 허리와 목을 도끼로서[11] 다스리기에 부족하겠습니까? 왕정王廷에 포진한 이들치고 누가 세상을 건질만한 인재와 밤낮으로 수고하는 어진이가 아니겠습니까마는 간신姦臣이 자기와 어긋나면 제거하면서도 간리姦吏가 나라를 좀먹는 것은 방치합니다. 이는 일신만을 생각하고 나라를 염려치 않는 것이기에 명철明哲하다 하지만 어리석지 않음이 없으니[12] 자신의 즐거움으로 나라의 근심을 잊은 것입니다. 신은 깊은 산골에 살면서 굽어 살피고 우러러보며 탄식하고 한숨 쉬다가 이어 눈물 흘린 적이 자주 있었습니다. 신은 전하에게 군신의 정분이 일촌一寸도 없는데 무슨 군은君恩에 감격하여 탄식하고 눈물 흘림을 스스로 그칠 수 없었겠습니까? 교분은 얕은데 말이 깊으니 실로 죄가 많습니다. 홀로 헤아리건대 이 땅의 곡식을 먹고 사는 누세累世의 구민舊民으로 욕되이도 삼조三朝에 걸친 징사徵士가 되어 나라를 걱정하는 마음은 오히려 스스로 주周나라 과부[13]에 비견할 만하니 부

---

11) 원문의 '제부齊斧'는 자부資斧와 같은 말로 예리한 도끼 또는 제왕의 권력을 상징하는 황월黃鉞을 비유한다.

12) 원문의 '미철불우靡哲不愚'는 『시경詩經』 대아大雅 「억편抑篇」에 나오는 말이다.

름을 받은 날에 어찌 한 마디 말이 없을 수 있겠습니까?" 하였다. 소가 올라가자 교지를 내려 답하기를 "이 격언格言을 보니 재덕才德의 높음을 더욱 알겠다. 마땅히 유념하리라." 하였다.

　기사년(1569) 겨울에 종친부 전첨으로 불렀으나 사양하였고 경오년(1570) 정월에 다시 불렀으나 또 사양했으니 조정에서 자리를 비워두고 기다린 지가 일 년이 넘었지만 끝내 나가지 않았다. 신미년(1571) 여름에 특별히 본도本道에 명하여 곡식 약간 섬을 하사하여 그 궁핍함을 규휼하였다. 선생이 소를 올려 감사하며 말하기를 "군의君義를 받친다."고 운운하니 주상이 답하기를 "그대의 소장을 살펴보니 나라를 걱정하는 정성은 비록 시골에 있어도 일찍이 잊지 아니함을 보겠다."고 하였다. 이 해 섣달에 선생께서 병이 나셨는데 임신년(1572) 정월에 본도本道에서 병으로 아뢰자 주상이 내관을 보내어 문병하였으나 이르지 아니하여 선생이 세상을 떠났으니 2월 8일이다. 이 날 큰 바람과 폭설로 천지가 아득했으며 산이 무너지고 두성斗星이 떨어졌으니 어찌 작은 변고이겠는가! 부음을 듣고 특별히 명하여 부의賻儀와 제사祭祀를 내리고 벼슬을 추증했다. 임신년 4월 6일에 산천재山天齋 뒷산 임좌壬坐 병향원丙向原에 장사했으니 유명遺命을 따른 것이다. 부인 남평南平 조씨曺氏는 충순위 수琇의 여이니 선생보다 5년 먼저 별세했고 김해金海에 장사했다. 아들 하나를 낳았으니 비범하여 선생이 매우 사랑하였으나 9세에 요절했다. 1녀는 만호 김행金行에게 출가하여 2녀를 낳았으니 장녀는 권지승문원 부정자 김우옹金宇顒에게 시집갔고 다음은 사인 곽재우郭再祐에게 시집갔다. 방실旁室의 아들 3인은 차석次石 차마次磨 차정次矴이고 딸은 어리다.

　아! 선생은 간세間世의 호걸이니 설월雪月 같은 흉금과 강호江湖 같은

---

13) 『좌전左傳』 소공昭公 24년에 나오는 고사故事로 주周나라 과부가 길쌈하는 실이 모자라는 것은 걱정하지 않고 나라가 망할까 염려했다고 한다.

성품으로 만물 밖에 우뚝 서서 일세를 내려다보았다. 고매한 식견은 천품에서 나왔으니 기미를 보고 일을 논함에 사람들의 의표를 뛰어넘었으며 시대를 근심하고 세상을 개탄한 충의의 떨침은 봉사封事와 주대奏對에서 대강 볼 수 있다. 천성이 강개하여 일찍이 남에게 부앙俯仰하지 않았으며 학사 대부와 더불어 이야기가 시정의 폐단과 백성의 곤궁함에 미치면 일찍이 팔을 걷고 목이 메이다가 때로는 눈물까지 흘려 듣는 이들이 경청했으니 이 세상을 잊지 못함이 대개 이와 같았다. 그러나 도를 말미암고 의를 지켰기에 스스로를 낮추어 등용됨을 즐기지 않았으며 가난을 편히 여기고 궁색함을 견디었기에 자신을 굽혀 세속을 따르지 않았다. 그러므로 세상을 길이 사양하고 암혈에서 일생을 마쳐 하여금 조정에서 재능을 시험하지 못해본 채 경륜의 사업은 연하煙霞 가운데서 영락했으니 아! 이것은 누가 그렇게 한 것인가! 그러나 그 성분性分의 안에서 체득한 바는 만고에 뻗치도록 없어지지 않을 것이니 애초부터 등용되거나 물러난다고 하여 더해지거나 감할 바가 아니었다. 선생은 재기가 매우 높아 호매하고 절륜했으며 의논이 뛰어나고 의용이 준엄하여 굳센 기운이 면목에 드러났다. 매양 그 모습을 대하고 그 언론을 접하면 방탕한 마음과 나약한 기운이 감히 심중에서 돋아나지 않았다. 그 조예의 높음과 자득의 오묘함은 어리석고 좁은 소견이 능히 측량하여 억설할 바가 아니다.

잠시 그 눈으로 본 사실로서 말한다면 서실에 홀로 거처하면서 정결하고 엄숙하였고 서책과 기물을 일정하게 두었으며 종일토록 단정히 앉아 일찍이 흐트러지고 기울어진 모습을 볼 수 없었다. 자정이 넘어 취침했으나 또한 일찍이 졸지 않더니 학자들에게 말하기를 "밤중의 공부는 절실한 것이 많으니 잠을 많이 자지 않아야 한다."고 하였다. 또 이르기를 "평소 거처할 때 처자와 섞여 지내는 것은 옳지 않다. 비록 자질이 아름답더라도 습성에 빠져들면 끝내 바른 사람이 될 수 없다." 고 하였으니 그 뜻을 엄격히 하여 자립함에 이런 류가 많았다. 학문을 할 때는 지엽을 버리고 마음에 체득함을 귀하게 여겼고 실천을 급선무로 삼았다. 강론하고 분석하는 말을 즐겨하지 않았으니 대개 헛된 일과 빈말은 궁행躬行에 무익하다고 여겼기 때문이다. 책을 읽을 때는 장구를 해석하지 아니하고 혹 열 줄을 함께 읽어 내려가면서 자기에게 절실한 곳에 이르면 문득 깨달아 공부를 독실히 하였다. 항상 금방울을 차고 다니며 스스로 경계하면서 성성자惺惺子라 하였으니 대개 깨어있음을 환기시키는 공부였다. 일찍이 깨끗한 술잔에 맑은 물을 담아 양손으로 받들고 밤을 지새웠으니 대개 뜻을 다지는 일이었다. 또 작은 병풍에 선성先聖 선사先師의 유상遺像을 그리어 항상 궤안에 안치하고 매양 이를 엄숙히 마주하기를 시좌하여 앞뒤로 호위하듯 하였다. 일찍이 신명사神明舍를 그려 도圖를 만들어서는 항상 주시하며 경계했으니 그 명銘에 말하기를 "태일진군太一眞君이 명당明堂에서 정사 펴니, 안은 총재家宰 주관하고 밖은 백규百揆 살핀다. 추밀樞密 이에 출납할 때 충신忠信으로 꾸민 말씀, 사자부四字符 드러내고 백물기百勿旗 세웠구나. 아홉 구멍 사특함도 귀와 눈과 입에서 시발하니, 낌새 보아 물리치고 나아가 섬멸하라! 대궐 나가 복명하니 요순시절 일월이라, 세 관문 막아두면 맑은 들판 끝이 없어, 하나에로 돌아가 시동 같고 연못 같네!" 하였고 그 혁대명革帶銘에 말하기를 "혀는 새는 것이고, 가죽은 묶는 것. 산 용을 잡아매어, 깊은 곳에 감춰두라!" 하였으며 그 검명劍銘에 말하기를 "안으로 밝은 것은 경敬이고 밖으로 끊는 것은 의義이다." 하였으니 그 반성하여 안으로 닦고 독신하여 스스로 힘쓴 류가 이와 같았다.

김해에 계실 때 서실을 산해정山海亭이라 하였으니 산을 베고 바다에 임해 유심하고 광활함을 말한 것이며 그 방을 이름하여 계명繼明이라 하고는 좌우에 도서를 두고 고요히 앉아 함양한 지 대개 30여 년이다. 가수의 정사精舍를 계부당鷄伏堂이라 이름했으니 닭이 알을 품듯이 함양한다는 말을 취한 것이고 서실을 이름하여 뇌룡사雷龍舍라 하였으니 시동처럼 앉았다가 용처럼 나타나고 연못 같이 잠잠하다가 우레 같이 소리친다는 말을 취한 것이다. 산거정사山居精舍에 또한 뇌룡雷龍이라 이름을 걸고 그 곁에 "우뢰는 회명晦冥한 곳에서 소리 나고 용은 연해淵海에 산다."라고 적었으며 화공으로 하여금 뇌룡雷龍 형상 일폭을 그리게 하여 좌우座隅에 걸어 두었다. 최후로 서실을 지어 산천재山天齋라 하였으니 역易 대축괘大畜卦의 뜻을 취한 것이다. 재실에는 판창板窓이 있었는데 왼쪽에는 경자敬字를 쓰고 오른쪽에는 의자義字를 썼으니 경자 곁에 고인이 경敬을 논한 중요한 말을 세서細書하여 항상 눈으로 보며 마음으로 생각하였다. 병이 위독한 날에 이르러서도 오히려 그 말을 외워 입에서 끊이질 않았으며 자리에 누운 지 한 달이 넘어도 정신이 어지럽지 않아 학자와 더불어 얘기함에 오히려 행기行己의 대방大方과 출처出處의 대절大節로써 순순히 가르치기를 게을리 아니했다. 병이 위독해지자 자리를 돌려 머리를 동쪽으로 하였으며 부인들을 근접하지 말게 하고 내외를 안정하도록 경계하고는 웃으면서 문인에게 일러 말하기를 "사생死生은 평상의 이치일 뿐이다."라고 하였다. 또 말하기를 "천우天祐는 죽을 때에 풍악을 울리며 줄지어 노래와 춤을 추면서 죽었다 하나 이 어찌 사람의 진정이겠는가! 그 사람은 배우지 못했기 때문에 이와 같이 하였지만 나는 이와 같기를 원치 않는다." 하였으니 천우天祐는 삼족당三足堂 김선생金先生 대유大有이다. 아! 그 사생의 갈림길에서도 확연히 어지럽지 아니함이 이와 같았으니 평소 문학問學의 공부와 정력定力의 견고함이 다른 사람보다 크게 뛰어나 우뚝이 미칠 수 없음을 볼 수 있다.

학자들을 가르칠 때 이르기를 "도시의 큰 시장을 구경해보면 금은의 노리개가 없는 것이 없지만 종일토록 거리를 오르내리면서 그 값을 얘기해보아도 결국 자기 물건이 아니기에 단지 남의 일만 얘기할 뿐이니 도리어 나의 한 필 베로써 한 마리 고기를 사가지고 오는 것만 못하다. 지금의 학자들이 성리性理를 높이 얘기하면서도 자기에게 소득이 없으니 어찌 이에 다르겠는가!" 하였다. 또 말하기를 "염락濂洛 이후 저술과 집해輯解는 차례와 맥락이 일성日星 같이 밝으니 새로 배우는 소생들은 책을 펼치기만 하면 환히 알 수 있다. 다만 그 득력得力의 천심淺深은 구함의 성誠 불성不誠에 달렸을 뿐이다." 하였고 또 말하기를 "나는 학자들에게 단지 그 어리석음을 경계할 뿐이니 이미 눈이 뜨이면 스스로 능히 천지일월을 볼 것이다."라고 하였다. 그렇기 때문에 일찍이 학도를 위하여 경서를 강론하지 않았으며 단지 하여금 반구反求하여 스스로 터득하게 하였다. 그러나 그 정신과 풍도는 사람을 두렵게 하는 면이 있었기 때문에 따르는 학자들의 계발함이 많았으니 도리어 구구한 강설講說이 능히 미칠 바가 아니었다. 자못 참동계參同契를 즐겨 보았으니 지극히 좋은 부분은 학문에 도움이 된다고 여겼다. 또 일찍이 말하기를 "석씨釋氏가 상달上達한 곳은 우리 유가儒家와 더불어 일반이다."고 하였다. 음양陰陽 지리地理 의약醫藥 도류道流의 이론에 이르기까지 그 대강을 섭렵하지 않음이 없었고 궁마弓馬 행진行陣의 법과 관방關防 진수鎭戌의 자리에도 유의하여 궁구하지 않음이 없었으니 대개 그 재주가 높고 뜻이 굳세어 익히지 않은 것이 없었다.

평생 산수山水를 매우 좋아하여 무릇 천석泉石이 아름다운 곳은 편력하여 남김이 없었으니 더욱 두류산頭流山 산수의 장엄함을 사랑하여 열 번을 왕래했으나 싫어하지 않았다. 일찍이 이황강李黃江 제공과 더불어 두류산을 유람하고 기록을 남겼으니 세상에 전한다. 일찍이 글을 짓지는 않았지만 단지 독서할 때 중요한 말을 차기箚記하여 학기學記라고 이름했다. 아! 이것은 단지 강학한 규모이자 공부한 차례이며 의론한 실마리일 뿐이다. 그 용공用功은 친절하고 저명하여 확실한 서두부터 내려왔기 때문에 그 형형한 마음과 열렬한 기상은 세파에 우뚝 서서 후인을 밝게 비추니 백세의 뒷날에도 완부頑夫를 청렴히 하고 유부儒夫를 자립케 할 것이다. 장구章句에 매달리는 소유小儒들은 이목耳目에만 명을 붙이고 사촌四寸의 구이口耳만을 출입하면서 오히려 학술로써 선생을 논의하려 하지만 그 조그마한 이해에 임하여 겨우 터럭 같은 차이에도 당황하여 어쩔 줄을 모르거나 진퇴가 어지럽다. 그 우뚝이 독립하여 의연히 굽히지 아니함이 선생 같은 이를 구할진대 백 명 중에 한 사람도 볼 수 없으니 선생을 또한 어찌 가벼이 논의할 수 있겠는가! 소자小子의 조개껍질 같은 측량으로는 본래 넓은 바다의 깊고 얕음을 엿보기에 부족하지만 다만 오랫동안 종유하면서 그 행사行事의 자취를 제일 익히 보았기에 그 본 바를 대강 엮어서 입언군자立言君子들이 만에 하나라도 채택할 것을 대비한다.

융경隆慶 6년(1572) 윤 2월 일 종사랑 권지 승문원 부정자 김우옹金宇顒 근장謹狀

先生 姓曺氏 諱植 字楗仲甫 自號曰南冥 曺氏 爲昌山著姓 高麗太祖 神德王后 生德宮公主 下嫁于曺氏 生刑部員外郎瑞 寔爲鼻祖 其後 九世平章 代有偉人 先生 以弘治辛酉六月二十六日辰時生 生有異資 早歲豪勇不羈 稍長喜爲文 務爲奇古 以文章自負 判校公 每勉以擧子業 先生自雄其才 謂科第可俯取 年二十五 偕友人 肄擧業於山寺 讀性理大全 至魯齋許氏語 有曰志伊尹之志 學顔子之學 出則有爲 處則有守 丈夫當如此 先生 於是 惕然警發 憫然自失 始悟從前所趣之非 而古人所謂爲己之學者 蓋如此也 遂喟然發憤 竟夜不就席 遲明揖友人而歸 自是 篤志實學 堅苦刻厲 終日端坐 夜以達朝者 累年 旣已 博求經傳 旁通百家 然後斂繁就簡 反躬造約 而自成一家之學 嘉靖丁酉 先生年三十七 始斷棄擧業 一意吾學 屏居丘園 結茅水竹之間 謝絶世故 蕭然自適 由是潛修靜養 磨厲精神 而所造益以高遠矣 家世淸貧 先生授室于金海 婦家頗饒 先生旣蚤孤 遂奉母夫人 就養于海上 乙巳丁憂 奉柩還葬于嘉樹 遂居本業 晚歲卜居頭流之德山洞 以定菟裘之計 先生 以中廟朝 用薦特除參奉 不就 明廟嗣服 再除主簿 皆不就 乙卯歲特除丹城縣監 又不就 上封事 略云殿下之國事已非 邦本已亡 天意已去 人心已離 慈殿塞淵 不過深宮之一寡婦 殿下幼沖 只是先王之一孤嗣 天災之百千 人心之億萬 何以當之 何以收之耶 川渴雨粟 其兆伊何 音哀服素 聲象已著 當此之時 雖有才兼周召 位居鈞軸 亦末如之何矣 況一微身 才如草

芥者乎 上不能持危於萬一 下不能庇民於絲毫 爲殿下之臣 不亦難乎 號召
勤王 整頓國事 非在於區區之政刑 唯在於殿下之一心 汗馬於方寸之間 而
收功於萬牛之地 其機在我而已 獨未知 殿下之所從事者 何事也 好學問乎
好聲色乎 好弓馬乎 好君子乎 好小人乎 所好在是 而存亡繫焉 誠能一日惕
然警悟 奮然用力 忽然有得於明新之內 則明新之內 萬善具在 百化由出 擧
而措之 國可使均也 民可使和也 危可使安也 疏入不報 丙寅 朝廷大召名儒
成運 李恒 林薫 金範 韓脩 南彦經等 復以遺逸 召先生 辭 再有旨敦諭 乃就
徵 除尚瑞院判官 拜命引對思政殿 上問治亂之道 爲學之方 對曰古今治亂
載在方策 不須臣言 臣之意 以爲君臣之間 必情意交孚 然後可以有爲也 因
極陳小民流移困頓之狀 上又問三顧草廬事 對曰諸葛亮英雄也 非不能料事
者 然與昭烈同事數十年 竟不能興復漢室 臣所不得而知也 先生意蓋謂孔
明不當出來也 先生旣入對 卽發南還 不竢朝命 隆慶丁卯 今上卽位 首下敎
書 所以獎諭求助者 甚至 已而 繼有旨 待日候溫暖 乘駒上道 先生再辭 初
辭所志 有老甚病甚罪深之語 又言宰相之職 莫大於用人 今乃不論善惡 不
分邪正 時有近臣 於筵中白上 曺某所學 異於儒者 故以此辭 再辭所志 略
云請以救急二字 獻爲興邦一言 以代獻身 方今邦本分崩 百弊斯極 所宜大
小急急 如救焚拯溺 國或支持 而徒事虛名 論篤是與 竝求山野棄物 以助求
賢美名 名不足以救實 猶畵餠之不足以救飢 請以緩急虛實 分揀處置 是時
主上方嚮儒學諸賢 滿朝論說性理 而朝綱不振 邦本日蹙 先生蓋深念之 故
奏及之 戊辰 又下旨趣召 辭上封事 開陳君德 大抵以明善誠身爲要 而於其
終篇 有云臣前日所志 救急之言也 尚未聞天意感動 應以爲老儒賣直之言
不足以動念也 況此開陳君臣 不過爲古人已陳之塗轍 然不由塗轍 更無可
適之路矣 又言當今王靈不振 政多恩貸 令出惟反 綱紀不立者 數世矣 非振
之以不測之威 無以濟百散糜粥之勢 非潤之以大霖之雨 無以澤七年枯旱之
草 必得命世之佐 上下同寅協恭 如同舟之人 然後稍可以制頹靡燋渴之勢
矣 又極言胥吏之狀 曰堂堂千乘之國 籍祖宗二百年之業 公卿大夫 濟濟後
先相率 而歸政於儓隷乎 此不可聞於牛耳也 軍民庶政 邦國機務 皆由此刀
筆之手 絲粟以上 非回俸不行 方土所獻 一切沮抑 無一物上納 豈意殿下不
能享大有之富 而反資於僕隷防納之物乎 此而不厭 加以偸盡帑藏之物 靡

有尋尺斗升之儲 國非其國 盜賊滿車下矣 夫以尹元衡之勢 而朝廷克正之
況此狐狸鼠雛 腰領未足以膏齊斧乎 布列王國者 誰非命世之佐夙夜之賢耶
姦臣軋己則去之 姦吏蠹國則容之 謀身而不謀國 靡哲不愚 以樂居憂 臣索
居深山 俯察仰觀 噓唏掩抑 繼之以淚者數矣 臣於殿下 無一寸君臣之分 何
所感於君恩 而齋咨涕洟 自不能已耶 交淺言深 實有罪焉 獨計身爲食土之
毛 尙爲累世之舊民 忝作三朝之徵士 猶可自比於周嫠 可無一言於宣召之
日乎 疏奏 有旨優答 曰觀此格言 益知才德之高矣 當留念焉 己巳冬 以宗
親府典籤召 辭 庚午正月 再召 又辭 朝廷虛位以待者 逾年 竟不至 辛未夏
特命本路 宣賜米菽若干斛 以周其乏 先生上疏陳謝 曰獻言君義云云 上報
曰省賢疏章 可見憂國之誠 雖在畎畝 未嘗忘也 是歲臘月 先生寢疾 壬申正
月 本路以疾聞 上遣中使問疾 未至 而先生易簀 二月八日也 是日 大風暴
雪 天地昏暝 山頹斗隕 豈小變哉 訃聞 特命賜賻賜祭贈爵 壬申四月六日
葬于山天齋後峯 壬坐丙向之原 遵遺命也 夫人南平曺氏 忠順衛琇之女 先
五年卒 葬于金海 生一男雋異 先生奇愛之 九歲而夭 一女適萬戶金行 生二
女 長適權知承文院副正字金宇顒 次適士人郭再祐 旁室子三人 曰次石次
磨次矴 女幼 嗚呼 先生 可謂間世之英豪矣 雪月襟懷 江湖性氣 特立萬物
之表 俯視一世之上 高識遠見 出於天資 臨機論事 發人意表 而憂時憤世
忠激義形 發於囊封奏對之間者 槪可見也 天性忼慨 未嘗俯仰於人 常與學
士大夫 語及時政闕失 生靈困悴 未嘗不扼腕哽咽 或至流涕 聞者 爲之竦聽
其拳拳斯世 如此 然而由道守義 不肯自小以求用 安貧固窮 未嘗自屈以從
俗 故與世長辭 巖穴終古 使其未試於廊廟 而經綸之業 零落於烟霞 嗚呼
是孰使之然哉 然其所得於性分之內 而亘萬古而不磨者 則初不以用舍而加
損也 先生 才氣甚高 豪邁絶人 議論英發 儀容峻厲 英毅之氣 達於面目 每
對其儀刑 接其言論 則放逸之心 偸懦之氣 自不敢萌于中矣 至其造詣之高
自得之妙 則有非迂愚管見 所能測度 而臆說之者 而姑卽其可見之實 則獨
處書室 整齊瀟洒 書冊器用 安頓有常 終日端坐 未嘗見其隋隳傾倚之時 夜
分就寢 亦未嘗昏睡 嘗語學者 曰夜中工夫儘多切 不可多睡 又云恒居不宜
與妻孥混處 雖有資質之美 因循汨溺 終不做人矣 其屬志自立 多此類也 其
爲學也 略去枝葉 要以得之於心爲貴 致用踐實爲急 而不喜爲講論辨析之

言 蓋以爲徒事空言 而無益於躬行也 其讀書 不曾章解句釋 或十行俱下 到
切己處 便領略 過其用功之篤也 常佩金鈴 以自警省 號曰惺惺子 蓋喚醒之
工也 嘗以淨盞貯淸水 兩手捧之終夜 蓋持志之事也 又有短屛畫先聖先師
遺像 常置凡案上 每對之肅然 如侍坐而後先焉 嘗摸畫神明舍爲圖 以寓目
存警 其銘 曰太一眞君 明堂布政 內家宰主 外百揆省 承樞出納 忠信修辭
發四字符 建百勿旆 九竅之邪 三要始發 動微勇克 進敎廝殺 丹墀復命 堯
舜日月 三關閉塞 淸野無邊 還歸一 尸而淵 其革帶銘 曰舌者泄 革者結 縛
生龍 藏漠冲 其劍銘 曰內明者敬 外斷者義 其反己內修 篤信自力 類如此
其在金海有書室曰山海亭 枕山臨海 幽邃而宏豁 名其房曰繼明 左右圖書
靜坐潛養 蓋三十餘年 嘉樹精舍 名曰鷄伏堂 取涵養如鷄抱卵之語 名書室
曰雷龍舍 取尸居龍見 淵嘿雷聲之語 山居精舍 亦揭名雷龍 書其旁 曰雷則
晦冥 龍則淵海 使龍眠畫雷龍狀一幅 垂之座隅 最後作書室曰山天齋 取易
大畜之義 齋有板窓 左書敬字 右書義字 其敬字邊旁 細書古人論敬要語 常
目擊而心念之 至於疾革之日 猶誦其語 不絶口 寢疾逾月 精爽不亂 其與學
者語 猶以行己大方 出處大節 諄諄不倦 疾甚則命旋席東首 揮婦人勿近 戒
內外安靜 笑謂門人 曰死生常理耳 又曰天祐之死 鳴琴鼓缶 羅列歌舞而化
此豈人情耶 渠不學 故如是 某却不要如此 天祐者 三足堂金先生大有也 鳴
呼 觀其死生之際 確然不亂如是 則可見其平生問學之工定力之固 有大過
人者 卓乎其不可及已 其敎學者 則有云遨遊於通都大市之中 金銀珍玩 靡
所不設 終日上下街衢 而談其價 終非自家家裏物 只是說他家事爾 却不如
用吾一匹布 買取一尾魚來也 今之學者 高談性理 而無得於己 何以異此 又
言濂洛以後 著述輯解 階梯路脉 昭如日星 新學小生 開卷洞見 至其得力之
淺深 則只在求之誠不誠如何耳 又言吾於學者 只得警其昏睡而已 旣開眼
了 自能見天地日月矣 似故未嘗爲學徒談經說書 只令反求而自得之 然其
精神風力 有竦動人處 故從學者 多所啓發 却非區區講說所能及也 頗喜看
參同契 以爲極有好處 有補於爲學 又常言釋氏上達處 與吾儒一般 至於陰
陽地理醫藥道流之言 無不涉其梗槪 以及弓馬行陣之法 關防鎭戍之處 靡
不留意究知 蓋其才高志彊 而無所不學也 平生酷好山水 凡泉石佳處 遍歷
靡遺 尤愛頭流山水之壯麗 至於十往來不厭 嘗與李黃江諸公 遊頭流 有錄

行于世 未嘗著書 只有讀書時 箚記要語 名曰學記 嗚呼 此特講學之規模
做功之次第 議論之緒餘耳 其用功 則親切著明 要自確實頭做來 故其烱烱
之心 烈烈之氣 卓立頹波 照映方來 而廉頑立懦於百世之下矣 章句小儒 寄
命乎耳目 出入於四寸 而猶欲以學術議先生 至其臨小利害 僅如毫髮 而張
皇失措 進退無門 求其屹然獨立 毅然不拔 如先生者 百未見一人焉 則於先
生 又胡可以輕義焉哉 小子蠡測 本不足以窺滄海之淺深 徒以從遊之久 其
於行事之跡 睹之最熟 粗述所見 庶幾備立言君子 採摭之萬一云爾

　隆慶 六年 閏二月 日 門人 從仕郎 權知 承文院 副正字 金宇顒 謹狀

묘갈명墓碣銘 병서幷序

▲ 남명 선생 묘갈명

▲ 예전에 세웠던 세 기의 묘비들

선생의 묘소에 서 있는 이 묘갈명은 대곡大谷 성운成運이 지은 것으로, 처음 세운 비석은 남명의 제자인 탁계灌溪 전치원全致遠이 글씨를 썼으나 석질이 좋지 않아 마모되어 응와凝窩 이원조李源祚의 글씨로 다시 세웠다. 이 또한 석품石品이 좋지 않아 후에 심재深齋 조긍섭曺兢燮의 글씨로 세 번째의 비석을 세웠는데, 6.25 전쟁 중에 비석에 총탄 흔적이 생기는 등의 사정으로 인해 지금은 네 번째의 비석이 서 있고, 그 글씨는 권창현權昌鉉이 쓴 것이다. 셋 중 가장 작은 것은 예전에 세웠던 숙부인의 묘갈명이다. 근래에 그 옆에 다시 내용을 번역한 국역비를 세웠다. 남명의 묘소 아래 숙부인의 묘소 오른쪽 위편에 그동안 세웠던 비들을 모아서 세워두었는데, 첫 번째의 비석은 없어졌다.

조씨曺氏는 예부터 저명한 성으로 대마다 칭송되는 인물이 났다. 그 선대에 고려 태조 때 벼슬하여 형부원외랑을 지낸 휘 서瑞라는 분이 있었는데 덕궁공주德宮公主가 그 어머니이다. 그 뒤로 연이어 현달하여 휘 은殷은 중랑장이니 공에게 고조이고 이 분이 휘 안습安習을 낳았으니 성균 생원이며 생원이 휘 영永을 낳았으니 벼슬하지 않았다. 그 맏아들 휘 언형彦亨은 처음에 재예才藝로 뽑히어 이조정랑이 되었으나 꼿꼿하고 남과 어울림이 적어 벼슬이 승문원 판교에 이르러 졸했다. 그 배위 이씨李氏는 충순위 국菊의 여로 곤범閫範이 있었고 남편을 섬김에 덕을 어김이 없었다. 공은 그 둘째 아들이니 식植이 이름이고 건중楗仲이 그 자이다.

공은 태어나면서 자품이 총명하고 용모가 빼어났으며 아이 때부터 정중함이 어른과 같아 또래들을 따라 장난치지 않았고 놀이 물건도 또한 손에 가까이 하지 않았다. 판교공이 사랑하여 말을 할 때부터 무릎 위에 앉혀 놓고 시서詩書를 가르쳤는데 응대하여 문득 외우면서 잊지 않았다. 나이 8~9세에 병으로 자리에 눕게 되어 모부인이 근심스런 안색을 지으니 공이 자세를 가다듬고 기운을 내어 짐짓 차도를 보이며 고하기를 "하늘이 사람을 낼 때 어찌 헛되이 하겠습니까! 지금 제가 다행히 남자로 태어났으니 하늘이 반드시 부여한 바가 있어 저에게 성취를 요구할 것입니다. 하늘의 뜻이 여기에 있는데 제가 어찌 오늘 갑자기 요절함을 근심하겠습니까?"라고 하니 듣는 이가 비범하게 여겼다. 점점 자람에 온갖 서적을 널리 통달하지 않음이 없었고 더욱 좌구명左丘明 류종원柳宗元의 문장을 좋아하였다. 이런 까닭으로 문장이 기고奇高하면서도 기력氣力이 있으며 경물을 읊고 사실을 기록함에 처음부터 생각을 기울이지 않은 듯하지만 말이 엄하고 뜻이 세밀하여 엄연히 법도가 있었다. 과거시험으로 인하여 유사有司에게 글을 바치니 유사가 대책對策을 보고 크게 놀라 일등 이등으로 발탁한 것이 무릇 세 번이었으며 고문古文을 배우는 이들이 다투어 전송하면서 본보기로 삼았다.

가정嘉靖 5년(1526)에 판교공이 세상을 떠나니 공은 도성에서 상여를 받들고 내려와 고향에 안치하고는 모부인을 모시고 돌아와 봉양하였다. 공이 어느 날 글을 읽다가 노재魯齋 허형許衡[14]의 말 중에 "이윤伊尹의 뜻[15]을 뜻으로 삼고 안자顏子의 학문[16]을 학문으로 삼으라"는 글귀를 보고는 척연히 깨달아 발분하고 면려하더니 육경六經 사서四書 및 주자周子 정자程子 장자張子 주자朱子가 남긴 글을 강송하면서 이미 하루 해를 다 보내고 또 밤중까지 계속하여 체력이 소진되고 정신이 고갈되도록 연구하고 탐색하였다. 공은 학문에는 경敬을 지니는 것보다 요긴한 것이 없다고 생각했기 때문에 주일主一 공부에 전념하여 밝게 깨어 혼매하지 않았으며 몸과 마음을 거두어 지켰다. 또 학문에는 욕심을 적게 하는 것보다 앞서는 것이 없다고 생각했기 때문에 극기克己에 힘써서 찌꺼기를 씻어 내고 천리天理를 함양하였다. 보이지 않고 들리지 않는 곳에서도 경계하고 깊은 곳에 홀로 있을 때에도 성찰하여 앎이 이미 정묘한 가운데서도 더욱 그 정묘함을 구하였고 행함에 이미 힘쓴 가운데서도 더욱 그 힘을 기울였으며 돌이켜 체험하고 실지를 밟는 것으로 급선무로 삼아 반드시 그 경지에 도달함을 구하였다. 가정嘉靖 24년

---

14) 허형許衡(1209~1281)은 원元나라 하내인河內人으로 자는 중평仲平 호는 노재魯齋 시호는 문정文正이다. 요추姚樞에게 종학하면서 이정二程과 주자朱子의 저서를 보고는 행도行道로써 자임했고 두묵竇黙과 강습하면서 경전經傳 자사子史 예악禮樂 성력星曆 병형兵刑 식화食貨 수리水利 등을 모두 통달했다. 세조世祖 때 국자좨주國子祭酒 중서좌승中書左丞을 지냈고 저서로는 『독역사언讀易私言』『노재유서魯齋遺書』 등이 있다.

15) 이윤伊尹은 탕湯임금의 신하로 탕임금을 보필하여 하夏나라 걸왕桀王을 추방하고 상商나라를 건국했다. 『맹자』「만장萬章」 상편에 보면 이윤이 유신有莘의 들판에서 밭을 갈면서 요순堯舜의 도道를 즐기다가 탕임금이 세 번을 초빙하자 이에 번연히 뜻을 바꾸어 "내가 시골에 살면서 홀로 요순의 도를 즐기는 것 보다는 이 임금으로 하여금 요순 같은 임금이 되게 하고 이 백성으로 하여금 요순의 백성이 되도록 하는 것이 낫지 않겠는가! 나는 천민天民 중에 선각자로 내 장차 이 도로써 이 백성을 깨우칠 것이니 내가 아니면 누가 깨우치겠는가!"라고 하면서 천하의 막중한 대사大事를 자임하고는 탕임금에게 나아가 이를 설득하여 하나라를 정벌하고 백성을 구제했다.

16) 안자顏子는 공자의 제자 중에 가장 학문을 좋아했던 안회顏回. 안회는 극기복례克己復禮에 진력하여 인仁을 함양하였고(『논어』「안연편」) 공자가 박문약례博文約禮로써 인도하자 그의 모든 재능을 쏟아 학문을 성취하여 성인의 진면목을 보았으며(『논어』「자한편」) 일단사一簞食와 일표음一瓢飮으로 누항陋巷에 거처하면서도 그 즐거움을 고치지 않은 인물이다(『논어』「옹야편」).

(1545)에 모부인 상을 당하여 선친의 묘 왼편에 부장하였다.

　공은 지혜가 밝고 식견이 높아 진퇴의 기미를 잘 살폈다. 일찍이 스스로 보건대 세도世道가 쇠퇴하여 인심이 그릇되고 풍속이 각박해져 대교大教가 침체되었으며 또 현인의 벼슬길이 기구하여 재앙의 기미가 은밀히 드러났다. 이때를 당해서는 비록 교화를 만회함에 뜻을 둔다 해도 도道가 때를 만나지 못하여 결국 내가 배운 바를 행하지 못할 것이라고 여겼다. 이런 까닭으로 과거에도 나가지 않고 벼슬도 구하지 않았으며 뜻을 거두어 산야에 은둔하였다. 이에 남명南冥이라 자호하고 그 지은 정자를 산해山海라 하였으며 사슴를 뇌룡雷龍이라 하였다. 최후에는 두류산 수굴운동水窟雲洞으로 들어가 8~9개의 서까래를 얽어매어 산천재山天齋라 편액하고는 몸을 깊이 감추어 스스로 수양한 지 수 년이 되었다.

　중종조에 천거되어 헌릉참봉을 제수했으나 나가지 않았고 명종조에 또 유일로서 재차 전생서 종부시 주부를 제수하고 이어 단성丹城 현감을 제수했으나 모두 나가지 않았다. 인하여 글을 올려 이르기를 "국사가 날로 그릇되고 민심이 이미 떠났으니 그 반전의 기틀은 구구한 정형政刑에 있는 것이 아니라 오직 전하의 마음에 있습니다."라고 하였다. 그 뒤 조지서 사지를 제수했으나 병으로 사양했으며 또 상서원 판관으로 불러 들여 전전前殿에서 인견하였다. 이에 주상이 치도治道를 물으니 대답하여 말하기를 "고금의 치란은 책에 실려 있으니 신의 말을 기다릴 필요가 없습니다. 신이 가만히 생각건대 임금과 신하 사이에 정의情義가 서로 부합하여 환연히 틈이 없어야 더불어 다스림을 이룰 수 있습니다. 옛날 제왕들은 신하 대접하기를 벗과 같이 하여 더불어 치도治道를 밝혔으니 신하의 말을 듣고 칭찬하며 감탄한 성군의 성대함이 있게 된 까닭입니다. 바야흐로 이제 백성들이 고통에 빠져 서로 흩어짐이 마치 어지러이 흐르는 물과 같으니 마땅히 서둘러 구하기를 불난 집에 불을 끄는 것과 같이 하여야 합니다."라고 하였다. 또 학문하는 방법을 물으니 대답하기를 "인군의 학문은 다스림을 내는 근원이고 학문은 마음으로 체득함이 제일 귀합니다. 마음으로 체득하면 천하의 이치를 궁구할 수 있고 사물의 변화에 대응할 수 있어 만 가지 기미를 모두 잡아 스스로 무사할 것이니 그 노력은 단지 경敬에 있을 뿐입니다." 하였으며 또 삼고초려三顧草廬의 일을 묻자 대답하기를 "반드시 인물을 얻어야 한실漢室 회복을 도모할 수 있기 때문에 세 번이나 찾아간 것입니다." 하니 주상이 칭찬하였다.

융경隆慶 원년(1567)에 선조가 즉위하여 교지를 내려 불렀으나 사양하였고 이어 징명徵命이 있었지만 또 사양하면서 소를 올려 "청컨대 구급救急이란 두 글자를 받쳐 몸을 바침에 대신합니다." 하고는 시폐時弊 열 가지를 진언했다. 융경隆慶 2년(1568)에 부름을 입었으나 사양하고 또 봉사封事를 올려 말하기를 "다스림의 도는 인군의 명선성신明善誠身에 있으니 명선성신은 반드시 경敬으로써 주를 삼아야 할 것입니다." 하고 인하여 서리의 폐단을 극언하였다. 한참 후 종친부 전첨을 제수했으나 또 사양했으며 신미년(1571)에 큰 흉년이 들어 주상이 곡식을 내리자 글로써 감사를 드리고 인하여 말하기를 "여러 번 소를 올려 말씀을 드렸으나 말이 그대로 시행되지 않았습니다." 하였으니 말이 매우 간절하고 곧았다. 임신년(1572)에 병이 심해지자 주상이 의원을 보내 병을 다스리게 하였으나 도착하기 전 그 해 2월 8일에 세상을 떠나니 향년 72세이다. 산천재 뒷산에 자리 잡아 4월 6일에 안장하였다.

공은 천품이 영달英達하고 기국이 고매高邁했으며 단엄端嚴하고 직방直方하며 강의剛毅하고 정민精敏하였다. 조행이 확고하여 모든 행동은 법도를 따랐으니 눈으로는 나쁜 것을 보지 않고 귀로는 엿듣는 일이 없었다. 장중한 마음을 항상 흉중에 지니고 태만한 모습을 밖에 드러내지 않았으며 항상 깊은 방 안에 조용히 거처하면서 발걸음이 문 밖을 나가지 않았으니 비록 이웃에 사는 이들도 그 얼굴 보기가 드물었다. 닭이 우는 소리를 듣고 새벽에 일어나 관을 쓰고 띠를 두르고는 자리를 정돈하여 시동尸童처럼 앉아서 어깨와 등이 꼿꼿했으니 바라봄에 마치 도형이나 조각상 같았다. 책상을 치우고 서책을 펴면 심안心眼을 집중하여 조용히 관조하고 깊이 사색하면서 책 읽는 소리를 내지 않았으니 방안이 고요하여 마치 사람이 없는 듯하였다. 용의와 거동이 침착하고 단정하여 스스로 준칙이 있었으며 비록 급하고 놀란 때를 당해도 법도를 잃지 않았으니 매우 볼 만 하였다. 집안에서는 엄하게 사람들을 다스려 규문閨門과 외정外庭의 남녀 모두가 정숙했으니 가까이 모시는 몸종들도 머리를 가다듬어 쪽을 단정히 아니하면 감히 나오지 못했으며 비록 부부 사이라도 또한 그러했다.

벗을 사귐에 반드시 단정하여 그 사람이 벗할 만하면 비록 포의라도 왕공처럼 높여 반드시 예로서 공경했고 벗하지 못할 사람이면 비록 벼슬이 높고 귀하여도 흙으로 만든 인형같이 여겨 함께 앉기를 부끄러워하였다. 이 때문에 사귐이 넓지 못했지만 그러나 그 더불어 아는 이는 학행과 문예를 지니어 모두 당세의 이름난 선비 중에 선택된 사람들이었다. 인물을 감별하는 안목이 환하게 밝아서 사람들이 숨길 수 없었으니 어떤 신진 소년이 청반淸班에 올라 명성이 드러났는데 공이 한 번 보고 사람들에게 말하기를 "그 재주를 믿고 스스로 뽐내며 기세를 부려 사람 대하는 것을 보니 뒷날 어질고 능한 이를 해치는 일이 반드시 이 사람을 연유할 것이다." 하였다. 그 후 과연 높은 벼슬에 올라 몰래 흉악한 괴수와 결탁하여 법을 농간하고 위세를 부려 선비들을 섬멸하였다. 또 어떤 선비가 글재주는 있으나 급제하지 못했는데 그 사람됨이 음험하고 시기심이 많아 어진 이를 원수같이 여겼다. 공이 우연히 모임 중에서 보고 물러나 친구에게 말하기를 "내 그 사람의 미간을 살펴보고 그 사람됨을 짐작컨대 외모는 호탕하지만 흉중에 남을 해칠 마음을 품었으니 만일 벼슬을 얻어 심술을 부리면 선인들이 위태할 것이다." 하였으니 친구가 그 밝음에 탄복했다.

매양 국기일國忌日을 당하면 풍악을 듣지 않고 고기를 먹지 않더니 하루는 두세 명의 높은 관리가 공을 청하여 절에 모여서 술자리를 벌였다. 공이 천천히 말하기를 "모 대왕의 기일忌日이 오늘인데 여러분은 어찌 잠시 잊었는가?" 하니 좌우가 깜짝 놀라 사과하고 서둘러 풍악과 고기를 물리고는 술만 한두 잔 돌리다가 이내 헤어졌다. 천성이 효우에 돈돈하여 부모 곁에 있을 때는 반드시 온화한 얼굴로 잘 봉양하여 그 마음을 기쁘게 하였으며 부드러운 옷과 맛있는 음식을 또한 두루 갖추었다. 상喪 중에는 애모하여 피눈물을 흘렸으며 상복을 벗지 않고 밤낮으로 빈소를 떠나지 않았으니 비록 병이 들어도 또한 여막에서 물러나지 않았다. 제사에는 반드시 제물을 갖추어 알맞게 익었는지 깨끗하게 씻었는지를 부엌 하인에게만 맡기지 아니하고 반드시 몸소 살폈다. 조문하는 이가 있으면 반드시 엎드려 곡하고 절만 할 뿐 함께 앉아 말하지 않았으며 하인에게 분부하여 상을 마치기 전에는 집안의 번잡한 일로 찾아와 고하지 말게 하였다. 그 아우 환桓과 더불어 우애가 매우 두터웠으니 말하기를 "지체支體는 떨어질 수 없다" 하고는 한 울타리 안에 같이 살면서 출입에 문을 달리 하지 않았고 밥상과 잠자리를 함께 하며 즐겁게 지냈다. 재산을 덜어 형제 중 가난한 이에게 나누어 주고 털끝만큼도 스스로 가지지 않았으며 누가 상사의 슬픔을 당했다는 말을 들으면 자기 일처럼 아파하면서 달려가 도우기를 수화水火의 재난을 구하듯 하였다. 능히 세상을 잊지 못해 나라를 걱정하고 백성을 근심하더니 매양 달 밝은 밤이면 홀로 앉아 슬피 노래하고 노래가 끝나면 눈물을 흘렸으나 곁에 있는 이들이 그 까닭을 알지 못했다.

공은 만년에 학문이 더욱 진보하고 조예가 더욱 정심했으며 사람을 가르칠 때에는 각기 그 재능에 따라 독실하게 하였다. 질문이 있으면 반드시 의심스런 뜻을 분석하여 그 말이 추호도 남김이 없어 듣는 이로 하여금 환히 통달하게 한 다음에야 그만 두었다. 또 배우는 이들을 경계하여 말하기를 "지금의 학자들이 지극히 가까운 것은 버리고 높고 먼 것만을 쫓으니 병통이 적을 뿐만 아니다. 학문이란 처음부터 부모를 섬기고 형을 공경하며 어른에게 공손하고 어린이를 사랑하는 사이에서 벗어나지 않는다. 만일 여기에 힘쓰지 않고 갑자기 성명性命의 오묘함을 궁구하고자 하면 이것은 인사人事 상에서 천리天理를 구하는 것이 아니니 결국 실지로 얻음이 없을 것이다." 하였다. 옛 성현의 유상遺像을 그려 놓고 아침마다 배알하며 엄숙히 공경하기를 스승 앞에서 직접 가르침을 듣는 듯이 하였다. 일찍이 말하기를 "학자는 잠을 많이 자지 말 것이니 사색 공부는 밤중에 더욱 전념할 수 있다" 하였다. 매양 글을 읽다가 긴요한 말이 있으면 반드시 세 번 거듭 읽었고 붓으로 이를 기록하여 『학기學記』라 이름 하였다. 손수 신명사神明舍를 그리고 인하여 명銘을 지었으며 또 천도天道 심心 성정性情 및 도道에 나아가고 덕德에 들어가는 당실堂室과 과급科級을 그렸으니 그런 류가 하나 만이 아니었다. 또 창벽 사이에 경의敬義 두 글자를 크게 써서 학자에게 보이고 또한 스스로도 경계했으며 병이 위독할 적에도 오히려 경의설敬義說을 들어 간곡히 문생에게 훈계하였다. 임종시에 부인들을 물리쳐 가까이 오지 못하게 하였고 죽음을 편안히 여겨 마음의 동요 없이 조용히 잠자듯이 하였다. 주상이 제문을 내리고 곡식을 부의했으며 사간원 대사간으로 증직하였다.

부인은 남평 조씨南平曹氏로 충순위 수瑃의 여이니 공보다 먼저 별세했다. 아들 딸 둘을 낳았는데 아들은 일찍 죽었고 딸은 만호 김행金行에게 출가하여 2녀를 낳았으니 맏사위 김우옹金宇顒은 현재 승문원 정자이고 다음 곽재우郭再祐는 학문을 닦고 있다. 방실旁室에서 3남 1녀를 낳았으니 아들은 차석次石 차마次磨 차정次矴이고 딸은 제일 뒤에 태어나 어리다.

아! 공은 학문에 독실하고 실행에 힘썼으며 도를 닦고 덕에 나아가 깊은 조예와 넓은 견문은 비견할 이가 드물었으니 또한 미루어 전현前賢에 짝이 되고 후세 학자의 종사宗師가 될 만하나 혹자들이 알지 못하여 그 논평에 상이한 점이 있다. 그러나 어찌 반드시 금일의 사람에게만 알아주기를 구하겠는가! 단지 백세를 기다려 아는 이만이 알아 줄 뿐이다. 내 외람되이 벗의 반열에 들어 종유한 지 가장 오래이니 전후에서 그 덕행을 보아 또한 남들이 미처 알지 못한 바가 있다. 이는 모두 눈으로 본 것이지 귀로 들은 것이 아니기에 가히 사실로 전할 수 있다. 명銘하여 이르기를,

하늘이 덕을 내려 어질고 곧았으니, 거두어 몸에 지녀 자용自用하기 넉넉했다. 남들에게 펴지 못해 은택 보급 못했으니, 시세인가 명운인가 백성 무록無祿 슬플 뿐!

우인友人 창녕昌寧 성운成運 지음
후학 안동安東 권창현權昌鉉 삼가 씀
선생 몰후 385년 병신 10월 일 다시 세움

文貞公墓碣銘 并序

曹故爲著姓 稱世有人 其先 有仕高麗太祖時 爲刑部員外郎諱瑞者 德宮公主 其母也 其後 相繼昌顯 至諱殷爲中郎將 於公爲高祖 是生諱安習 成均生員 生員生諱永 不仕 其嗣曰諱彦亨 始以才藝選 爲吏曹正郎 猖介寡合 官至承文院判校以卒 其配李氏 忠順衛菊之女 有閨範 事君子無違德 公其第二子 植名 而楗仲其字也 生而岐嶷 容貌粹然 自爲兒 靜重若成人 不逐輩流與戲 游弄之具 亦莫肯近其手 判校公愛之 自能言 抱置膝上 授詩書 應口輒成誦不忘 年八九歲 病在席 母夫人 憂形於色 公持形立氣 紿以小間 且告之曰 天之生人 豈徒然哉 今我 幸而生得爲男 天必有所與 責我做得 天意 果在是 吾豈憂今日遽至天歿乎 聞者異之 稍長 於書無不博通 尤好左柳文 以故 爲文奇峭有氣力 詠物記事 初不似經意 而辭嚴義密 森然有律度 因國策士 獻藝有司 有司得對語 大驚 擢置第一第二者 凡三焉 學古文者 爭相傳誦以爲式 嘉靖五年 判校公捐館 公自京師 奉裳帷 安置于鄕山 迎歸 母夫人侍養焉 公一日讀書 得魯齋許氏之言 曰志伊尹之志 學顔子之學 惕

然覺悟 發憤勵志 講誦六經四書 及周程張朱遺籍 旣窮日力 又繼以夜 苦力
弊精 研窮探索 以爲學莫要於持敬 故用工於主一 惺惺不昧 收斂身心 以爲
學莫先於寡欲 故致力於克己 滌淨査滓 涵養天理 戒懼乎不覩不聞 省察乎
隱微幽獨 知之已精而益求其精 行之已力而益致其力 以反躬體驗 脚踏實
地爲務 求必蹈夫閫域 二十四年 丁母夫人憂 附葬于先大夫墓左 公智明識
高 審於進退之機 嘗自見世衰道喪 人心已訛 風漓俗薄 大敎廢弛 又況賢路
崎嶇 禍機潛發 當是時 雖有志於挽回陶化 然道不遇時 終未必行吾所學 是
故 不就試不求仕 卷懷而退居山野 自號南冥 名其所築亭曰山海 舍曰雷龍
最後 得頭流山 入水窟雲洞 架得八九椽 扁曰山天齋 深藏自修 年紀積矣
在中廟朝 以薦 拜獻陵參奉 不起 明廟朝 又以遺逸 再除爲典牲宗簿主簿
尋遷丹城縣監 皆不起 因上章曰 國事日非 民心已離 其轉移之機 非在區區
之政刑 惟在於 殿下之一心 其後 拜司紙 以疾辭 又以尙瑞判官 徵入 引對
前殿 上問爲治之道 對曰 古今治亂 載在方策 不須臣言 臣竊以爲君臣之際
情義相孚 洞然無間 可與致治 古之帝王 遇臣僚若朋友 與之講明治道 所以
有吁咈都兪之盛也 方今生民 困悴離散 如水之潰流 當汲汲救之 如失火之
家云云 又問爲學之方 對曰 人主之學 出治之源 而其學貴於心得 得於心
可以窮天下之理 可以應事物之變 而總攬萬機 自無事矣 其要 只在敬而已
又問三顧草廬事 對曰 必得人 可以圖復漢室 故至於三顧 上稱善 隆慶元年
今上嗣服 有旨召 辭 繼有徵命 又辭 奏疏請獻救急二字 以代獻身 陳時弊
十事 二年 被召 辭 又上封事 言爲治之道 在人主明善誠身 明善誠身 必以
敬爲主 因極陳胥吏姦利事 久之 授宗親府典籤 又辭 辛未 大饑 上賜之粟
以書陳謝 因言累章獻言 言不施用 辭甚切直 壬申 病甚 上遣醫治疾 未至
以其年二月八日終 享年七十有二 卜窆于山天齋後山 葬用四月六日 公天
姿英達 器宇高嶷 端嚴直方 剛毅精敏 操履果確 動循繩墨 目無淫視 耳無
側聽 莊敬之心 恒存乎中 惰慢之容 不形于外 常潛居幽室 足不踏門墻之外
雖連棟而居者 罕得見其面 聽鷄晨興 冠頂帶腰 正席尸坐 肩背竦直 望之若
圖形刻像 拂床開卷 心眼俱到 默觀而潛思 口不作伊吾之聲 齋房之內 寂然
若無人 威儀容止 舒遲閑雅 自有準則 雖在忽卒驚擾之際 不失常度 甚可觀
也 族家 莊以蒞衆 閨庭之間 內外肅整 其室婢之備近侍者 不斂髮正髻 不

敢進 雖其配偶之尊 亦然 取友必端 其人可友 雖在布褐 尊若王公 必加禮
敬 不可友 官雖崇貴 視如土梗 恥與之坐 以此 交遊不廣 然其所與知者 有
學行文藝 皆當世名儒之擇也 藻鑑洞燭 人無能廋匿 有新進少年 踐清班擅
盛譽 公見告人曰 觀其挾才自恃 乘氣加人 異日賊賢害能 未必不由此人 其
後果登崇位 陰結兇魁 弄法行威 士類殲焉 又有士子 有文才未第 其人 陰
猜媚嫉 仇視賢人 公偶見於群會中 退而語友人曰 吾察於眉宇之間 而得其
爲人 貌若坦蕩 中藏禍心 如使得位逞志 善人其殆乎 友人服其明 每値國諱
不聆樂啖肉 一日 有二三名宦 請公會佛寺張飮 公徐言曰 某大王諱辰 今日
是也 諸公 豈偶忘之耶 左右失色驚謝 亟命退樂去肉 酒一再行乃罷 天性篤
於孝友 居親之側 必有婉容 以善爲養 悅其心志 衣柔膳甘 亦莫不具 其在
服 哀慕泣血 不脫絰帶 晨夜身未嘗不在几筵之側 雖遘疾 亦莫肯退就服舍
祭必備物 烹調之宜 滌拭之潔 不以獨任廚奴 必躬親視之 有弔慰者 必伏哭
答拜而已 未嘗坐與之語 戒僮僕 喪未終 勿以家事宂雜者來論 與第桓友愛
甚篤 以爲支體 不可離也 同居一垣之內 出入無異門 合食共被 怡怡如也
捐家藏 分與兄弟之貧乏者 一毫不自取 聞人遭死喪之戚 痛若在己 匍匐盡
力 如救水火 不能忘世 憂國傷民 每値清宵皓月 獨坐悲歌 歌竟涕下 傍人
殊未能知之也 公晚歲 學力益進 造詣精深 其敎人 各因其才而篤焉 有所質
問 必爲剖析疑義 其言細入秋毫 使聽者 洞然暢達而後已 且戒學者曰 今之
學者 捨切近 趨高遠 不是小病 爲學 初不出事親敬兄弟長慈幼之間 如或不
勉於此 而遽欲窮探性命之奧 是不於人事上求天理 終無實得 摹古聖賢遺
像 每朝瞻禮 肅然起敬 如在函丈間 耳受而命之誨 嘗曰 學者 無多著睡 其
思索工夫 夜中尤專 每讀書得緊要語 必三復乃已 取筆書之 名曰學記 手自
圖神明舍 因爲之銘 又圖天道心性情 與夫造道入德 堂室科級者 其類非一
又於窓壁間 大書敬義二字 以示學者 且自警焉 病且亟 猶擧敬義說 懇懇爲
門生申戒 其沒也 斥婦人不得近 安於死 心不爲動 怡然如就寢 上賜祭賻粟
贈司諫院大司諫 夫人 南平曺氏 忠順衛琇之女 先公沒 生男女二人 男早夭
女歸于萬戶金行 生二女 其壻之長曰 金宇顒 今爲承文院正字 次曰 郭再祐
方學文 旁室生三男一女 男曰次石次磨次矴 女最後生幼 嗚呼 公篤學力行
修道進德 精詣博聞 鮮與倫比 亦可追配前賢 爲來世學者宗師 而或者之不

知 其論有異焉 然何必求知於今之人 直百世以俟知者知耳 運忝在交朋之
列 從遊最久 觀德行於前後 亦有人所不及知者 此皆得於目 而非得於耳 可
以傳信 其辭曰

天與之德 旣仁且直 斂之在身 自用則足 不施于人 澤靡普及 時耶命耶 悼民
無祿

友人 昌寧 成運 撰
後學 安東 權昌鉉 謹書
先生歿後 三百八十五年 丙申 十月 日 改立

묘지명墓誌銘 병서幷序

　　황명皇明 홍치弘治 14년 우리 조선 연산군 7년(1501) 신유 6월 26일 남명 선생이 삼가현三嘉縣 토동兎洞에서 태어났으니 무지개가 집안 우물에서 뻗쳐 나와 자색 광채가 방안에 가득하였다. 융경隆慶 6년 선조대왕 5년(1572) 임신 2월 초 8일 진주晉州 두류산頭流山 아래 사륜동絲綸洞 정침正寢에서 고종考終했으니 산이 무너지고 나무에 얼음이 맺히는 이변이 있었다. 그 태어남에 천지가 영광으로 여기고 그 죽음에 천지가 슬퍼하였다. 철인哲人의 흥망은 예부터 그러했으니 아! 그 어찌하여 그러한가! 선생의 장지葬地는 침실 뒤 임좌원壬坐原에 있으니 유명遺命을 따른 것이다. 선생의 벗 대곡大谷 성선생成先生 운運이 그 묘갈을 지으면서 선생의 진학進學 성덕成德의 실체와 출처出處 동정動靜의 절도를 극진히 말하여 마치 향당에 성인상聖人像을 그려 놓은 것 같으니 백세의 후에도 이를 읽는 이는 선연히 선생을 다시 보는 것 같을 것이다. 다만 그 묘혈墓穴에 기록하여 능곡陵谷의 변고를 대비하는 글이 누락되어 마련하지 못한 지가 또한 300여 년이더니 선생의 원손遠孫 용상庸相이 여러 군자의 명으로 그 글을 나에게 청하였다. 선생이 일찍이 말하기를 "오가吾家에 경의敬義가 있는 것은 하늘에 일월日月이 있는 것과 같아서 만고에 불변할 것이다."라고 하였다. 아! 선생이 계실 때에는 곧 당일의 형상이 있는 경의였고 선생이 돌아가신 후에는 그 마음이 오히려 없어지지 아니하여 곧 만고에 불변하는 경의이니 선생은 곧 일월이다. 일월을 어찌 그려서 전할 수 있겠는가! 누차 사양했으나 이루지 못했기에 삼가 그 시말과 대개를 기술하여 만고의 이목耳目에게 보인다.

　　선생의 휘는 식植이고 자는 건중楗仲이며 창녕 조씨이니 고려 평장사 휘 겸謙의 후손이다. 대대로 현달하여 동방의 거족이 되었고 성균 생원 안습安習에 이르러 비로소 삼가三嘉에 이주했으니 이 분이 선생에게 증조이다. 조祖 영永은 봉사이니 벼슬하지 않았고 고考 언형彦亨은 승문원 판교이니 청개淸介로 이름이 났으며 비妣 인천이씨仁川李氏는 충순위 국菊의 여이니 부덕婦德이 있었다. 선생은 어려서부터 비범하고 행동이 무거웠으며 놀이와 장난을 아니 하여 엄연히 성인의 풍도가 있었다. 재주가 총명하여 겨우 말할 무렵 대인공이 글자를 가르쳐 주면 문득 외워 잊지 않았고 취학해서는 반드시 그 뜻을 추구하여 이해하지 않고는 그만두지 않았다. 점점 자람에 경사經史를 섭렵하고 고문古文을 즐겨 지었으니 언사가 굳세고 변화가 무상하여 엄연히 법도가 있었으므로 사람들이 다투어 전송하였다. 개연히 공업功業으로 기약하여 천문 지리 의학 산술 궁마 행진 같은 것도 두루 통달하여 그 온축을 넉넉히 하였으며 항상 일세를 다스리고 천고에 능가할 뜻을 지녔으니 과장에 나가 향시에 누차 합격했다. 25세에 산사山寺에서 성리대전을 읽다가 허노재許魯齋가 말한 "이윤伊尹의 뜻을 뜻으로 삼고 안연顔淵의 학문을 학문으로 삼아 나가면 하는 일이 있고 처하면 지킴이 있어야 하나니 대장부는 마땅히 이와 같아야 한다. 나가서 하는 바가 없고 처하여 지키는 바가 없다면 뜻한 바와 배운 바로 장차 무엇을 하겠는가!"라는 대목에 이르러 드디어 활연히 깨닫고 성현의 학문에 전념하였다. 육경사자六經四子와 정주유서程朱遺書를 돌려가며 숙독하고 밤낮으로 정묘한 이치를 궁구하여 마음에 터득하면 몸소 이를 행하였다. 이에 지식은 날마다 고명함에 이르고 행실은 날마다 일상에서 성취되어 마음에 지닌 것은 더욱 중해지고 밖으로 바라는 것은 더욱 가벼워져 태연히 즐거워했으니 대개 장차 나가서는 행하고 물러나서는 지키려는 뜻이 있었기 때문이다. 오직 부모가 계시기 때문에 힘써 과거에 나갔으나 세도가 날마다 쇠퇴함을 보고는 배운 바가 시세에 어긋남을 헤아렸으니 드디어 모부인에게 아뢰고 과거를 포기하였다. 그러나 도와 덕이 충만하여 따르는 이들이 날마다 많아지고 명실이 점점 높아지자 공경들이 서로 편지하여 천거를 논하였다.

중종 무술년(1538)에 헌릉 참봉을 제수하고 명종 무신년(1548)에 전생서 주부로 높였으며 신해년(1551)에 종부시로 옮겨 제수했으나 모두 나가지 않았다. 대개 기묘년(1519) 이래로 현로賢路가 기구하여 참소가 성행하고 을사년(1545) 이후 외척이 권력을 천단하여 정사가 무너지고 선류善類가 도륙되었다. 이에 선생과 평소 교분이 두텁던 청명직절淸名直節한 이들이 반이 넘게 참화를 당했으니 선생은 마침내 확고히 꺾을 수 없는 뜻을 지녔던 것이다. 을묘년(1555)에 단성丹城 현감을 제수하자 소를 올려 사양하면서 극언하기를 "국사國事는 이미 그릇되고 방본邦本은 이미 망했습니다. 소관小官은 아래에서 노닥거리며 주색만을 즐기고 대관大官은 위에서 소일하며 오직 재물만 늘리며 내신內臣은 세력을 결집하여 연못에서 용이 싸우듯 하고 외신外臣은 백성을 핍박하여 들에서 이리처럼 날뜁니다. 자전慈殿은 사려가 깊으나 심궁深宮의 한 과부에 불과하고 전하殿下는 어리시어 단지 선왕先王의 한 고아일 따름입니다. 백천 가지 천재天災와 억만 갈래 인심人心을 무엇으로 감당하고 무엇으로 수습하겠습니까?" 하고 말미에 말하기를 "국사의 정돈은 오직 전하의 일심一心에 달렸습니다. 참으로 능히 어느 날 확연히 깨달아 학문에 주력하여 명덕明德과 신민新民의 도에 체득함이 있으면 만 가지의 선행이 갖추어지고 백 가지의 교화가 이루어져 나라는 안정되고 백성은 화목하며 위태로움은 편안하게 할 수 있을 것입니다. 이에 신은 마땅히 미천한 말석에서 채찍을 잡고 그 심력을 다하여 신의 직분을 다할 날이 어찌 없겠습니까!" 하였다.

소가 들어가자 주상이 노하여 말이 자전慈殿을 핍박했다면서 장차 치죄하려고 하였는데 당시 재상의 구원 덕분에 무사하였다. 기미년(1559)에 조지서 사지를 제수했으나 나가지 않았고 병인년(1566) 7월 교지를 내려 불렀으며 8월에 상서원 판관을 제수하고 교지를 내려 재촉하여 불렀다. 당시 권간들이 축출되고 유배되었던 명류들이 모두 조정에 들어와 조정이 조금씩 깨끗해졌으니 선생은 은혜를 거듭 내림에 한 번 군신의 의를 펴지 않을 수 없다고 생각하여 드디어 도성에 들어가 백의白衣로 사정전에서 알현하였다. 주상이 치도治道를 물으니 대답하기를 "군신의 사이에 정의情義가 서로 부합하여 혼연히 틈이 없어야 더불어 일을 할 수 있습니다. 백성들의 괴로움은 마땅히 불난 집을 구하듯이 서둘러야 합니다."라고 하였다. 학문하는 방법을 물으니 대답하기를 "인주人主의 학문은 마음으로 체득함이 으뜸입니다. 마음에 체득하면 천하의 이치를 궁구하고 사물의 변화에 대응할 수 있으니 그 요점은 단지 경敬에 있을 뿐입니다." 하고 7일을 머물다가 곧 사양하고 돌아왔다.

정묘년(1567)에 선조가 즉위하여 특별히 불렀으나 당시 시기하는 자가 경연에서 선생을 폄하자 선생이 드디어 병으로 사양했다. 또 교지를 내려 부르니 선생이 글을 올려 사양하면서 인하여 당시의 급무를 극론하고 또 말하기를 "이를 버려두고 구제하지 않으면서 산야에 버려진 사람을 구하여 어진 이를 구한다는 미명을 채우는 것은 그림의 떡이 배를 채우지 못하는 것과 같습니다." 하였다. 다음 해에 다시 부르니 소를 올려 사양하고 극언하기를 "다스리는 도리는 요점이 인군의 명선明善과 성신誠身에 있을 뿐입니다. 본성 안에 만 가지의 이치가 구비되어 있으니 마음은 이 이치가 모이는 주체이고 몸은 이 마음이 담긴 그릇입니다. 그 이치를 궁구함은 장차 운용하기 위해서이고 그 몸을 닦음은 장차 도를 행하려는 것이니 그 공부는 반드시 경敬으로써 주를 삼아야 합니다. 경敬으로써 몸을 닦아 천덕天德을 통달하고 왕도王道를 행한다면 정사와 교화를 베풂에 바람이 일고 구름이 달리 듯 하리니 아래 사람에게는 반드시 이보다 더함이 있을 것입니다." 하였다. 기사년(1569)에 종친부 전첨을 제수하고 경오년(1570)에 다시 불렀으나 모두 사양하고 나가지 않았다. 신미년(1571)에 본도本道에 명하여 음식을 하사하니 소를 올려 감사하며 말하기를 "국사國事가 이미 버려졌는데 백공百工은 둘러서서 구경만 할 뿐 구하지 않습니다. 신이 일찍이 거친

소를 거듭 올렸으나 서둘러 은위恩威를 내려 기강을 세웠다는 말을 듣지 못했습니다. 하민下民이 흩어지고 방본邦本이 상실되었는데도 이제 노신老臣은 헛되이 우로雨露의 은혜에 감사할 뿐 하늘이 새는 것을 도울 수가 없습니다."하였다.

다음 해 선생이 병으로 눕자 문인 김동강金東岡 우옹宇顒이 마땅한 호칭을 물으니 "처사處士가 괜찮다."고 말하였다. 부음이 조정에 알려지자 사간원 대사간으로 추증했으며 부의를 하사하고 제사를 드렸다. 병자년(1576)에 사림이 덕천德川에 서원을 건립하여 선생에게 향사하였고 삼가三嘉의 용암龍巖과 김해金海의 신산新山에서도 또한 일제히 봉안했다. 광해주 기유년(1609)에 여러 서원에 아울러 사액하고 얼마 후 증 의정부 영의정 겸 영경연 홍문관 예문관 춘추관 관상감사 세자사를 더했으며 봉상시에서 시호를 의론하여 문정文貞이라 하였다. 삼사와 관학 및 삼남三南의 선비들이 누차 소를 올려 문묘배향을 청했으나 비답이 없었다.

선생은 남평조씨南平曺氏 충순위 수璓의 여와 결혼하여 1남 차산次山을 낳았으나 일찍 죽었고 1녀는 상산인商山人 만호 김행金行에게 출가했으니 동강東岡 김문정金文貞 선생과 망우당忘憂堂 곽충익공郭忠翼公 재우再祐는 만호의 두 사위이다. 방실旁室 송씨宋氏가 3남을 두었으니 차석次石은 현감이고 차마次磨는 감찰이며 차정次矴은 가선대부이다. 현감의 1남 진명晉明은 찰방이고 감찰의 3남 중에 경명敬明은 사과이고 익명益明 복명復明은 모두 장사랑이며 가선의 2남 중에 준명浚明은 생원이고 극명克明은 선무랑이다. 이후로 극히 번성하여 내려왔으니 지금 모두 기록할 수 없다.

아! 선생은 세상에 드문 호걸의 자질로 경륜과 왕좌王佐의 재능을 품어 항상 애군愛君 우국憂國 제시濟時 택물澤物의 정성에 극진하였다. 그러나 도를 굽히어 따르거나 들어간 뒤에 요량하는 것은 군자에게 없는 법이다. 항상 말하기를 "처신의 처음에는 마땅히 금옥이 작은 먼지의 더러움도 용납하지 않는 것 같이 하고 동정을 산악 같이 하여 만 길의 절벽처럼 우뚝 섰다가 때가 되어 펼칠 적에는 바야흐로 허다한 사업을 이루어야 한다.”고 하였다. 이것이 그 종신토록 불우해도 밭두렁에서 요순堯舜을 즐기고 유심한 가운데서 한운寒雲을 좋아하며 출처의 사이에 권도權度가 정확하여 털끝만큼도 구차하지 않았던 바이다. 세인 가운데 혹 처사處士들의 고답高踏과 방외인方外人들의 피세避世로 선생을 의심하는 이는 모두 자기를 파는 것을 부끄러이 여기지 않는 자들이다. 선생이 일찍이 말하기를 “자릉子陵은 나와 도가 같지 않다. 나는 이 세상을 잊지 못하는 사람이다.” 하였으니 선생의 뜻은 곧 이윤伊尹의 뜻이고 이에 그 근본을 취한 곳은 이른바 안연顔淵의 학문을 학문으로 삼는다는 것이 이것이다.

선생은 도학자들이 해침을 당한 뒤에 태어나 사우연원師友淵源의 계도도 없이 홀로 유언遺言 가운데서 천성千聖의 심법心法이 결단코 경의敬義 두 글자에 벗어나지 않음을 보고는 존심存心과 명리明理 양면으로 공부를 하여 유심한 곳에서도 귀신을 엄숙하게 하고 천지에 동참하였으며 미세한 접촉에도 저울을 지니고 호리毫釐를 헤아리는 것과 같았다. 무릇 일동一動 일정一靜 일언一言 일묵一默 일시一視 일청一聽 일사一事 일행一行에도 이 경의敬義를 말미암아 나아가고 유지하지 않음이 없었음으로 천덕天德에 달통하여 사심私心이 깨끗이 소멸하였으니 천질天質이 융화하고 흉금胸襟이 쇄락하며 기상氣象이 청명하여 모든 행동이 스스로 법도와 규격 안에서 벗어남이 없었다. 평소 눈으로는 음시淫視함이 없었고 귀로는 경청傾聽함이 없었으며 나쁜 이야기를 입에서 내지 않았고 태만한 자세를 몸에 보이지 않았다. 조용한 방에 들어 앉아 새벽에 일어나고 밤중에 잠자면서 관대를 단정히 하고 허리를 꼿꼿이 하여 시동尸童 같이 앉아 있었으니 바라봄에 도형이나 조각상 같았다. 책을 펼쳐 조용히 궁구하면서 읽는 소리를 내지 않았고 도를 즐기면서 근심을 잊어 여유롭고 고아하게 지냈으니 비록 총망한 가운데서도 상도常道

를 잃지 않았다. 손수 대성大聖과 주자周子 정자程子 주자朱子의 초상을 그리어 감실에 모셔 놓고 날마다 사당에 참배한 뒤 반드시 우러러 마주하기를 친히 가르침을 받는 듯이 하였다. 이연평李延平의 고사를 모방하여 항상 방울을 차고 다니며 성찰했으니 이름을 성성자惺惺子라 하였다.

부모를 섬김에 안색을 기쁘게 하여 뜻을 봉양하였고 맛있는 음식을 손수 갖추어 바쳤으며 상喪을 당해서는 애모하여 피눈물을 흘리면서 밤낮으로 질대絰帶하고 궤연几筵을 떠나지 않았다. 조문객이 이르면 엎드려 곡하며 답배할 뿐 일찍이 더불어 말하지 않았고 하인에게 경계하여 집안 일로 여막에 고하지 말게 했다. 아우 환桓과 더불어 한 집에 살면서 잠자리를 같이 하며 우애가 두터웠으니 함께 받은 지체肢軆는 나눌 수 없다고 여겼기 때문이다. 규문閨門 안에서도 공경함이 손님과 같고 엄숙함이 조정과 같았으니 비록 하녀들도 머리와 의복을 단정히 아니하면 감히 보지 않았다. 시골에 살면서도 시대를 상심하고 나라를 염려함이 지성에서 나왔으니 매양 청명한 밤 밝은 달빛 아래 홀로 앉아서 슬피 노래하다가 노래가 끝나면 눈물을 흘렸으며 국기일國忌日을 당해서는 풍류를 듣지 않고 고기를 먹지 않았다. 사람들과 사귈 때에는 반드시 그 뜻을 보았으니 포의라도 왕공 같이 받드는 이가 있었고 고관이라도 인형 같이 천하게 여기는 이도 있었다.

학자와 더불어 말할 때에는 항시 절근切近함을 버리고 고원高遠함을 추구하는 것으로 깊이 경계하여 하여금 부모를 섬기고 형을 공경하며 어른을 받들고 아이를 사랑하는 일에 진력하게 하였다. 항상 말하기를 "인사人事에서 천리天理를 구하지 않으면 끝내 실득實得이 없다."고 하였다. 일찍이 불교는 곧장 상달上達에 힘쓰기 때문에 실지實地가 없다 하였고 육상산陸象山은 강학講學을 일삼지 않았으므로 잘못되었다고 하였다. 질의하여 가르침을 청하는 이가 있으면 정밀하게 분석하고 털끝만한 틀림도 없어 듣는 이가 환하게 깨우쳤다. 매양 말하기를 "학문하는 요점은 하여금 지식을 고명高明하게 하는 것이니 마치 태산에 올라 만물이 모두 아래에 있는 것과 같은 연후에야 오직 나의 행하는 바가 이롭다."
고 하였다. 그러나 또한 일찍이 서책에 장황하고 저술에 현란하여 그
구이口耳의 헛되고 과장스런 습성을 조장하지 않았다. 그러므로 그 자
공子貢의 반열에 들지 못한 이는 대개 성性과 도道의 묘리妙理를 들어보지
못해 선생의 학문을 일러 행실에만 돈독하고 지식에는 급급하지 않다
고 하였다.

　선생은 일찍이 고인들이 도를 논하고 학문을 논한 것 중에 요긴하고
뜻에 맞는 학설을 모아서 학기學記라 이름하고는 몸소 궁구하고 마음으
로 체득하여 잠시도 방과하지 않았다. 또 성誠이 태극太極이 되고 천인天
人이 한 이치이며 마음이 성정性情을 거느린다는 등의 이론을 그림으로
그렸으니 조리가 치밀하고 요지가 정교하였다. 마음의 미발未發은 성性
이고 이발己發은 정情이니 그 발함에 사단四端 칠정七情은 이발理發 기발氣
發의 분별이 있다고 하였다. 이어 말하기를 "이목구비의 욕구는 천리天
理에서 함께 나왔다."고 하였다. 이는 그 대본大本을 하나로 보고 분수分
殊의 차이에 분명한 입장으로 종횡이 아울러 갖추어져 조금도 누락됨
이 없으니 후세에 각기 일편에만 근거하여 말하는 이들이 능히 미칠
바가 아니다. 그 신명사도명神明舍圖銘을 지어 태일진군太一眞君으로서 마
음이 태극太極의 본지本旨임을 게시했으니 경敬은 총재冢宰가 되어 천덕天
德과 왕도王道의 요체를 세우고 지知는 백규百揆가 되어 사물의 기미를
살피며 의義는 사구司寇가 되어 발동發動하는 조짐을 억제하게 하였다.
밖으로는 삼관三關을 방어하여 조차造次에도 감히 소홀히 아니하고 안
으로는 사직社稷을 수호하여 전패顚沛에도 떠나지 아니하니 이를 곳을
알아 이르고 마칠 곳을 알아 마친 것이다. 그 존심存心 찰리察理 성신省身
극기克己 조도造道 성덕成德의 실체가 정연히 조리 있고 확연히 근거 있지
않음이 없어 만세토록 학자들의 지남指南이 될 것이니 이는 어찌 편질篇
帙을 쌓아 그 사설辭說을 많이 한 연후에 지극하다 하겠는가! 대개 견해
가 참다우면 말이 스스로 간략하고 지식이 명확하면 행동이 스스로

순수해지는 것이다.

내 가만히 참람하게 논해보건대, 선생의 갈고 닦은 명행名行은 주렴계周濂溪와 같고, 세상을 덮을 만한 영명英明은 소강절邵康節과 같으며, 정밀한 생각과 노력한 실천은 장횡거張橫渠와 같고, 엄숙하게 정제함은 정이천程伊川과 같으며, 저술을 숭상하지 않고 조용히 사색하여 환하게 통철함은 이연평李延平과 같고, 경敬을 지니고 의義를 밝혀 이를 태극太極 동정動靜의 이치에 융합하고 유명幽明과 거세巨細를 하나로 꿰뚫은 것은 참으로 주자朱子의 방에 들어가도 부끄러움이 없을 것이다. 그 마음은 이치와 상응하고 행실은 지식과 일치하여 일념一念도 구차하게 스스로 속임이 없고 일사一事도 호도하여 스스로 편함이 없으며 조용하고 엄격히 중립하여 치우침이 없는 것은 우리나라에서 구해 보건대 비록 미증유의 인호人豪라 하여도 괜찮을 것이니 아! 참으로 성대하다. 선생은 일찍이 남명南冥이라 자호했으니 대개 은둔에 뜻을 둔 것이다. 장수처藏修處로 김해金海에 있는 산해정山海亭은 태산에 올라 바다를 본다는 뜻을 부친 것이고, 삼가三嘉에 있는 계부당鷄伏堂은 함양한다는 뜻이며, 뇌룡정雷龍亭은 연못처럼 고요하다가 우레 같이 소리치고 시동처럼 있다가 용 같이 나타난다는 뜻을 취했고, 진주晉州에 있는 산천재山天齋는 전언前言 왕행往行을 많이 알아 그 덕을 쌓고 강건剛健 독실篤實하여 광채가 날마다 새롭다는 뜻을 취했으니 이에 나아가면 선생이 일생 동안 노력한 바를 뚜렷이 볼 수 있을 것이다. 명銘하여 이르기를,

나를 안다는 사람은 춘풍春風의 화락에 호해湖海의 기개라 말하고, 나를 모르는 사람은 뇌수雷首의 청렴에 부춘富春의 고절이라 말한다. 내 뜻을 지녔으니 나아가선 천하에 소소簫韶 풍류 떨치고, 내 근심 없으니 물러나선 누항陋巷에서 단표簞瓢 가난 즐겼다. 빛나는 신명神明은 태극의 정령精靈이고, 만고의 경의敬義는 일월의 광채光彩이다. 하늘 이치 사람 사업 본래부터 차이 없고, 명선明善 성신誠身 박문博文 약례約禮 두 갈래

아니다. 과거에 물어보고 미래를 기다려도, 나를 아는 것은 하늘뿐이다.

후학 포산苞山 곽종석郭鍾錫 삼가 지음

墓誌銘 幷序

皇明弘治十四年 我 朝燕山主七年 辛酉六月二十六日 南冥先生生于三
嘉縣之兔洞 有虹起于宅井 光紫滿室 隆慶六年 我 昭敬大王五年 壬申二月
初八日 考終于晉州之頭流山下絲綸洞正寢 有山崩木稼之異 其生也天地爲
之榮 其歿也天地爲之哀 哲人休咎 自古則然 吁其胡爲哉 先生之葬 在寢後
壬坐之原 遵遺命也 先生之友 大谷成先生運 敍其碣 極道先生進學成德之
實 出處動止之節 有若鄕黨之畫聖人 百世之下 讀之者怳然如復見先生也
特其所以誌之玄竁 而備陵谷之遷者 闕焉不事 且三百年餘 先生遠孫庸相
以諸君子之命 命其辭于鍾錫 先生嘗曰 吾家之有敬義 如天之有日月 亘萬
古不可易 鳴乎 先生之存 卽當日有象之敬義也 先生之沒 其心猶不泯 卽萬
古不可易之敬義也 先生卽日月也 日月可繪而傳耶 辭之屢而不得 則謹次
其始卒大槪 而聽萬古之日焉 先生 諱植 字楗仲 昌寧曹氏 高麗平章事諱謙
之後也 奕世隆顯爲東土鉅宗 至成均生員安習 始居于三嘉 是於先生爲曾
祖 祖永奉事不仕 考彦亨承文院判校 以淸介稱 妣仁川李氏忠順衛菊女 有
閨範 先生幼而岐嶷 擧止凝重 不遊嬉狎弄 儼然有成人儀 天才穎悟 甫能言
大人公授以字 輒成誦不忘 及就學必求其義 不解不止 稍長涉獵經史 喜爲
古文 辭致蒼勁 變化無常 而森然有律度 人爭傳誦 慨然以功業自期 如星緯
方輿醫經算術弓馬行陣 靡不旁通究知 以富其蓄 常有經濟一世 駕軼千古
之志 就場屋 累擧于鄕 二十五歲 讀性理大全於山寺 至許魯齋言 志伊尹之
志 學顔淵之學 出則有爲 處則有守 大丈夫當如此 出無所爲 處無所守 則
所志所學將何爲 遂脫然契悟 專意聖賢之學 將六經四子及濂閩遺書 循環
熟複 窮日繼夜 硏精咀實 會之心而反之躬 所知日極乎高明 而所行日就乎
平常 存乎內者益重 而慕於外者益輕 囂囂以樂 而盖將有用行舍藏之意焉

猶以親在 黽勉就公車 見世道日漓 而度所學之乖於時 則遂稟請於母夫人
而廢擧業 然道成德充 而信從者日衆 望實漸隆 而公卿交章論薦 恭僖王戊
戌 除獻陵參奉 恭憲王戊申 陞典牲署主簿 辛亥 遷宗簿寺 幷不就 盖自己
卯來 賢路崎嶇 誣網羅織 而乙巳以後 戚畹擅威福 政紀隳壞 善類坑戮 先
生平日所與契厚 清名直節之人 强半遭慘禍矣 先生於是 確然不可拔之志
焉 乙卯 除丹城縣監 上疏辭 極言 國事已非 邦本已亡 小官嬉嬉於下 姑酒
色是樂 大官泛泛於上 惟貨賂是殖 內臣樹援 龍挐于淵 外臣剝民 狼恣于野
慈殿塞淵 不過深宮之一寡婦 殿下幼沖 只是先王之一孤嗣 天災之百千 人
心之億萬 何以當之 何以收之 末言 國事整頓 惟在殿下之一心 苟能一日惕
然警悟 致力於學問之上 有得於明新之道 則萬善具在 百化由出 國可使均
也 民可使和也 危可使安也 臣當執鞭於厮臺之末 竭其心膂 以盡臣職 寧無
日乎 疏入 上怒 以爲語逼慈殿 將加之罪 賴時相營救 得無事 己未 除造紙
署司紙 不就 丙寅七月 有旨召 八月 除尙瑞院判官 有旨促召 時權奸放黜
名流之被謫者 皆召列於朝 朝著稍清明 先生以爲恩旨荐下 不容不一伸分
義 遂入都 以白衣登對于思政殿 上問治道 對以君臣之際 情義相孚 洞然無
間 可與有爲 生民困悴 當汲汲救之如失火之家 問爲學之方 對曰 人主之學
貴於心得 得於心 可以窮天下之理 應事物之變 其要只在敬而已 留七日卽
辭歸 丁卯 昭敬王卽祚 以特敎召 時有媢嫉者 短先生於筵中 先生遂辭以疾
又有旨召 先生以狀辭 因極論時急 且曰 舍此不救 求山野棄物 以助求賢之
美名 猶畫餅之不足以充飢 翌年 又有 旨召 上疏辭 極言爲治之道 要在人
君明善誠身而已 性分之內 萬理備具 心者是理所會之主也 身者是心所盛
之器也 窮其理 將以致用也 修其身 將以行道也 其所以爲功 則必以敬爲主
修己以敬 達天德行王道 則施之政敎 風動雲驅 下必有甚焉者 己巳 授宗親
府典籤 庚午 再召 皆辭不就 辛未 命本道 賜食物 上疏謝曰 國事已去 百工
環視莫救 臣嘗再陳荒疏 未聞亞下恩威 以立紀綱 群下解體 邦本遂喪 今老
臣徒謝雨露之 恩 而無以補天之漏 明年而先生寢疾 門人金東岡宇顒 問所
宜稱 曰處士可也 訃聞 贈司諫院大司諫 賜賻致祭 丙子 士林建書院于德
川 以祀先生 三嘉之龍巖 金海之新山 亦一體奉安 光海主己酉 幷宣額于諸
院 已而 加 贈議政府領議政 兼 領經筵 弘文館 藝文館 春秋館 觀象監事

世子師 太常 議謚曰文貞 三司館學及三南紳士 屢疏請躋享聖廡而不報 先
生娶南平曺氏忠順衛琇女 生一男次山蚤夭 一女適商山人萬戶金行 東岡金
文貞先生 及忘憂堂郭忠翼公再祐 萬戶之二女婿也 旁室宋氏 擧三男 次石
縣監 次磨監察 次矸階嘉善 縣監一男 晋明察訪 監察三男 敬明司果 益明
復明幷將仕郎 嘉善二男 浚明生員 克明宣務郎 以後克蕃以延 今不可勝錄
於乎 先生以間世豪傑之姿 抱經綸王佐之才 常惓惓於愛君憂國濟時澤物之
誠 而枉道而徇 入以後量 君子無此道也 常曰 行己之初 當如金玉不受微塵
之汚 動止如山嶽 壁立萬仞 時至而伸 方做出許多事業 此其所以終身不遇
而樂堯舜於畎畝 媚寒雲於幽獨 出處之間 權度精切 有不可以一毫苟者也
世之或 以處士之高蹈 方外之果忘 疑先生者 皆不恥於自鸒者也 先生嘗曰
子陵與我不同道 余未忘斯世者也 先生之志 卽伊尹之志也 而乃其所本則
有之 所謂學顏淵之所學者 是也 先生生道學斬伐之餘 無師友淵源以啓發
之 而獨得於遺言之中 見千聖心法之斷斷不外於敬義二字 存心明理 兩下
用功 幽獨之居 而可以肅鬼神而參天地 纖微之接 而有如持權衡而稱毫釐
凡一動一靜一言一默一視一聽一事一行 罔不由這上 循蹈夾持 達于天德
以至己私淨盡 天質融化 襟宇灑落 氣象淸通 而周旋作止 自不離於規矩丈
度之內矣 平居 目無淫視 耳無傾聽 淫滅之評 不出於口 惰慢之容 不設于
體 靜室潛居 晨興夜寐 冠帶整飾 生腰尸坐 望之若圖形刻象 開卷默究 不
作咿唔 樂而忘憂 舒遲閑雅 雖在匇卒 不失常度 手摹大聖及周程朱三子像
妥之龕 日拜廟畢 必瞻禮對越 若親薰炙 倣李延平故事 常佩金鈴以警省 名
曰惺惺子 事親 容色愉悅 養之以志 甘毳洗腴 需之以忠 其丁艱 哀慕泣血
晨夜絰帶 不離几側 弔者之至 伏哭答拜 未嘗坐與之語 戒僮僕 勿以家事誘
于盧 與弟桓 同居共被 友愛怡怡 以爲肢體之連 不可分也 閨門之內 敬如
賓客 肅如朝廷 雖婢使不端髺整服 不敢見 深居窮蓽 而傷時念國 發於至誠
每淸宵晧月 獨坐悲歌 歌竟涕下 其値國諱 不聆樂啖肉 與人交 必視其志
布褐而有尊禮王公者 軒冕而有鄙夷泥梗者 其與學者言 懇懇以捨切近趨高
遠爲戒 令盡力於事親敬兄悌長慈幼之間 常曰 不於人事上 求天理 終無實
得 常以佛氏之徑務上達 謂無脚踏地 以陸氏之不事講學爲非 有質疑請益
者 爲之剖析精微 絲毛不爽 而聽者渙然 每曰 爲學要使知識高明 如上東岱

萬品皆低 然後吾所行無不利矣 然而亦未嘗張皇於書牘 衒耀於著述 以長
其口耳虛夸之習 故其不在子貢之列者 蓋莫聞性道之妙 而謂先生之學 篤
於行而不急于知也 先生嘗裒輯古人論道論學 喫緊會意之說 命曰學記 體
究心驗 頃刻不放過 又圖誠爲太極 天人一理 心統性情等事 條理詳密 而旨
義精粹 如以心之未發爲性 已發爲情 而其發也 四端七情 有理發氣發之分
旋曰 耳目口鼻之欲 同出於天理 此其卓見于大本之一 而瞭然於分殊之際
橫竪俱勘 絶無滲漏 非後世能言 各據一偏者 所可企及也 其爲神明舍圖銘
以太一眞君 揭心爲太極之旨 敬爲冢宰 而立天德王道之要 知爲百揆 而致
察於事物之幾 義爲司寇 而勇克於發動之微 外禦三關 造次而不敢踈 內守
社稷 顚沛而不暫去 知至而至 知終而終 其存心察理 省身克己 造道成德之
實 莫不井然有條 確然有據 而可以爲萬世學者之指南 此何待於連篇累牘
而多其辭說 然後爲至哉 蓋見之眞則所言自簡 知之明則所行自純 竊嘗僭
論 以爲先生 砥礪名行 似無極翁 英邁蓋世 似邵堯夫 精思力踐 似橫渠氏
嚴肅整齊 似伊川子 不尙纂述 而靜觀默識 灑然瑩澈 似延平氏 居敬精義
會之於太極動靜之理 而幽明鉅細 無不貫于一者 則固無愧入紫陽之室矣
其心與理涵 行與知一 無一念苟且以自欺 無一事糊塗以自便 從容嚴毅 中
立而不倚者 求之東方 雖謂之未始有之人豪 可也 於乎 其盛矣 先生嘗自號
曰南冥 蓋志于韜晦也 藏修之在金海曰山海亭 有寓於登泰山而觀於海也
在三嘉曰鷄伏堂 涵養之義也 曰雷龍亭 取淵默却雷聲 尸居却龍見之義也
在晋曰山天齋 取多識前言往行 以畜其德 剛健篤實 輝光日新之義也 卽此
而先生所以用功於一生者 可躍如而見也 銘曰

人之知我 春風之樂 湖海之豪 人不知我 雷首之淸 富春之高 我則有志 行
而爲勻天之簫韶 我則無憫 藏之爲陋巷之簞瓢 有赫神明 太極之靈 敬義萬
古 日月之晶 天人理事本無間 明善博約匪二途 質往俟來 知我者天乎

後學 苞山 郭鍾錫 謹記

신도비명神道碑銘 병서幷序

　선생이 세상을 떠나자 산천재山天齋 뒷산에 유택을 정하고 비를 세웠으니 그 비문은 대곡大谷 성선생成先生이 지었다. 성선생은 우리 선생에게 동도同道의 벗이니 선생의 학문과정과 도덕범주와 계파연원을 상세히 기록하여 다시 첨가할 것이 없다. 30여 년 뒤 큰 아들이 옛날 비석의 품질이 좋지 않아 이미 많이 훼손되어 오래도록 보전할 수 없다면서 돌을 깎아 장차 개수하려 하였다. 마침 성균관 유생들이 소장을 올려 증작贈爵과 사시賜諡를 청하여 윤허를 받았다. 드디어 새 돌로 신도비를 마련하여 나에게 글을 청하기에 사양함을 이루지 못했다. 아! 일월日月을 그리는 이는 그 모양을 그릴 수는 있어도 어찌 능히 그 광채까지 그릴 수 있겠는가!

　선생의 휘는 식植이고 자는 건중楗仲이니 창산인昌山人이다. 시조 서瑞는 고려에 벼슬하여 형부원외랑이니 그 모친이 덕궁공주德宮公主이다. 그 후 생원 안습安習은 선생의 증대부曾大夫이고, 생원이 영永을 낳았으니 벼슬하지 않았으며, 이분이 판교 언형彦亨을 낳았다. 판교가 이씨李氏에게 장가들어 선생을 낳았으니 홍치弘治 신유년(1501) 6월 임인일이다. 선생은 도덕에 뜻을 두어 일찍부터 과거 공부를 싫어하더니 옛터 곁의 시냇가에 모옥을 지어 뇌룡사雷龍舍라 하고 남명南冥이라 자호했다. 만년에는 두류산 덕천동德川洞에 복지하여 은둔하더니 재실의 편액을 산천山天이라 하였다. 중종조부터 이미 벼슬을 제수하는 왕명이 있었으나 나가지 아니했고 명종 선조 양조의 소명召命이 전후로 거듭 이르렀지만 오랫동안 나가기를 꺼리다가 뒤에 상서원 판관으로 한 번 은명恩命에 사례했으니 대개 군신의 의義를 폐하고자 아니 해서이다. 나아가 왕을 뵙고는 이내 돌아와 세상을 떠났으니 향년 72세이다.

　세상 사람들은 혹 고항高亢하다 여기고 혹 일절一節이라 배척하니, 심하다 그 도를 알지 못함이여! 일찍이 듣건대 군자는 중용에 의거하여 세상을 피해 남이 알아주지 않더라도 후회하지 않는다고 하였다. 중용의 쓰임새는 정해진 자리나 틀이 있는 것이 아니라 오직 그때에 따를 뿐이니 범인이 능히 알 수 있는 바가 아니다. 순舜임금이 미천한 시절 깊은 산 속에 살았는데 세상에 요堯임금이 없었다면 이로써 마쳤을 것이니 양단兩端을 잡아 그 중용을 취함이 이에 있지 않겠는가! 세 번이나 자기 문 앞을 지나면서도 들어가지 아니한 우직禹稷도 중용을 취한 것이고 한 그릇의 밥과 한 표주박의 물로 누추한 거리에 살았던 안자顔子 또한 중용을 지킨 것이다. 그렇기 때문에 은둔하여 후회하지 아니함은 성인도 고항高亢이라 하지 않고 이에 중용을 의거했다고 하였으니 그 뜻을 여기에서 이미 볼 수 있다. 하물며 증자曾子 자사子思가 벼슬하지 아니하고 그 뜻을 고상히 지킴도 또한 하나의 도임에 있어서라! 그렇지 않다면 또한 고항高亢에 거의 가깝고 일절一節에 거의 가깝지 않겠는가! 만약 지금의 이야기와 같다면 중용의 뜻은 사라질 것이다. 또 학문의 요체는 처함에 지킴이 있고 나아감에 행함이 있을 뿐이다. 그 공부의 실지는 내외가 직방直方하여 경의敬義가 정립되어야 한다. 이를 유지하고 향상하여 시종始終을 이룩함에는 어찌 경의敬義 두 글자와 같이 궁극적인 것이 있겠는가! 만약 한갓되이 구설을 내세우고 문사만 휘갈긴다면 비록 학문의 명성을 잃지는 않는다 해도 단지 하나의 앵무새 일 뿐이다.

선생은 학문이 단절되고 도가 상실된 시대에 태어나 확연히 경의敬義로서 근본을 삼았다. 이미 널리 섭렵하고 돌이켜 요약하여 일용에 이롭고 일신에 편안했으며 40여 년 동안 동정動靜을 아울러 함양하면서 엄숙히 마주하여 신심身心 상의 대상으로 삼았다. 그러므로 출처에 시의時義를 얻어 떠남에 3일 동안 먹지 않았고[17] 스스로 발걸음을 꾸며 걸어

---

17)「명이괘明夷卦」초구初九에 '군자우행君子于行 삼일불식三日不食'이라 하였다.

갔으니[18] 이는 바로 떠날 곳이 있음에 사람들이 까닭을 물어 본다는 명이괘明夷卦 초구初九의 효상爻象인 것이다. 날개를 일찍이 늘어뜨리지 않았고[19] 덕은 건드릴 수 없었으니 범인을 초월함은 백세를 기다려도 마땅히 미혹하지 않을 것이다. 세상에 다리를 떨며 자립하지 못하고 남을 따라 아래에 있으면서도 스스로 도학道學과 시중時中을 한다는 이와 비교한다면 정금精金과 광석鑛石의 차이일 뿐만 아니다. 이에 선생은 세상에서 은둔하여 후회하지 않는 군자가 아니겠는가! 중용을 의거했다는 말이 장차 누구에게 돌아가겠는가!

남평南平 조씨曺氏에게 장가들어 1남 차산次山을 낳았으니 요절하였고 1녀는 만호 김행金行에게 시집갔다. 소실小室에서 3남 1녀를 낳았으니 장남 차석次石은 현감이고, 다음 차마次磨는 주부이며 다음 차정次矴은 만호이다. 김행金行은 2녀를 낳았으니 장녀는 부제학 김우옹金宇顒에게 시집갔고 차녀는 감사 곽재우郭再祐에게 시집갔다. 차석次石은 1남 1녀를 낳았으니 아들은 진명晋明이고 딸은 만호 성기수成耆壽에게 시집갔다. 차마次磨는 5남 1녀를 낳았으니 장남 욱명旭明은 일찍 죽었고 다음은 경명敬明이며 딸은 참봉 정흥례鄭興禮에게 시집갔고 다음은 익명益明이며 나머지는 어리다. 차정次矴은 2남 2녀를 낳았으니 장남은 준명浚明이고 딸은 사인 정위鄭頠에게 시집갔으며 다음은 극명克明이고 딸은 어리다. 명銘하여 이르기를,

종일토록 열중한 학문 오직 위기爲己이고, 동정動靜은 때에 맞아 머물 곳에 머물렀다. 숨어 아니 쓰임은 구연九淵의 용과 같고, 그 즐거움 불개不改하여 끼니 자주 걸렀다. 독립불구獨立不懼 둔세무민遯世无悶 대과大過 괘상卦象 틀림없고, 7일 만에 찾았으니 수식首飾 잃음 뉘가 알랴![20] 뜻

---

18) 「비괘賁卦」 초구初九에 '비기지賁其趾 사고이도舍車而徒'라 하였고 그 주註에 '강덕명체剛德明體 자비어하自賁於下 위사비도지거爲舍非道之車 이안어도보지상而安於徒步之象'이라 하였다.
19) 「명이괘明夷卦」 초구初九에 '명이우비明夷于飛 수기익垂其翼'이라 하였다.

밖에도 무슨 병이 불치不治에 이르렀나[21], 아! 선생께선 저승 일월日月 되었으리. 덕천강德川江 위에다 편석片石 이에 세우노니, 높은 산 넓은 물과 그 수명 함께 하리!

문인 정인홍鄭仁弘 삼가 지음.

神道碑銘 幷序

先生歿 幽宅于山天齋後岡 樹之碑 其文大谷成先生撰 成先生 於吾先生 同道友也 先生學問工程 道德範宇 與系派源流 詳載無以復加也 後三十餘 年 胤子以舊碑石品下 剜缺已多 不可圖久遠 伐石將改之 適泮儒上章 請加 贈爵贈諡 蒙允 遂以新石爲神道碑 請文辭不獲焉 噫 摹日月者 得其形 其 能得其光乎 先生 諱植 字楗仲 昌山人也 始祖曰瑞 仕高麗爲刑部員外郞 其母德宮公主也 其後有生員安習 於先生曾大父也 生員生永 不仕 是生判 校彦亨 判校娶李氏 生先生 弘治辛酉六月壬寅也 先生志於道德 早厭擧子 業 就舊業旁川上 構茅屋曰雷龍舍 自號南冥 晩卜頭流德川洞肥遯焉 齋扁 曰山天 自中廟朝 已有除命 不就 明廟宣廟兩朝 召命前後沓至 久不肯就 後以尙瑞判官 一謝恩命 君臣之義 不欲廢也 登對訖 便還山 以至易簀 享 年七十二 世之人 或認爲高亢 或斥爲一節 甚矣 其不知道也 嘗聞君子依乎 中庸 遯世不見知而不悔 中之用 無定位 無定體 惟其時 非衆人所能知 舜 側微 居深山中 世無堯 終焉 執兩端用其中 不在玆乎 三過門不入 禹稷是 中 一簞瓢在陋巷 顔氏亦中 故遯世不悔 聖人不曰高亢 乃曰依乎中庸 其義 已可見 況曾思子 不仕高尙 亦一道也 不然 亦不幾於高亢乎 不幾於一節乎 若如今之說 中之義蝕矣 且學之要 處有守出有爲而已 其工程實地 內外直 方 敬義立 夾持向上 成始終 豈有如二字終且盡也 若徒能滕口舌騁文辭 雖

---

20) 「기제괘旣濟卦」 육이六二에 '부상기불婦喪其茀 물축勿逐 칠일七日 득得'이라 하였다.

21) 원문의 '모설毛舌'은 '모생설毛生舌'의 준말로 혀에 털이 생기면 뽑을 수가 없듯이 어떤 일을 고칠 수 없음을 비유한다.

不失學問之名 特一鸚鵡耳 先生生學絶道喪時 確然以敬義爲本 旣博而反
約 利用安身 四十餘年 動靜交養 儼乎對越 爲身心上物事 故出處得時義
于行不食 貴趾而徒 此正有攸往 人有言之爻象也 翼未嘗垂 德不可拔 度越
諸人 百世竢 宜不惑 視世之咸股不處 隨人執下 自認爲道學爲時中者 不啻
精金與沙礦也 先生非遯世不悔之君子乎 依乎中庸 將誰歸乎 娶南平曹氏
生男一曰次山天 女一適萬戶金行 小室生男三女一 長曰次石縣監 次曰次
磨主簿 次曰次矴萬戶也 金行生二女 長適副提學金宇顒 次適監司郭再祐
次石生一男一女 男晉明 女適萬戶成耆壽 次磨生五男一女 男長旭明早死
次敬明 女適參奉鄭興禮 次益明 餘幼 次矴生二男二女 男長浚明 女適士人
鄭顗 次克明 女幼 銘曰

　乾乾夕惕 學惟爲己 動靜不失 寔艮其趾 潛而勿用 九淵之龍 其樂不改 庶
乎屢空 不懼無悶 過大靡爽 七日而得 誰識萬喪 不知何病 任佗毛舌 於乎
先生 冥道日月 德川之上 片石爰竪 山崇水洋 庶其齊壽

　　　　　　　　　　　　　　　門人 鄭仁弘 謹撰

신도비명神道碑銘 병서并序

▲ 옛날 신도비 귀부龜趺

허목이 지은 신도비를 세웠던 귀부이다. 산청군 시천면 사리의 산천재 옆 마을 안에 남아 있었던 이 귀부는 그 크기로 보아 신도비의 규모를 짐작할 수 있다. 사실 이 귀부는 처음 정인홍이 지은 신도비명을 세웠을 때의 것이라고 전하기도 한다. 인조반정으로 그 비를 철폐할 때 귀부는 남겨 두었다가 다시 사용했을 가능성이 매우 크다. 그런데 허목이 지은 비석을 철폐할 때 비신碑身은 부수어 강에 버리고 이수螭首는 몇 조각으로 부수어 귀부 옆의 담장 일부분이 되었다. 비석이 서있을 당시에는 덕산으로 들어가는 모퉁이를 돌아들면 비석의 모습이 큰 거울처럼 환히 빛났다고 전한다. 근래까지 이 귀부는 남아 있다가 최근에 없어졌으므로 이 사진을 싣는다. 원래 이 거북모양의 귀부는 비희贔屭라는 이름의 용으로 입에 여의주를 물고 있다.

선생의 성은 조씨曹氏이고 휘는 식植이며 자는 건중보楗仲甫이다. 그 선대는 창녕인昌寧人이니 고려 형부원외 서瑞의 후예이고 중랑장 은殷의 4세손이다. 증조부는 국자생원 안습安習이고 조부 영永은 벼슬하지 않았으며 부친은 승문원 판교 언형彦亨이고 모친은 숙인 이씨李氏이니 명明나라 홍치弘治 14년(1501) 6월 임인에 선생이 가수현嘉樹縣에서 태어났다. 어려서부터 호기豪氣가 절륜했고 문장을 익힘에 좌구명左丘明 유종원柳宗元의 글을 즐겨 읽어 그 기재奇才를 자부하였다. 26세에 노재魯齋 심법心法 가운데 "이윤伊尹의 뜻을 뜻으로 삼고 안자顔子의 학문을 학문으로 삼아 나가서는 큰일을 하고 물러나서는 지킴이 있어야 한다."라는 글귀를 보고는 망연자실하여 한숨 쉬며 탄식하여 말하기를 "고인의 위기爲己 학문이 대개 이와 같다."고 하면서 뜻을 가다듬고 분발하여 용감히 매진하였다. 이미 백가百家를 섭렵하고 돌이켜 요약하여 굳세고 엄격했으며 눈으로는 못된 것을 보지 않고 귀로는 나쁜 말을 듣지 않아 장중하고 경건하더니 스스로 일가一家의 학문을 이루었다. 태일太一로써 종주를 삼고 화항和恒과 직방直方으로 부절을 삼았으며 극치克治를 우선하고 충막沖漠을 근본하여 논란과 답습을 좋아하지 않았으니 쓸데없는 말은 궁행躬行에 무익하다고 여겼다. 뜻을 숭상하고 몸을 고결히 하여 구차히 따르거나 침묵하지 않았으며 스스로를 가벼이 여겨 쓰임을 구하지 아니하고 우뚝이 자립하였다.

학문을 논함에 반드시 자득自得을 우선하고 고명高明을 귀하게 여겼으니 항상 얘기하기를 "비유컨대 높은 곳에 올라 만품萬品이 모두 아래로 보이는 것 같은 연후에야 오직 나의 행하는 바가 스스로 이로울 것이다."고 하였다. 행기行己의 대방大方과 출처出處의 대절大節을 중하게 여기더니 신명사명神明舍銘을 지어 말하기를 "구규九竅의 사악함이 삼요三要에서 시발하니 기미 보아 극복하고 나아가 섬멸하라." 하였다. 또 적기를 "배를 가라앉히고 솥을 깨어버리며 막사를 불태우고 3일의 양식만 지니고서 죽어도 돌아오지 않겠다는 각오를 보여야 하니 반드시 이와 같이 사욕私慾을 섬멸해야 만이 내 마음에 모름지기 한마汗馬의 공이 있다고 얘기할 수 있다.” 하였다. 사람을 가르칠 때는 반드시 그 자품에 따라 격려했으며 책을 놓고 강론하지 않았으니 말하기를 “지금의 학자들은 성리性理를 고상히 얘기하지만 그 마음에 실지로 체득함이 없다. 이는 마치 도시의 큰 시장에서 진귀한 보물과 노리개를 보고서 헛되이 높은 값만 얘기하는 것과 같으니 참으로 한 마리의 생선을 직접 사는 것만 못하다. 성인의 뜻은 전유前儒들이 이미 모두 말해 놓았으니 학자들은 그 알지 못함을 근심하지 말고 행하지 못함을 근심해야 한다. 그 체득의 깊고 얕음은 구함이 정성스러운가 정성스럽지 않는가에 달렸다. 나는 학자에게 혼미함을 깨우쳐 줄 뿐이다. 눈이 열리면 능히 천지 일월을 볼 것이니 경서를 논하는 것은 반성하여 자득함만 못하다.”고 하면서 책을 볼 때도 또한 장구章句를 세세히 해석하지 아니하고 대략 그 종지宗旨만을 취했을 뿐이다.

중종 명종이 연이어 유일遺逸로서 불렀지만 나가지 않았으며 명종이 특별히 단성丹城 현감을 제수했으나 또 나가지 아니하고 상소하여 말하기를, “국사國事가 이미 그릇되고 방본邦本이 이미 망했으며 천의天意가 이미 떠나고 인심人心이 이미 이반되었습니다. 자전慈殿께선 사려가 깊지만 깊은 궁중의 한 과부寡婦에 불과하고 전하께선 어리시어 단지 선왕의 한 고아孤兒일 뿐입니다. 백천 가지 천재天災와 억만 갈래 인심人心을 무엇으로 감당할 것이며 무엇으로 수습하겠습니까? 전하께서 종사하는 바는 무슨 일입니까? 학문을 좋아하십니까? 성색을 좋아하십니까? 궁마를 좋아하십니까? 군자를 좋아하십니까? 소인을 좋아하십니까? 좋아하는 바에 따라 나라의 존망이 달렸습니다.” 하였으니 소가 들어갔지만 비답批答이 없었다. 다음 해 주상이 유학 성운成運 이항李恒 임훈林薰 김범金範 한수韓脩 남언경南彦經 등을 크게 불렀으니 선생도 또한 부름 가운데 있었다. 이에 나아가니 상서원 판관을 제수하고 주상이 사정전思政殿에서 인견하였는데 주상이 한소열漢昭烈의 삼고초려三顧草廬에 관한 일을 물었다. 선생이 대답하여 말하기를 "반드시 인재를 얻은 연후에 큰일을 할 수 있습니다. 그러나 제갈량諸葛亮이 소열昭烈을 수십 년 동안 섬겼으나 끝내 한실漢室을 회복하지 못했으니 이는 신이 감히 알 수 없는 바입니다." 하고 이내 돌아왔다. 정묘년(1567) 선조가 즉위하여 선비들을 등용하면서 예로 부름이 매우 지극했으나 선생은 끝내 나가지 아니하고 소를 올려 군덕君德과 정폐政弊를 이야기하기를 "신은 깊은 산중에 살면서 굽어 살피고 우러러 보며 한숨 쉬고 괴로워하다가 이어 눈물을 흘린 적이 자주 있습니다. 신은 전하에게 조금도 군신의 연분이 없거늘 어찌 군은君恩에 감격하여 탄식하고 눈물짓기를 스스로 그치지 못했겠습니까? 이 땅의 곡식을 먹고 누세를 살아 온 구민舊民으로 어찌 부름을 받고서도 한 마디 말이 없을 수 있겠습니까?" 하였다. 기사년(1569)에 특별히 종친부 전첨을 제수했으나 나가지 않았고 신미년(1571) 본도本道에 명해 곡식을 하사하여 진휼하니 선생이 소를 올려 사은謝恩하고 인하여 군의君義 두 글자를 바쳤다. 다음 해 감사가 선생이 병이 났다고 아뢰자 주상이 내관內官을 보내 문병하였으나 선생이 이미 세상을 떠났으니 2월 8일로 향년 72세였다.

선생은 일찍이 패검명佩劍銘을 지어 말하기를 "안으로 밝히는 것은 경敬이고 밖으로 결단하는 것은 의義이다." 하였고 창문 벽에 또 경의敬義를 크게 써 놓고 말하기를 "오가吾家에 이 두 글자는 천지에 일월日月이 있는 것과 같다."고 하였다. 병이 나자 정인홍鄭仁弘 김우옹金宇顒을 불러 경의敬義를 거듭 강조하면서 이르기를 "공부가 익숙해지면 일물一物도 흉중에 없을 것이다. 나는 이 경지에 도달하지 못했다."고 하였다. 그리고 내외內外를 경계하여 안정시키고 자리를 돌려 머리를 동으로 누이고는 세상을 떠났다. 당시 남사고南師古라는 이가 있어 천문을 잘 보았는데 말하기를 "소미성少微星이 광채를 잃었으니 처사處士에게 재앙이 있겠다."고 하였는데 선생이 돌아가셨다. 주상이 치제致祭하여 이르기를 "하늘이 대로大老를 남겨두지 아니하니 소자小子 누구를 의지할까!" 하였고 대사간에 추증하였으며 그 해 4월 덕산德山에 안장하였다. 광해 때에 증 영의정을 더하고 문정文貞이라 시호했으며 선생은 달리 남명南冥이라 자호하였다. 가수嘉樹에 계부당鷄伏堂이 있으니 함양하기를 닭이 알을 품 듯 하라는 뜻이고 그 시내 위에 뇌룡정雷龍亭이 있으니 시동처럼 앉아 있다가 용 같이 나타나고 연못처럼 고요하다가 우레 같이 소리친다는 뜻이다. 진주 덕산에 산천재山天齋가 있으니 주역 대축괘大畜卦의 강건剛健하고 독실篤實하고 광채가 나서 날마다 그 덕을 새롭게 한다는 뜻이다. 묘소는 산천재山天齋 뒤에 있다. 오덕계吳德溪 최수우崔守愚 정한강鄭寒岡 김동강金東岡 제현이 모두 스승으로 섬겼으니 덕계德溪는 각의 견절刻意堅節하다 하였고 수우守愚는 강대탁원剛大趨遠한 재주라 했으며 동강東岡은 열일추상烈日秋霜의 기개라 하였고 한강寒岡은 태산벽립泰山壁立의 기상이 있다고 했으며 퇴계退溪 이선생李先生은 이르기를 건중楗仲은 군자 출처의 의義에 합당하다고 하였다. 명銘하여 이르기를,

고결하게 자수自守하고 은거하여 의義를 행했으니, 그 몸 아니 욕되고 그 뜻 아니 변하였다. 도道를 굽혀 시속時俗 좇지 않았으니, 일신 사업 고상히 이루었다.

후학 허목許穆 삼가 지음

神道碑銘 幷序

先生 姓曹氏 諱植 字楗仲甫 其先昌寧縣人 高麗刑部員外瑞之後 而中郞將殷之四世孫也 曾大父 國子生員安習 大父永不仕 父承文院判校彦亨 母淑人李氏 皇明弘治十四年六月壬寅 先生生於嘉樹縣 少豪氣絶倫 學文章 好讀左柳氏 自負其奇才 二十六見魯齋心法 志伊尹之志 學顔子之學 出則有爲 處則有守 憫然自失 喟然歎息而言曰 古人爲己之學 蓋如此 刻意奮厲

勇往直前 旣博於百氏 反而守約 剛毅方嚴 目無淫視 耳無側聽 莊敬不惰
自成一家之學 以太一爲宗 以和恒直方爲符 以克治爲先 以沖漠爲本 不喜
論難答述 以爲徒言無益於躬行 尙志潔身 不苟從不苟默 不自輕以求用 卓
然有立 言學必先自得 而貴高明 常言曰 譬如登高 萬品皆低 然後 惟吾所
行自無不利 以行己大方出處大節爲重 作神明舍銘 有曰 九竅之邪 三要始
發 動微勇克 進敎厮殺 又書之曰 沉舡 破釜甑 燒廬舍 持三日糧 以示必死
無還心 必如此厮殺 可言於吾心須有汗馬之功 敎人必隨人資稟 而激勵之
不開卷講論曰 今之學者 高談性理 無實得於其心 如遊通都大市 見珍寶奇
玩 空談高價 不如沽得一尾魚 聖人之旨 前儒旣盡言之 學者不患不知 患不
行 其得力之淺深 在求之誠不誠如何耳 吾於學者 喚覺昏睡而已 開眼 能見
天地日月 談經說書 不如反求而自得之 觀書 亦不曾章解句釋 領略其宗旨
而已 中宗明宗連以遺逸召 不起 明宗特拜丹城縣監 又不起 上疏曰 國事已
非 邦本已亡 天意已去 人心已離 慈殿塞淵 不過深宮之一寡婦 殿下幼沖
只是先王之一孤嗣 天災之百千 人心之億萬 何以當之也 何以收之也 殿下
所從事者 何事也 好學問乎 好聲色乎 好弓馬乎 好君子乎 好小人乎 所好
在是 而存亡繫焉 疏入不報 明年 上大召儒學 成運 李恒 林薰 金範 韓修
南彦經等 先生亦在召中 乃就徵 拜尙瑞院判官 上引見思政殿 上問昭烈三
顧草廬事 先生對曰 必得人然後 可以有爲也 然亮事昭烈數十年 卒不能興
復漢室 臣不敢知者也 卽還山 丁卯 宣祖卽位 嚮用儒雅 禮召甚至 而先生
終不起 上疏 言君德政弊曰 臣索居深山 俯察仰觀 噓唏掩抑 繼之以淚者數
矣 臣於 殿下 無一君臣之分 何所感於君恩 而咨嗟涕洟 自不能已也 食土
之毛 爲累世舊民 可無一言於宣召之下乎 己巳特拜宗親府典籤 不就 辛未
令本道賜之粟以賙之 先生上疏謝 因進君義 後年監司以疾聞 上遣中貴人
問之 先生己歿 二月八日 年七十二 先生嘗作佩劍銘曰 內明者敬 外斷者義
窓壁又大書敬義曰 吾家此二字 如天地之有日月 疾病 呼鄭仁弘金宇顒 語
敬義亹亹 曰用工熟 無一物在胸中 吾未到此境 戒內外安靜 旋席東首而歿
時有南師古者 善觀象曰 少微無光 處士之災 先生歿 上祭之曰 天不憖遺大
老 小子疇依 追爵大司諫 其四月葬德山 光海時 加贈領議政 諡文貞 先生
別自號曰南冥 嘉樹有雞伏堂 涵養如雞抱卵之義也 其溪上亭曰雷龍亭 尸

居龍見淵默雷聲之義也 晉州德山有山天齋 易大畜 剛健篤實 輝光日新其
德者也 墳墓在山天齋後 德溪 守愚 寒岡 東岡 數賢者 皆師事之 德溪 曰刻
意堅節 守愚 曰剛大趯遠之才 東岡 曰烈日秋霜之氣 寒岡 曰有泰山壁立之
像 退陶李先生 曰楗仲合於君子出處之義云 銘曰

　高潔自守 隱居行義 不辱其身 不降其志 不屈道而循時 高尚其事

後學 許穆 謹撰

신도비명神道碑銘 병서幷序

▲ 송시열이 지은 신도비 및 국역비

현재 덕산의 남명기념관 경내에 서있는 이 비석은 허목이 찬한 신도비를 철폐한 이후에 다시 세운 것으로 원래는 도로변에 선생의 묘소와 같은 방향인 임좌병향壬坐丙向으로 있었다. 원래 선생이 덕산으로 들어와 거처했던 집인 뇌룡사雷龍舍 일대와 별묘인 여재실 일대를 정비하여 남명기념관을 건립하면서 이 비석도 현재의 위치로 옮겼다. 똑같은 내용의 비석이 합천의 용암서 원 뜰에도 서있다.

남명 선생이 이미 세상을 떠남에 선비는 더욱 구차해지고 풍속은 더욱 투박해졌으니 식자들이 선생을 사모함이 더욱 간절하다. 그러나 사람들이 의義를 귀히 여기고 이利를 천하게 여기며 조용히 물러남을 가상히 여기고 탐욕을 부끄러이 여길 줄을 알게 되었으니 선생의 공이 참으로 위대하다. 선생은 천분天分이 특출했으니 아홉 살 나던 해에 심한 병이 들자 모부인에게 고하여 말하기를 "소자가 다행히 남자로 태어나 하늘이 반드시 부여한 바가 있을 것이니 오늘 어찌 일찍 죽을까 염려하십니까?" 하였다. 성동成童 때에 기묘사화의 참혹함을 직접 눈으로 보고 마침내 과거에 나가지 아니하다가 친명親命으로 한 번 응시하였다. 글을 지음에 좌구명左丘明 유종원柳宗元의 글을 좋아했는데 어느 날 염계濂溪 선생의 글 중에 "이윤伊尹의 뜻을 뜻으로 삼고 안연顔淵의 학문을 학문으로 삼는다."는 말을 읽고 개연히 분발하여 산재山齋에서 제생에게 하직하고 돌아왔다. 이에 날마다 육경六經 사자四子와 송宋나라 제현의 글을 읽으면서 자세히 연구하고 힘써 터득하여 밤낮을 이어 쉬지 않았으며 손수 공자孔子와 주자周子 정자程子 주자朱子의 모습을 그려 경모景慕의 뜻을 부쳤다. 송규암宋圭菴 선생과 이준경李浚慶 영상이 대학大學 심경心經 등의 책을 증정하자 선생이 문득 편지하여 말하기를 "이 책을 얻고부터 두렵기가 산을 짊어진 것 같다."고 하면서 더욱 박실朴實한 공부에 전념하였다. 당시 문정왕후文定王后가 자리하여 대윤大尹 소윤小尹이 서로 헐뜯자 선생은 더욱 당세에 뜻이 없어 영영 과거를 포기하고 지리산智異山에 들어가 집을 짓고 거처하면서 산천재山天齋라 편액하고는 한결같이 매진하여 조예가 더욱 고명高明하였다. 일찍이 회재晦齋 이언적李彦迪 선생의 천거로 재랑齋郎을 제수했으나 나가지 않았고 뒤에 회재晦齋가 본도本道 관찰사로 왔을 때 보기를 청했지만 또한 사양하였다.

　　명종 3년 특명으로 벼슬을 높여 두 번이나 주부를 제수하고 퇴계退溪 이선생李先生이 조정에 있으면서 글을 보내 출사出仕를 권했으나 끝내 나가지 않았으며 또 단성丹城 현감을 제수했지만 소를 올려 사양하였다. 21년에 판관으로 승격하여 소명召命을 두 번이나 내리고 인하여 약과 음식을 하사하니 선생이 드디어 부름에 응하였다. 주상이 인견하고 치도治道를 물으니 선생이 대답하여 말하기를 "치도治道는 책 속에 있으니 신의 말을 기다릴 것이 없습니다. 신은 생각건대 군신 사이에 반드시 정의情義가 서로 통한 연후라야 가히 할 일이 있을 것입니다." 하고 인하여 생민生民의 곤궁 초췌한 상황을 극진히 진술하였다. 주상이 학문하는 방법을 묻자 대답하기를 "반드시 마음으로 체득해야 할 것이니 한갓 되이 사람들의 말만 들어서는 불가합니다." 하였으며 또 주상이 제갈공명諸葛孔明의 일을 묻자 대답하기를 "공명孔明이 소열황제昭烈皇帝와 더불어 십 년을 같이 일하였으나 능히 한실漢室을 회복하지 못했으니 신은 까닭을 알지 못하겠습니다." 하고 다음 날 돌아왔다. 선조 초년에 부름이 두 번 있었으나 또 사양하고 인하여 시폐십사時弊十事를 올렸다. 2년에 또 부름을 받고 소를 올려 말하기를 "인주의 치도治道는 선을 밝히고 몸을 정성스럽게 하는데 있으니 반드시 경敬으로써 주를 삼으십시오." 하고 또 서리의 실정과 폐단을 극진히 아뢰었으며 전첨을 제수했으나 나가지 않았다. 이 때 큰 흉년이 들어 주상이 곡식을 내려 구휼하자 선생이 글을 올려 사례하고 또 말하기를 "여러 번 어리석은 저의 말을 올렸지만 쓰인 바가 없습니다." 하였으니 언사가 매우 간절하고 곧았다. 병이 위독해지자 주상이 들으시고 어의御醫를 보내 살피게 하였으나 선생이 이미 세상을 떠났으니 실로 융경隆慶 임신년(1572) 2월 8일이었다. 전년에 뒷산에서 목가木稼의 재앙이 있었고 중국의 성관星官이 우리나라 행인에게 말하기를 "너희 나라 높은 선비가 근간에 불리할 것이다."라고 하였는데 이에 과연 징험되었으니 아! 철인哲人의 나고 죽음이 어찌 우연이겠는가! 4월 6일 산천재山天齋 뒷산에 안장하였다.

선생은 기개가 고상하여 엄격하고 정대했으니 장중한 마음을 항상 심중에 지니고 태만한 기색을 외모에 나타내지 않았다. 깊은 방안에 거처할 때도 어깨와 등이 꼿꼿했으며 새벽 일찍 일어나 조용히 앉아서 묵묵히 보고 정밀히 사색했으니 고요하기가 마치 사람이 없는 듯하였다. 그 학문은 오로지 경의敬義로서 주를 삼았고 좌우의 물건에 새기어 스스로 경계한 바도 이것이 아님이 없었기 때문에 선생은 신채가 고결하고 용모가 준엄하였다. 그 극기克己에는 한 칼로 양단하듯 하였고 그 처사處事에는 물이 만길 높이에서 떨어지듯 하여 절대로 어긋나거나 구차한 뜻이 없었으며 평소 집안사람들도 감히 시끄러운 말과 지나친 웃음을 짓지 아니하여 안팎이 엄숙하였다. 효우孝友에 가장 돈독했으니 부모를 모심에 선善으로 봉양 하였고 오로지 그 마음과 뜻을 즐겁게 하였다. 상喪을 치를 때는 읍혈하며 애모하였고 전후상前後喪에 모두 시묘 살면서 하인에게 경계하여 집안 일로 와서 고하지 못하게 하였다. 조문하는 이가 있으면 다만 엎드려 곡하면서 답배答拜할 뿐 일찍이 더불어 앉아 말하지 않았다. 아우 환桓과 우애가 더욱 돈독하여 항상 말하기를 "지체支體는 나뉠 수 없다." 하고 한 담장 안에 살면서 출입문을 달리하지 않았다. 비록 산림에 물러나 있었지만 시대를 상심하고 나라를 걱정함은 지성至誠에서 나왔으니 매양 밤중에 홀로 앉아 슬피 노래하고 눈물을 흘렸으나 사람들이 이를 알지 못하였다.

벗을 사귐에 반드시 그 사람됨을 살폈으니 뜻에 맞지 않는 이는 비록 고관이나 요로의 사람이라도 장차 자기를 더럽힐 것같이 여겼다. 성청송成聽松 성대곡成大谷 성동주成東洲 이황강李黃江 김삼족당金三足堂 등 여러 군자와 더불어 서로 친하기를 지란芝蘭 같이 하였으며 퇴계 선생과 더불어 왕복 변론하였다. 일찍이 퇴계 선생에게 보낸 편지에 "평소 경앙함이 태산북두와 같다." 하였고 퇴계도 선생을 논하여 말하기를 "군자의 출처 대의에 합당하다."고 하였다. 선생은 사람을 가르칠 때 각각 그 재능에 맞게 하였고 질문하는 바가 있으면 반드시 이를 분석하여 남김없이 설명하였으니 듣는 이가 밝게 깨우쳤다. 일찍이 말하기를 "오늘날의 폐단은 고원高遠한 것을 즐겨 좇으면서 자기에게 절실한 병통을 살피지 않는 데 있다. 성현의 학문은 처음부터 일용에서 벗어나지 아니하니 만일 이것을 버리고 갑자기 성리性理의 깊은 뜻을 알고자 한다면 이것은 진성盡性과 지명知命이 효제孝悌에 근본하지 않는 것이다." 하였고, 또 말하기를 "성인의 미묘한 말과 깊은 뜻은 선유先儒들이 연이어 밝혔으니 배우는 이들은 알기 어려움을 근심하지 말고 위기爲己의 실속 없음을 염려하라."고 하였다. 글을 읽다가 긴요한 곳에 이르면 반드시 세 번 반복한 후 그만 두었으며 인하여 두 책을 이루어 학기學記라 하였고 그 문집 약간 권이 세상에 전한다. 주상이 제문과 곡식을 내리고 대사간에 추증했으며 뒤에 다시 영의정으로 추증하고 문정文貞이라 시호했다. 진주晋州 삼가三嘉 김해金海 고을의 선비들이 모두 사당을 지어 향사를 드린다.

선생의 휘는 식植이고 자는 건중楗仲이다. 조씨曺氏는 창녕昌寧에서 나왔으니 중시조 휘 서瑞는 고려 태조의 외손이며 이로부터 사대부가 끊이지 않았다. 소감 휘 대장大莊은 선생의 6대조이고 고조 은殷은 영동정이며 증조 안습安習은 생원이고 조부 영永은 벼슬하지 않았다. 선고 언형彦亨은 급제하여 내외의 벼슬을 두루 지냈고 모친 이씨李氏는 충순위 국菊의 여이다. 홍치弘治 신유년1501 6월 26일 삼가三嘉 토동兎洞에서 선생을 낳았다. 부인 조씨曺氏는 그 부친이 수琇이니 남평인南平人이다. 아들 차산次山을 낳았으나 일찍 죽었고 딸은 만호 김행金行에게 시집갔다. 측실側室에서 난 아들 차석次石 차마次磨는 모두 현감이고 차정次矴은 호군이다. 김행金行의 두 딸은 참판 김우옹金宇顒과 감사 곽재우郭再祐에게 시집갔다. 차석次石의 아들 진명晋明은 찰방이고 차마次磨의 아들은 경명敬明 익명益明 복명復明이며 딸은 참봉 정흥례鄭興禮에게 시집갔다. 차정次矴의 아들 준명浚明은 생원이고 다음은 극명克明이며 딸은 정위鄭頠에게 시집갔다. 진명晋明은 설㝝을 낳고 경명敬明은 업嶫 완晥 돈暾 오晤를 낳고 익명益明은 수晬 장暲을 낳고 복명復明은 징瞪 단暷을 낳고 준명浚明은 진昚 변昪 서暑를 낳고 극명克明은 경景 안晏을 낳았으니 진昚 변昪 안晏은 모두 생원이다. 내외 증손 현손이 모두 약간인이다.

나는 후세에 태어나 문하에서 청소하며 모시지는 못했지만 그러나 일시 제현의 의논을 상상해 헤아려 보건대 그 벽립천인壁立千仞과 일월쟁광日月爭光의 기상은 지금까지 오히려 사람들로 하여금 늠름히 경외敬畏하게 하니 그 풍성風聲을 일으켜 무너진 습속을 진작시킨 것이 마땅하다. 임종에 이르러서도 오히려 경의敬義로서 열심히 학자들에게 이야기하였으니 이른 바 기력이 다할 때까지 조금도 해이함을 용납하지 않음이 아니겠는가! 맹자孟子가 말하기를 "성인은 백세의 스승이니 백이伯夷와 유하혜柳下惠가 그런 분이다." 하였는데 주자朱子가 이 말을 인용하여 동계東溪 고등高登22)을 칭송하였다. 행여 주자朱子로 하여금 다시 일어나게 한다면 선생의 각하脚下에 이 말을 쓰지 않겠는가! 그렇지 않겠는가! 반드시 능히 알 사람이 있을 것이다. 명銘하여 이르기를,

고상한 천품이라 흉중에 티끌 없어 깨끗하고 활달했다. 옛 것 믿고 의리 좋아 명절名節에 힘썼으니 횡류橫流 중의 지주砥柱였다. 산 속에 집을 짓고 당우唐虞를 읊으면서 배회하며 자락自樂했다. 오직 이 경敬과 의義는 성사聖師의 교훈이라 크게 벽에 걸었다. 깨어 있고 씻어 없애 상제上帝를 대한 듯 밤낮으로 힘썼다. 성상께서 기다리니 찬연히 나갔다가 홀연 이내 돌아왔다. 수양하는 용맹은 용을 잡고 범을 묶듯 늙을수록 돈독했다. 명성 더욱 높아지고 사림 더욱 흠모하니 북두성이 북에 있듯! 목가木稼 재앙 알리고 소미小微 광채 잃었으니 철인哲人 횡액 당하였다. 높은 산 무너지니 나라에 전형典刑 없어 선비 뉘를 본받으랴! 오직 그 풍성風聲은 완부頑夫 유부儒夫 바로 세워 우리 국맥國脈 길이 했다.

___

22) 고등高登(?~1148)은 송宋나라 장포인漳浦人으로 자字는 언선彦先, 호는號 동계東溪이다. 휘종徽宗 때에 태학생太學生으로 금병金兵이 남하하자 채경蔡京 등 6적賊을 참할 것을 상소했고 고종高宗 소흥紹興 2년 진사시進士試에 급제하여 시정時政을 극언했으며 도당심찰都堂審察로 부임하여 시의時議 6편을 상소했다. 강직剛直함을 굽히지 않았고 권귀權貴에게 아첨하지 않았으며 결국 진회秦檜에게 미움을 받아 용주容州로 유배되었다.

두류산 하늘 솟고 그 냇물 땅을 갈라 깊고도 우뚝하다. 천억 년 흘러도 선생의 이름은 이와 함께 무궁하리.

대광보국숭록대부 의정부 좌의정 겸 영경연사 감춘추관사 세자부 치사 봉조하
은진恩津 송시열宋時烈 찬撰
숭록대부 행 이조판서 의금부사 지성균 겸 독변 내무부사 홍문관제학 예문관제학
원임규장각학사 시강원일강관 영가永嘉 김성근金聲根 전篆
가선대부 이조참판 김학수金鶴洙 근서謹書

神道碑銘 幷序

南冥先生旣沒　土益苟俗益渝　有識者思先生益甚　然人人尙知貴義賤利
恬退之可尙　貪冒之可羞　則先生之功實大矣　先生天分絶異　生九歲　嘗疾甚
先生告母夫人　曰我幸爲男子　天必有所與　今日豈憂夭死乎　甫成童　目見己
卯士禍之慘　遂不赴擧　以親命嘗一就　爲文慕左柳　一日讀濂溪　志伊學顔之
語　慨然發憤　自山齋揖諸生歸　日讀六經四子　及宋時諸賢書　精究力索　夜以
繼日　手摹先聖及周程朱三子像　以寓景慕之意　宋圭菴先生　李相浚慶　贈以
大學心經等書　先生輒書　曰自得此書　悚然如負丘山　益從事於朴實之地　時
文定正位　大小尹相構　先生益無當世意　永抛博士業　入智異山　築室以居　扁
曰山天齋　一意進修　所造益以高明　嘗以晦齋先生薦授齋郎不就　後晦齋按
道求見　亦辭謝　明廟三年　特命超叙　兩拜主簿　退溪李先生在朝　以書勸起
終不肯　又除丹城縣監　上疏辭　二十一年陞判官　召旨再下　仍賜藥餌食物　先
生遂赴召　上引見問以治道　先生　對曰道在方冊　不須臣言　臣以爲必須君臣
之間　情義交孚　然後乃可有爲也　因極陳生民困悴之狀　上問爲學之方　對曰
必須心得　不可徒聽人言也　上又問孔明事　對曰孔明與昭烈同事十年　不能
興漢　臣所不得知　翌日謝歸　宣廟初　再有徵命　又辭因陳時弊十事　二年又承
召　上章言爲治之道　在人主明善誠身　必以敬爲主　又極陳胥吏情弊狀　除典
籤不拜　歲大饑　上賜粟以周　先生上書陳謝　且曰累陳愚言　無所施用　辭甚切

直 其疾亟 上俄聞 遣醫視之 則先生已沒 實隆慶壬申二月八日也 前歲後山
木稼 帝京星官 語本朝行人 曰汝國高人 近將不利 至是果驗 噫 哲人生沒
豈偶然哉 四月六日 葬于山天齋後 先生氣宇高嶷 嚴毅正大 莊敬之心 恒存
于中 怠慢之氣 不設于形 潛居幽室 肩背竦直 晨興靜坐 默觀精思 闃若無
人 其學專以敬義爲要 左右什物 所銘而自警者 無非此事 故先生神彩峻潔
容貌俊偉 其克己如一刀兩段 其處事如水臨萬仞 絶無依違苟且之意 平居
家人不敢闌語娛笑 內外斬斬 最篤於孝友 在庭闈間 油油翼翼 以善爲養 專
以悅其心志 其持制血泣哀慕 前後皆廬墓 戒僮僕母以家事來論 人有來吊
者 只伏哭答拜而已 未嘗與之坐語 與弟桓友愛彌篤 常曰支體不可分也 同
居一墙之內 出入無異門 雖退處山林 傷時憂國 出於至誠 每中夜 獨坐悲歌
泣下 人殊未之知也 取友必審其人 有不可於意者 雖達官要人 若將浼焉 最
與成聽松大谷東洲李黃江金三足堂諸君子 相好若芝蘭 與退溪先生 往復辨
論 嘗與退溪書 曰平生景仰 有同山斗 退溪論先生 曰合於君子出處之義也
先生教人 各因其材 有所質問 必爲之剖析傾倒 聽者洞然開釋 嘗曰今日之
弊 喜趨高遠 不察切己之病 聖賢之學 初不出日用之間 如或捨此而遽欲窺
性理之奧 是盡性知命 不本於孝悌也 又曰聖人微辭奧旨 先儒相繼闡明 學
者不患難知 患無爲己之實也 讀書至緊要處 必三復乃已 仍成二冊 曰學記
其文集若干卷 行于世 上賜祭賻粟 贈大司諫 後加贈領議政 謚文貞 晉州三
嘉金海諸邑章甫 皆設祠以享焉 先生諱植 字楗仲 曺氏出昌寧 中始祖瑞 實
麗祖外孫 自是士大夫不絶 小監諱大莊 是先生六代祖 高祖殷令同正 曾祖
安習生員 祖永不仕 考彦亨登第歷揚中外 妣李氏 忠順衛菊之女 以弘治辛
酉六月二十六日 先生生于三嘉之兎洞 夫人曺氏 其父琇 世爲南平人 生子
次山天死 女適萬戶金行 側出次石次磨皆縣監 次矴護軍 金行二女 適參判
金宇顒 監司郭再祐 次石男晉明察訪 次磨男敬明益明復明 女適參奉鄭興
禮 次矴男浚明生員 克明 女適鄭顔 晉明生昜 敬明生曤晥曔晧 益明生暒眰
復明生曨㫑 浚明生㫗昇暑 克明生景晏 㫗昇晏皆生員 內外曾玄孫略千人 余
生後世 未及灑掃於門下 然一時諸賢之論 想像而揣模 其壁立千仞 日月爭
光之氣像 至今猶使人凜然畏敬 其扶樹風聲 以振委靡之習俗也 宜哉 至於
啓手足 而猶以敬義 諄諄語學者 所謂一息尚存 不容少懈者耶 孟子 曰聖人

百世師也 伯夷柳下惠是也 朱夫子取此語 以稱東溪高公 徜使夫子復起 則
先生脚下 其不用此語乎 抑否乎 必有能識之者矣 銘曰

天賦之高 襟懷無累 灑灑落落 信古好義 名節自勵 橫流碣石 築室山間 嘯
吟唐虞 徜徉自樂 惟敬與義 聖師所訓 大揭墻壁 喚醒滌濯 對越上帝 日乾
夕惕 聖朝側席 賁然來斯 欻反初服 進修之勇 捕龍縛虎 老而彌篤 聲名愈
高 士林愈傾 如斗在北 木稼徵災 小微藏輝 哲人之厄 高山旣頹 邦無典刑
士靡矜式 惟厥風聲 廉頑立懦 壽我國脈 頭流倚天 其川析地 齋淪磅礴 有
來千億 先生之名 與之無極

大匡輔國崇祿大夫 議政府 左議政 兼 領經筵事 監春秋館事 世子傅 致仕
奉朝賀 恩津 宋時烈 撰
崇祿大夫 行 吏曹判書 義禁府事 知成均 兼 督辨 內務府事 弘文館提學
藝文館提學 原任奎章閣學士 侍講院日講官 永嘉 金聲根 篆
嘉善大夫 吏曹參判 金鶴洙 謹書

신도비명神道碑銘 병서幷序

유학儒學이 동방에 전해진 지는 오래되었다. 본조本朝의 열성列聖이 모두 도안道岸에 먼저 올라 이단異端을 배척하고 공도孔道를 존숭하더니 인재를 모아 태학太學의 학생을 양성하고 훌륭한 폐백으로 암혈의 선비들을 초빙하였다. 중종 인종 명종 3세에 이르러서는 더욱 사도斯道에 뜻을 더하여 이에 송도松都에서 서화담徐花潭을 얻고 호서湖西에서 성대곡成大谷을 얻고 호남湖南에서 이일재李一齋를 얻었으며 남명南冥 선생도 영남에서 나란히 섰으니 참으로 그 무리 중에서 뛰어난 분들이다.

선생은 영남 삼가인三嘉人이다. 두류산 아래에 은거하여 법도法度를 따르고 인의仁義를 복응하여 저민 고기를 맛보듯 도를 깊이 음미하였다. 학문은 안자顔子로써 기준을 삼고 뜻은 이윤伊尹으로써 표적을 삼아 누항陋巷의 더러움을 알지 못했고 단표簞瓢의 가난을 근심하지 않았으며 천사千駟의 벼슬을 돌아보지 않았고 만종萬鍾의 녹봉을 받지 않았으니 초연히 자득하여 결코 세의世意 따라 즐기는 바를 버리지 않았다. 조정에서 부르는 예가 삼성三聖을 지나도록 해이하지 아니하고 더욱 근면하였기에 선생은 부득이 일어나 대궐로 나아갔으며 주상이 전전前殿에서 마주했으니 곧 명종 때이다. 주상이 먼저 다스리고 학문하는 방법을 물으니 모두 사실과 이치로서 대답하였고 또 삼고초려三顧草廬의 일을 묻자 선생이 대답하여 말하기를 "한실漢室을 회복하기 위해서는 반드시 영웅의 도움을 받아야 했기 때문에 세 번이나 찾아 간 것입니다." 하였으니 주상이 칭찬하였으며 다음 날 환산還山하였다. 처음 선생이 단성丹城 현감을 사양할 때에 인하여 소를 올려 "국사國事가 그릇되고 천의天意가 떠났으며 인심人心이 이반되었다."고 극언하면서 위로는 자전慈殿과 주상에 이르기까지 조금도 꺼림이 없었다. 명종은 그 말이 지나치게 곧음에 노하여 죄를 주려고 하였으나 대신들의 역간力諫에 힘입어 그만

두었다. 그 후 선조 원년 선생이 봉사封事를 올려 인주가 다스림을 펴는 근본을 논하고 또 서리가 나라를 전횡하는 폐단을 논하면서 수십백언數十百言이 요점을 취함에 통쾌하고 곡절을 따짐에 소상하였다. 이에 식자들이 이르기를 "200년 동안 국가의 곪은 종기를 혁파하였으니 비록 창공倉公과 편작扁鵲인들 어찌 여기에 더하겠는가!" 하였다. 소가 들어가자 주상이 특별히 비답을 내렸으며 소지김旨와 속육粟肉을 전후하여 서로 내린 것이 수 년이었으나 선생은 한 번 거취를 결정한 뒤로 다시 뜻을 바꾸지 않았다. 임신년(1572) 봄에 선생이 편찮으시어 본도本道에서 조정에 알리자 주상이 내관內官을 보내 문병하였는데 도착하니 선생이 이미 서거하였다. 부음이 알려지자 특별히 명하여 사간원 대사간에 추증했으니 대개 일찍이 선생에게 명하고자 했던 것으로 그 뜻을 편 것이다. 또 유사에게 명하여 부의賻儀를 내리고 다시 예조에 명하여 제랑祭郎을 보내 글을 지어 제사했다.

아! 선생의 도는 주역 고괘蠱卦 상구上九에 있으니 오직 도덕을 지니고서도 때를 만나지 못해 고결히 스스로를 지킨 것이 그것이다. 그러나 그 뜻은 임금과 백성을 근심하였기 때문에 입에서 나온 모든 말은 처사處士의 과대한 이야기 일 뿐만 아니다. 옛날 양가죽 옷을 입은 엄광嚴光은 광무제光武帝와 함께 잠잔 일 외에는 반 마디도 한실漢室에 도움을 주었다는 이야기를 듣지 못했고 태원泰原의 주당周黨은 엎드려 숨어 배알하지 않았을 뿐이니 이들은 비록 고사高士로서 한 때에 이름이 났지만 운대박사雲臺博士 범승范升의 비난이 그 사후에 뒤따랐다. 선생은 그렇지 아니하여 올린 봉사封事는 임금을 바로잡는 일과 백성을 건져내고 세상을 구제할 계책이 아님이 없었으니 천추의 선비 중에 반드시 반도 못 읽어서 책을 덮고 울먹일 이가 있을 것이다. 애석하다, 성왕聖王이 서로 계승하였으나 선생의 말을 모두 수용하지 못하여 허물을 돌릴 곳이 없으니 이는 어찌 유독 선생만의 불행이겠는가!

나는 후대에 태어났기에 선생의 시대와 떨어짐이 거의 100여 년이다.

오직 예전에 남토南土의 객이 되어 선생 고향을 방문한 적이 있었는데 높은 절벽이 하늘을 찌르고 맑은 시내가 골짜기를 내달리며 한 티끌의 번잡함도 용납하지 않는 경치에서 선연히 선생의 모습을 상상할 수 있었기에 곁에서 배회하며 초연히 흠모한 지 오래였다. 이제 선생의 후손 찰방 진명晉明 진사 준명浚明 등이 영남의 인사와 더불어 도모하여 말하기를 "조정에서 처음에 선생에게 간의諫議를 내리시고 뒤에 의정議政을 추증했으며 또 시호가 있으니 법도상 마땅히 묘도에 신도비神道碑를 세워야 하는데도 지금토록 비석이 없어 불초들이 감히 집사를 번거롭게 합니다." 하였다. 내 예로서 사양하여 말하기를 "아니 어찌 가하겠는가! 못난 나는 단지 곡사曲士일 뿐이니 어찌 감히 노선생의 성덕盛德을 형용하겠는가! 부처 머리에 오물을 씌운다는 비난이 염려스럽다. 그러나 남명 선생의 추상열일秋霜烈日 같은 기상은 지금토록 아녀자와 농사꾼의 입에서도 사라지지 아니하니 내 비록 불민하나 어찌 유독 이에 뒤지겠는가!" 하고 드디어 먼저 선왕先王들의 어진 이를 등용하고 소원한 이를 가까이 하는 특별한 예우를 서술하고 인하여 선생의 출처어묵出處語默의 대절을 언급하였다. 대저 선생의 학문한 차례와 구도求道의 분발과 문장의 기고奇古함은 선생의 도의우道義友인 대곡大谷 성선생成先生이 묘갈墓碣에 갖추어 새겨 한 치도 남김이 없으니 다른 사람이 사족蛇足을 다는 것은 망녕된 일이다.

선생의 휘는 식植이고 자는 건중楗仲이며 호가 남명南冥이다. 조씨曺氏는 예부터 벼슬한 집안이니 고려부터 조선에 들기까지 명경대부名卿大夫가 끊이지 않았다. 휘 언형彦亨은 이조정랑으로 뽑혔다가 승문원판교에 이르러 별세했으니 선생의 황고皇考이고 이국李菊의 여에게 장가들어 선생을 낳았다. 선생은 남평南平 조씨曺氏에게 장가들어 아들 차산次山을 낳았으나 일찍 죽었다. 편방便房을 두어 약간 인을 낳았고 진명晉明 준명浚明은 손자이다. 선생의 묘는 두류산 사륜동絲綸洞 산천재山天齋 뒤에 있다. 선생이 돌아가신 지 5년 만에 학자들이 덕천德川 용암龍巖 신산新山

세 곳에 서원을 세워 향사享祀를 드린다. 아! 선생은 인품이 매우 높고 기국이 엄정하여 식자識者나 불식자不識者나 선생을 보면 공경하지 않음이 없었다. 선생은 다른 사람에게 허여許與함이 적었지만 유독 퇴계退溪 선생에게는 한 번도 만난 적이 없다 하여 꺼려하지 않았고 왕래한 서찰이 매우 빈번했으며 반드시 선생이라 칭했으니 후세의 논자들이 혹 두 선생이 서로 친하지 않았다고 여기는 것은 이상한 일이다. 명銘하여 이르기를,

방장산方丈山 우뚝 솟아 만 길이니 선생의 기상은 백세토록 추앙하고, 덕천강德川江 깊고 맑아 소슬하니 선생의 도덕은 갈수록 활발하다. 오직 군자가 삼가할 바는 진퇴출처 뿐이기에, 정도正道로써 않을진대 어찌 취해 사사로이 하겠는가! 높은 도리 행하기 어려우니 차라리 간직하여 구원九畹에서 난초 키웠다. 선성왕先聖王이 불러서 칭송할 뿐만 아니었으니, 대개 장차 천하의 선비를 본받게 함이었다. 산해동山海洞 풍경은 변함이 없고, 거북 등에 서린 용은 선생의 신도비神道碑. 내 명銘하여 새기노니 무성한 녹죽綠竹에서 그 모습 상상하리.

후학 조경趙絅 삼가 지음

神道碑銘 并序

吾道之東久矣 本朝列聖 率先登道岸 斥異端尊孔軌 以菁莪棫樸養庠膠 以玄纁禮幣聘巖穴 至中仁明三世 尤加意斯術 於是 松都得徐花潭 湖西得 成大谷 湖南得李一齋 南冥先生 幷峙于嶺南 實拔乎其萃 先生嶺之三嘉人 也 隱於頭流山下 踐蹈矩矱 佩服仁義 必嚌哉■■ 學以顔子爲準繩 志以伊 尹爲標的 陋巷之不知 簞瓢之不憂 千駟之不顧 萬鍾之不受 囂囂自得 絶未 有舍所樂爲世意 徵招之禮 歷三聖 不解益勤 先生不得已而起 赴闕下 上賜

對前殿 卽明廟時也 上首問爲治爲學之方 俱質言理對 又問三顧草廬 先生
對曰圖復漢室 必資英雄 故至於三顧 上稱善 翌日還山 初先生辭丹城縣監
也 仍上疏極言 國事非 天意去 人心離 上及慈殿乘輿 亡少忌諱 明廟怒其
語太直 欲罪之 賴大臣力諫救而止 其后 宣廟元年 先生上封事 論人主出治
之本 又論胥吏專國之弊 數十百言 掣領痛快 曲折揿揿 識者以爲覷破二百
年國家養癰 雖倉扁何以加 疏入 上優批以答 召旨粟肉 前後相啣者累年 先
生一決去就 不復幡然 壬申春 先生寢疾 本道以聞 上遣中使問疾 至則先生
已逝矣 訃聞 特命贈司諫院大司諫 蓋嘗欲以命先生者 申其志 又命有司賜
賻 又命儀曹 賜祭郎 將文以祭 嗚呼 先生之道 在易蠱之上九 惟持道德 不
遇於時 而高潔自守者是已 然其志以君民爲憂 故率所發於口 不徒爲處士
之大言也 昔羊裘男子 與帝共臥外 無聞半辭裨補於漢室 泰原周黨 伏而不
謁而已 是雖宿高士 名於一時 雲臺博士范升之譏 隨其后 先生則不然 所上
封事 無非匡君之事 拯民救世之策 千秋之士 必有讀未半廢書而泣者矣 惜
也 聖聖相繼 而不能盡用其言 歸咎無處 寧獨先生之不幸 絅生也後 去先生
之世 幾乎百有餘載 唯其昔客南土 過先生桑梓鄉 峭壁謁霄 玉流噴壑 不受
一塵之惹者 怳若把先生之謦欬其側也 徘徊悵然慕之者久之 今先生之後孫
察訪晉明進士浚明等 與嶺之人士謀 曰朝家始賜先生以諫議 后加贈議政
且有謚 於法 宜樹豐碑於墓道 至今無顯刻 不肖敢以煩執事 絅禮辭 曰惡
惡可 不侫直拘曲士耳 安敢形容老先生盛德 戴穢佛頭之譏 是懷 然南冥先
生之爲秋霜烈日 至今不泯於婦孺田畯之口 絅雖不敏 獨後是歟 遂先敍先
王就賢體遠之異數 仍及先生出處語默大節 若夫先生爲學次第 入道憤孟
文章奇古 先生道義友大谷成先生 備勒麗牲之石 不遺錙銖 他人畫蛇足則
妄也 先生諱植 字楗仲 號南冥 曹故爲官族 自麗入我朝 名卿大夫不絶 有
諱彦亨 選爲吏曹正郎 至承文院判校以卒 先生皇考也 娉李菊之女 生先生
先生 娉南平曹氏 生子名次山 苗而不秀 置便房 生若而人 晉明浚明孫也
先生墓在頭流之綸洞山天齋後 先生歿五年 學者創德川龍巖新山三處書院
俎豆之 嗚呼 先生人品甚高 器局峻整 識與不識 見先生莫不加敬 先生 於
人少許可 獨於退溪先生 不以無一日雅爲嫌 往復書牘甚數 必稱先生 后之
論者 或以爲二先生不相 能異哉 銘曰

方丈之山 巖巖而萬丈 先生之氣像兮 百世所仰 德川之水 泓澄而蕭瑟 先
生之道德兮 愈往而潑潑 惟君子所愼 進退出處兮 不以道 曷取夫隱 遯道之
難行兮 寧卷而懷兮 滋蘭九畹 先聖王不徒徵辟而褒美之兮 蓋將風之乎天
下之士 山海之洞 雲物不改兮 負竈蟠螭者 先生神道碑耶 我命刻之 起遐想
於綠竹猗猗

後學 趙絅 謹撰

연보年譜

1501년(1세) 연산군 7년, 음력 6월 26일 진시辰時(오전 7시~9시). 경상
도 삼가현三嘉縣 토동兎洞(현 경상남도 합천군 삼가면 외토리)의 외가
에서 태어났다. 자字는 건중楗仲, 호號는 남명南冥 또는 산해山海·방
장노자方丈老子·방장산인方丈山人, 본관은 창녕昌寧. 아버지는 승문
원承文院 판교判校를 지낸 조언형曹彦亨, 어머니는 인천 이씨仁川李氏
이며 충순위忠順衛 이국李菊의 따님이다.

1507년(7세) 중종 2년. 아버지로부터 글을 배우다. 『시경』, 『서경』 등을
입으로 가르쳐주니 바로 외워 잊지 않았다.

1509년(9세) 중종 4년. 병이 들어 위독했으나 이를 걱정하는 어머니를
보고 "하늘이 사람을 태어나게 한 것이 어찌 우연이겠습니까? 지
금 제가 다행히 장부로 태어났으니 하늘이 저에게 부여한 사명이
반드시 있을 것입니다. 어찌 지금 갑자기 요절할까 걱정할 것이
있겠습니까?"라 하여 주위를 놀라게 했다.

1515년(15세) 중종 10년. 아버지가 단천 군수에 임명되어 임지로 따라
가서 살았다. 이곳에 생활하는 동안 유교경전 뿐만 아니라, 주석서
및 제자백가·천문·지리·의학·수학·병법등을 두루 공부하였다.
관아에 있는 동안 직접 행정체계의 불합리성과 아전들의 농간,
백성들의 곤궁함을 직접 목격하였다.

1518년(18세) 중종 13년. 아버지를 따라 서울 장의동藏義洞으로 돌아왔
다. 이때부터 깨끗한 그릇에 물을 가득 담아 꿇어앉아 두 손으로
받쳐 들고서 기울어지거나 흔들리지 않은 채로 밤을 새우며 자신
의 뜻을 가다듬는 것과 띠에 쇠방울을 차고 다니며 그 소리를
듣고 정신을 깨우쳐 자신을 성찰하는 자기수양 방법을 스스로
마련해 실천하였다. 이웃에 살던 대곡大谷 성운成運과 교유했고,

청송聽松 성수침成守琛과도 교분을 쌓았다.

1519년(19세) 중종 14년. 기묘사화己卯士禍가 일어났다. 산 속 절간에서 공부를 하다가 정암靜庵 조광조趙光祖의 부고를 들었다. 이때 숙부 조언경曺彦卿도 조광조 일파로 몰려 파직되었다.

1520년(20세) 중종 15년. 진사·생원 초시와 문과 초시에 급제하였다. 생원·진사·회시會試에는 응하지 않았다.

1521년(21세) 중종 16년. 부모님의 권유에 따라서 문과 회시에 응시하였으나 합격하지 못하였다.

1522년(22세) 중종 17년. 남평 조씨南平曺氏 충순위忠順衛 조수曺琇의 딸에게 장가들었다.

1525년(25세) 중종 20년. 절간에서 공부하다가 『성리대전性理大全』에서 원나라 학자 노재盧齋 허형許衡의 글을 읽고 과거를 위해 하는 공부가 크게 잘못되었음을 깨달았다. 그 길로 집으로 돌아와 육경과 사서 및 송유宋儒들이 남긴 글들을 공부하였다.[23] 공자孔子·주염계周濂溪·정명도程明道·주자朱子의 초상화를 그려 네 폭 병풍을 만들었다. 이 병풍을 자리 곁에 펴두고서 아침마다 우러러 절을 올려 마치 직접 가르침을 받듯이 극진한 정성을 기울였다.

1526년(26세) 중종 21년. 부친상을 당하였다. 서울에서 영구靈柩를 모시고 고향으로 가서 장례를 치르고 시묘살이를 하였다.

1528년(28세) 중종 23년. 부친의 삼년상을 마쳤다. 이해 가을, 직접 아버지의 묘갈명墓碣銘을 지었고 성우成遇와 함께 지리산을 유람하였다.

1529년(29세) 중종 24년. 의령宜寧 자굴산闍崛山에 있는 절에 머물며 글

---

23) 이상필 교수는 남명 선생이 '위기지학'에 전념하게 된 시기를 31세 무렵으로 보면서 이와는 다른 견해를 가지고 있다. 그 근거로는 『서리원길소증심경후書李原吉所贈心經後』 및 『서규암소증대학책의하書圭菴所贈大學冊依下』 등의 글에서 남명 선생이 직접 표현한 내용을 들고 있는데, 충분히 재고할 가치가 있다고 보인다.

을 읽었다.

1530년(30세) 중종 25년. 어머니를 모시고 김해金海 신어산神魚山 아래로 옮겨 살았다. 별도로 정사精舍를 지어 산해정山海亭이라 이름 붙였다. 대곡 성운·청향당清香堂 이원李源·송계松溪 신계성申季誠·황강黃江 이희안李希顔 등이 내방하여 학문을 강론하였다.24)

1531년(31세) 중종 26년. 동고東皐 이준경李浚慶이 보내온 『심경心經』 뒤에 '이원길이 선물한 『심경』 끝에 씀[書李原吉所贈心經後]'이라고 글을 써 넣었다.

1532년(32세) 중종 27년. 규암奎菴 송인수宋麟壽가 보내온 『대학大學』 뒤에 '규암이 선물한 『대학』 책갑 안에 씀[書圭菴所贈大學冊依下]'라고 글을 써 넣었다. 성우가 보내온 『동국사략東國史略』에 발문跋文을 붙였다.

1533년(33세) 중종 28년. 향시에 응시하여 1등으로 합격하였다.

1534년(34세) 중종 29년. 봄, 회시에 응시하였으나 불합격하였다.

1536년(36세) 중종 31년. 첫째 아들 차산次山이 태어났다. 가을, 향시에 응시하여 3등을 하였다. 이해 서암棲巖 정지린鄭之麟이 와서 배웠다. 남명이 제자를 가르친 것은 이때부터이다.

1538년(38세) 중종 33년. 회재晦齋 이언적李彦迪과 이림李霖의 천거로 헌릉獻陵 참봉參奉에 임명되었으나 사양하고 나가지 않았다.

1543년(43세) 중종 38년. 경상감사慶尙監司로 와 있던 이언적이 편지를 보내 만나자고 했지만 사절했다.

1544년(44세) 중종 39년. 아들 차산이 병으로 사망하였다.

1545년(45세) 인종 1년. 10월, 친구 이림·곽순郭珣·성우 등이 간신들에게 죽임을 당했다는 소식을 들었다.

---

24) 여기에 대해서도 이상필 교수는 견해를 약간 달리하고 있다. 실제로 남명 선생이 서울생활을 완전히 청산하게 되는 시기는 32세로 보아야 하는데, 김해에 정착하지도 않은 시기에 산해정을 지었다는 것은 사리에 맞지 않는다고 보고 있다.

11월, 어머니상을 당하였다.

12월, 어머니 영구를 모시고 삼가로 돌아가 아버지 산소 동쪽 언덕에 장사지내고 시묘살이를 하였다.

1547년(47세) 모부인의 묘갈을 세웠다.

1548년(48세) 명종 3년. 2월, 상복을 벗다. 전생서典牲署 주부主簿에 임명되었으나 나가지 않았다. 김해에서 삼가현 토동으로 돌아와 계부당鷄伏堂과 뇌룡사雷龍舍를 지어 강학하고 제자들이 거처할 장소로 삼았다.

1549년(49세) 명종 4년. 제자들과 감악산紺岳山을 유람하고 포연浦淵을 구경하였다.

1551년(51세) 명종 6년. 종부시宗簿寺 주부에 임명되었으나 나가지 않았다. 이해 덕계德溪 오건吳健이 와서 배웠다.

1552년(52세) 명종 7년. 아들 차석次石이 태어났다.

1553년(53세) 명종 8년. 벼슬에 나올 것을 권유하는 퇴계退溪의 편지에 답장을 보내 벼슬하러 나가지 못하는 뜻을 밝혔다.

1555년(55세) 명종 10년. 단성현감丹城縣監에 임명되었으나 나가지 않고 상소하여 국정 전반에 대해서 비판하였다.

1557년(57세) 명종 12년. 아들 차마次磨가 태어났다. 보은報恩 속리산俗離山으로 대곡 성운을 방문하였다. 이때 보은 현감으로 있던 동주東洲 성제원成悌元을 만나 명년 8월 한가위 때 합천陜川 해인사海印寺에서 만나기로 약속하였다.

1558년(58세) 명종 13년. 진주목사晉州牧使 김홍金泓, 자형 이공량李公亮, 황강 이희안, 구암龜巖 이정李楨 등과 함께 지리산을 유람하였다. 이해 8월 15일에 해인사에서 성제원을 만났다.

1559년(59세) 중종 14년. 조지서造紙署 사지司紙에 임명되었으나 병을 핑계로 나가지 않았다.

5월, 초계草溪로 가서 황강 이희안의 죽음을 조문하고 장례를 감독하였다.

8월, 성주星州로 칠봉七峯 김희삼金希參을 찾아가 며칠 머물며 의리지학義理之學을 강론하였다.

1560년(60세) 명종 15년. 아들 차정次矴이 태어났다.

1561년(61세) 명종 16년. 지리산 아래 덕산德山 사륜동絲綸洞으로 옮겼다. 산천재山天齋를 세워 자신과 제자들의 거처와 강학의 장소로 사용하였다.

1562년(62세) 명종 17년. 밀양密陽으로 가서 친구 송계 신계성의 죽음을 조문하고 묘갈명을 지었다.

1563년(63세) 명종 18년. 남계서원灠溪書院에 가서 일두一蠹 정여창鄭汝昌의 사당에 참배하고 여러 학생들이 강講하는 것을 들었다. 이때 부친상을 당하여 시묘살이 하고 있는 친구인 갈천葛川 임훈林薰을 찾아가 위로하였다. 동강東岡 김우옹金宇顒이 와서 배웠다.

1565년(65세) 명종 20년. 수우당守宇堂 최영경崔永慶이 서울에서 폐백을 들고 찾아와 가르쳐주기를 청하였다. 성암省庵 김효원金孝元이 찾아와 배우기를 청하였다.

1566년(66세) 명종 21년. 봄, 한강寒岡 정구鄭逑가 찾아와 집지執贄하였다. 7월, 임금의 전지傳旨가 있었으니 나가지 않자, 8월에 상서원尙瑞院 판관判官으로 다시 부름을 받았다.

10월 3일, 대궐에 나가 숙배肅拜하고 사정전思政殿에서 명종을 만나 이야기를 나누었으나 무슨 일을 함께 해볼 만한 임금이 못 된다고 판단하여 11월에 지리산으로 돌아왔다.

1567년(67세) 선조 즉위년. 11월, 새로 즉위한 임금이 교서敎書를 내려 특별히 불렀으나 상소만 하고 나가지 않았다.

12월, 또다시 불렀지만 사장辭狀만 올리고 나가지 않았다. 이해 망우당忘憂堂 곽재우郭再祐가 와서 『논어』를 배웠다.

1566년(68세) 선조 1년. 5월, 임금으로부터 전지가 있었으나 상소하여 사양하여다.

7월, 부인 조씨曺氏가 세상을 떠났다.

1569년(69세) 선조 2년. 종친부宗親府 전첨典籤에 임명되었으나 병으로 사양하고 나가지 않았다.

1570년(70세) 선조 3년. 임금이 다시 벼슬에 나오라고 불렀지만 사양하였다. 벼슬을 계속 사양하여 끝내 나가지 않았는데, 이는 남명에게 내린 벼슬이 경륜經綸을 펼칠 수 있는 자리가 아니었기 때문이다.

1571년(71세) 선조 4년. 4월, 임금이 경상감사慶尙監司를 통해 남명에게 음식을 내려보냈다. 남명은 상소하여 사례하였다. 12월 21일, 갑자기 등창으로 병을 얻었다.

1572년(72세) 선조 5년. 1월, 옥계玉溪 노진盧禛·내암 정인홍·동강 김우옹·한강 정구·각재覺齋 하항河沆 등이 찾아와 문병하였다. 이때 자신이 죽은 후 칭호를 처사處士로 하라고 제자들에게 일렀다.

1월에 경상도 감사가 남명에게 병이 있다고 임금에게 아뢰어 특별히 서울에서 파견된 전의典醫가 도착하기도 전에 세상을 떠났다. 숨을 거두는 순간까지도 경의敬義의 중요함을 제자들에게 이야기하였고, 경의에 관계된 옛 사람들의 중요한 말을 외웠다. 부고가 조정에 알려지자 선조 임금은 통정대부通政大夫 사간원司諫院 대사간大司諫을 증직贈職하였으며, 부의賻儀를 내리고 예관禮官을 보내 남명의 영전에 치제致祭하였다.

2월 8일, 산천재에서 숨을 거두다.

4월, 산천재 뒷산 정남향에서 동쪽으로 15도 틀어진 임좌壬坐의 언덕에 장사지냈다. 이때 문인이나 친구들이 보내온 만사挽詞와 제문祭文이 수백 편에 달했다.

남명은 권간權奸들의 횡포로 사림이 여러 차례 죽임을 당하여 도학道學이 거의 사라지려는 시대에 태어나 분발 정진하여 유학을 진흥

시키고, 후학들을 가르쳐 인도한 공이 크다. 노년에 이르기까지 이러한 정신이 조금도 쇠퇴하지 않았으며, 초야에 묻혀 지내면서도 한시도 국가와 민족을 잊지 않고 학문으로 현실을 구제하려는 생각을 갖고 있었다.

1576년 선조 9년. 유림과 제자들이 덕산德山에 덕산서원德山書院을 건립하여 석채례釋菜禮를 행하였다. 유림들이 삼가三嘉에 회산서원晦山書院을 건립하였다.

1588년 선조 11년. 유림들이 김해에 신산서원新山書院을 건립하였다.

1609년 광해군 1년. 국가에서 덕천서원德川書院(덕산서원의 바뀐 이름)·용암서원龍巖書院(회산서원의 바뀐 이름)·신산서원에 사액賜額이였다.

1615년 광해군 7년. 성균관 유생들이 남명의 증직과 증시贈諡를 상소하여, 대광보국숭록대부大匡輔國崇祿大夫 의정부議政府 영의정領議政 겸 영경연홍문관예문관춘추관관상감사領經筵弘文館藝文館春秋館觀象監事 세자사世子師 직직과 문정文貞이라는 시호를 받았다.

남명에게 문정이라는 시호를 내린 것은 '도덕이 있고 견문이 넓기' 때문에 '문文'이라 하고, '도를 곧게 지켜 흔들림이 없었기' 때문에 '정貞'이라고 한 것이다.

1617년 광해군 9년. 생원生員 하인상河仁尙 등 유림이 연명으로 상소하여 남명을 문묘文廟에 종사從祀할 것을 건의했지만, 받아들여지지 않았다. 이후에도 경상도 유림이 7회, 충청도 유림이 8회, 전라도 유림이 4회, 성균관과 사학四學 유생들이 12회, 개성부 유림이 1회, 홍문관弘文館에서 1회, 양사兩司에서 1회 상소했으나 남명의 문묘종사文廟從祀) 끝내 허락받지 못했다.

2부 용암서원편

〈개요〉

합천의 삼가는 선생의 고향이자 외가가 있던 곳인데, 현재 고향인 판현에는 사적이 남아있지 않고 선대의 묘소만 있다. 선생의 집안은 아마도 부친이 돌아가시기 전에 토동으로 이주한 듯하다. 왜냐하면 부친이 세상을 떠나자 가족이 토동으로 내려왔다는 기록이 보이며, 또한 선생이 어머니의 봉양을 위하여 김해에서 18년간 살다가 다시 삼가로 올 때도 토동에 거주하는 아우 환桓의 집으로 돌아온 것으로 기록되어 있기 때문이다.

현재 토동에는 뇌룡정과 생가터 그리고 용암서원이 남아있다. 기록을 보면 선생은 거처하는 장소로 계부당을 마을 안쪽에 지었고, 강학장소로 뇌룡정을 냇가에 지은 것으로 되어있다. 계부당은 지금 정확한 위치를 확인할 수도 없고, 뇌룡정은 복원하여 2014년에 다시 중건하였다. 용암서원은 처음 가수현에 회산서원이란 이름으로 세웠다가 장소가 협소하여 곧 현재의 합천댐으로 수몰된 지역 안에 옮겨 향천서원이라고 하였다가 용암서원으로 사액되었다.

뇌룡정도 임진왜란으로 소실되었으므로 용암서원의 강당을 뇌룡정의 모습으로 지어서 두 건물의 기능을 동시에 하도록 하였다. 그 후 2001년 남명선생탄신500주년을 맞이하여 사적지에 대한 대대적인 정비가 이루어지면서 그 일환으로 2007년 용암서원을 뇌룡정 옆에 중건하였다.

▲ 용암서원龍巖書院

(현판의 글씨는 소헌紹軒 정도준鄭道準이 썼다)

경상남도 합천군 삼가면 남명로 72-7

현재의 용암서원龍巖書院은 2007년에 중건한 것이다. 처음에는 회산서원晦山書院으로 건립되었고, 장소를 옮겨 향천서원香川書院이라 하였다가 용암서원으로 사액 받았다. 서원철폐령으로 훼철되었다가 다시 뇌룡정 옆에 중건하였다.

용암서원龍巖書院 상향축문享祀祝文

　유세차 모년 모월 모삭 모일에 후학 모는 선사先師 남명선생에게 감히 밝게 고합니다.

　엎드려 생각건대, 학문은 경의敬義를 성취했고 도는 중용中庸에 부합했으며, 대동大東에 탁립하여 백세의 종사宗師입니다.

　이에 계춘季春 맞아 삼가 결생潔牲과 자성粢盛과 예제醴齊를 진설하여 밝게 올리니 바라건대 흠향歆饗하십시오.

龍巖書院　享祀祝文

維歲次　某年　某月　某朔　某日　後學　某
　　敢昭告于
先師南冥先生　伏以　學成敬義　道合中庸　卓立大東　百世宗師
　　屬玆季春　謹以潔牲粢盛醴齊　式陳明薦　尚
饗

용암서원龍巖書院 중수봉안문重修奉安文

정인홍

　회산서원晦山書院 무너지고 소실되어 많은 선비 의지할 곳 없더니, 하늘이 내린 한 자리에 터를 잡아 건립하였습니다. 신과 사람 힘을 합쳐 공사 마침 고하니, 영령 모시고 위패 갖추어 길일 택해 행사합니다. 머리꾸미개 잃은 지 칠일 지나[1] 다시 찾을 때가 되었고, 선생 모습 여기에 있으니 마땅히 향사를 드립니다. 공경히 한 잔 술을 올리니 바라건대 흠향하시고, 백세토록 어려움 없게 우리 후학 도와주십시오.

龍巖書院 重修奉安文

鄭仁弘

　晦山頹燬 羣子靡依 天作一區 載卜載築 神人齊力 工告訖功 妥靈位成 涓吉從事 靘喪七日 得自有時 儀形在兹 宜用享祀 虔共一獻 庶其右之 百世無艱 佑我後學

---

1) 『周易』 旣濟卦 六二 爻辭에 '婦喪其靘 勿逐 七日 得'이란 말이 있다.

용암서원龍巖書院 복원봉안문復元奉安文

대한민국 89년 세차 정해년(2007) 3월 신사 삭 초 9일 기축에 후학 합천군수 심의조沈義祚는 선사先師 증 보국숭록대부 영의정 문정공 남명 선생에게 감히 밝게 고합니다.

엎드려 살피건대, 규성奎星이 정채 모아 선생께서 나셨으니, 모습이 준수하고 이목이 총명했습니다. 일찍이 가정에서 성경聖經을 독학하여, 도는 공맹孔孟을 전승하고 학문은 정주程朱를 소술하였습니다. 마음에 경의敬義를 지니고 배운 바를 실행하여, 산해정에서 강도講道하고 산천재에서 육영育英하였습니다. 왕성往聖을 계승하고 내학來學을 계발함에 모두 전형典型 있었으니, 벽에는 신명사도神明舍圖 걸어놓고 허리에는 성성惺惺 방울 찼습니다. 기개는 우주에 충만하여 강직함을 굽히지 않았고, 마음은 빈천貧賤에도 편안하여 기한飢寒을 불평하지 않았습니다.

일신은 암혈에 있었지만 명성이 조정에 알려지자, 성주聖主께서 흠모하여 단성丹城을 다스리라 명했습니다. 항명抗命하여 나가지 아니하고 사직소를 우러러 올리니, 상소한 말이 지나치게 곧아서 온 나라가 놀랐습니다. 거적 깔고 어명을 기다리다가 마침내 용서함을 입었으니, 선비 추향 정직해지고 관리 기강 청명해졌습니다. 명종께서 즉위하자 부름받고 상경上京하여, 편전에서 정사政事를 질문하자 경敬과 성誠으로 답하였습니다. 군신 간에 서로 만남은 예부터 어려운 일이기에, 제갈무후諸葛武侯가 중원中原을 평정하지 못함을 한탄했습니다.

일신은 본래 뜻을 편히 여겨 삼일 밤을 자고서 돌아왔으니, 출처는 도리에 합당하여 도정절陶靖節[도연명陶淵明]과 명성이 나란했습니다. 몸은 비록 세상을 피했지만 마음은 임금 백성 간절하여, 명종께서 승하하자 읍궁대泣弓臺에서 눈물을 흘리셨습니다. 선조께서 왕위를 계승하여 예우함이 또한 청고했지만, 산에는 목가木稼가 맺히고 임종을 예견하는 꿈을 꾸었습니다. 성주聖主께서 소식 듣고 의원 보내 문진問診했으나, 얼마 후 부음이 전해지자, 조회朝會를 폐하고 어육을 금했으며, 다시 중관中官 보내어 제사를 드리고 무덤을 높게 하였습니다.

임진년에 이르러 국운이 기울어지더니, 왜구가 침범하여 전쟁이 7년이나 지속되었습니다. 관군이 와해되고 인민이 희생되었으며, 어가御駕는 파천하여 용만龍灣으로 떠났습니다. 선생의 문하에서 숱한 의병義兵 일어나, 수륙水陸으로 합세하여 목숨 걸고 토벌했습니다. 왜구가 패퇴하고 묵은 운수 쾌청하니, 산하 다시 회복되고 사직 거듭 안정되었습니다. 광해군 집정하여 아형阿衡처럼 존숭했고, 행실 도덕 상고하여 문정文貞 시호 내렸습니다.

사림이 발의하여 사당을 건립하고 향사를 받드니, 용암龍巖이라 사액하여 일성처럼 빛났습니다. 우암尤庵 대로大老 신도비명 묘정廟庭에 우뚝하니, 선생의 도학은 사방 모두 칭송했습니다. 대원군 집정하여 서원이 철폐되고 형극이 무성하니, 행인들 탄식하고 후손들 울먹였습니다.

이에 지난 계미년(2003) 사론士論 다시 일어나, 토곡吐谷의 언덕에 자리 잡아 중건했습니다. 당은 계부당鷄伏堂 가깝고 문은 뇌룡정雷龍亭 가까우니, 선사先師께서 지난 날 소요하던 곳입니다. 용암 자리 수몰되어 오직 이곳 정하였고, 관청에서 조력하여 사당 서원 갖췄으니, 계산溪山 더욱 광채 나고 초목草木 한층 향기롭습니다. 이에 길일吉日 택하여 예식 거행 고하노니, 기일 전날 재계하고 공경히 영령을 봉안합니다. 바라건대 존령께서는 술과 제물 흠향하시고, 이에 음우陰佑 내리시어 우리 도를 다시 밝혀주십시오.

합천陜川 이상학李相學 근찬

龍巖書院 復元奉安文

維 大韓民國 八十九年 歲次 丁亥 三月 辛巳朔 初九日 己丑 後學 陜川郡
守 沈義祚 敢昭告于

先師 贈輔國崇祿大夫 領議政 文貞公 南冥先生 伏以 奎宿聚精 先生乃生
形貌俊秀 耳目聰明 早登家塾 篤學聖經 道承孔孟 學紹朱程 心存敬義 所
學實行 海亭講道 山齋育英 開來繼往 具有典型 壁掛舍圖 腰佩惺鈴 氣充
宇宙 剛直不橫 心安貧賤 冬餒不鳴 身居巖穴 名聞王廷 聖主欽慕 命治丹
城 抗命不就 辭疏仰呈 疏言過直 舉國震驚 席稿待命 竟蒙宥情 士趨賴正
官紀亦清 明廟莅國 承召上京 問政便殿 對以敬誠 君臣際遇 自古難亨 常
恨武候 中原未平 身安所履 三宿返旌 出處合道 靖節齊名 身雖避世 心切
君珉 明廟賓天 泣弓沾纓 穆陵嗣位 恩遇亦清 山結木稼 楹夢乃縈 聖主聞
報 遣醫問症 俄傳凶訃 廢朝撤鯖 復遣中官 致祭封塋 逮至玄黓 邦運否傾
倭寇犯國 戰績七齡 官軍瓦解 人民犧牲 御駕遠播 龍灣之汀 先生門下 多
起義兵 水陸合勢 舍生討征 倭寇敗退 陳運始晴 山河再造 社稷重寧 光海
秉政 尊如阿衡 夷考行德 賜諡文貞 士林發議 建祠奉祊 龍巖賜額 光爭日
星 尤老銘石 特立廟庭 先生道學 西南共稱 大君執政 院廢生前 行路點指
裔孫吞聲 乃於癸未 士論復興 吐谷之畔 擇地重營 堂近鷄伏 門近龍亭 先
師昔日 在此伶仃 龍巖水沒 惟此可憑 官府助力 祠院具形 溪山增彩 草木
添馨 爰擇穀旦 將告禮成 前期齊沐 敬奉妥靈 伏惟尊靈 俯歆牲觥 式垂冥
佑 吾道復明

陜川 李相學 謹撰

용암서원龍巖書院 중건상량문重建上梁文

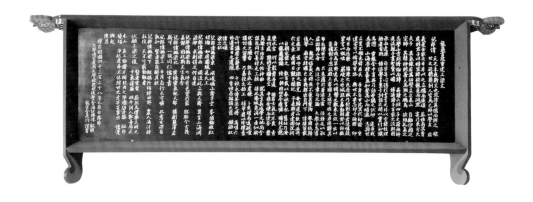

아랑위兒郎偉! 하늘이 사문斯文을 없애고자 아니했기 때문에 진유眞儒를 내리어 이를 흥하게 하였고, 세상에 교훈을 듣고자 하는 사람은 모두 자기의 스승으로 삼아서 이를 배웠다.

경의敬義는 오가吾家의 일월日月이니 이로써 나약한 이를 자립하게 하고 완악한 이를 청렴하게 했으며, 출처出處는 군자의 시의時宜이니 장차 용처럼 나타나기도 하고 못처럼 고요하기도 하였다.

공손히 생각건대 남명 조부자曹夫子는, 참으로 이에 동방의 대종사大宗師이다.

그 기상은 만 길의 절벽처럼 우뚝 선 태산泰山과 같고, 그 정신은 푸른 하늘을 높이 나는 붕조鵬鳥와 같았다.

스스로 이윤伊尹의 뜻과 안자顔子의 학문으로 면려하여 산사에서 동료들과 헤어져 돌아왔고, 공자孔子와 맹자孟子의 도통을 잇고자 하여 손수 성현을 그리어 우러러 보았다.

육경六經과 사서四書를 힘써 읽어 스승 없이도 근원을 만났고, 제자諸子와 백가百家를 널리 통달하여 고루한 자와는 구별이 되었다.

일찍부터 서언書言의 참된 뜻을 심득하여 성리의 공담空談을 경계했고, 속학들이 훈고訓詁에 얽매임을 깨우쳐 지식의 실행實行을 귀하게 여겼다.

뇌룡사雷龍舍 가운데서 영재를 키울 적에는 어미 닭이 알을 품는 것을 본받았고, 산해정山海亭 속에서 기상을 함양할 적에는 높은 산에 올라 바다를 굽어보는 것과 같았다.

도는 나로 말미암아 정립되니 어찌 요순堯舜의 군민君民을 원하지 아니하랴, 뜻은 세상과 더불어 어긋나니 어찌 벼슬길에 연연하여 머뭇거리겠는가!

나의 몸은 스스로 구학丘壑에 은둔함을 달게 여겼지만, 이 세상을 참으로 가슴 속에서 망각하지 않았다.

밝은 달빛에 앉아서 슬프게 노래했고, 푸른 하늘을 쳐다보며 개탄하여 혀를 찼다.

흉간한 민암부民嵒賦는 이에 용군庸君을 자극하여 하여금 두려워하게 했고, 준엄한 단성소丹城疏는 크게 조야朝野를 놀라게 하여 분발하도록 하였다.

몸은 초야의 일민逸民에 불과했으나 빙폐聘幣를 자주 내렸기 때문에 포의布衣로 한 번 나가 고언을 아뢰었고, 이에 사정전思政殿 위에서 독대하여 국왕이 보좌할 만한 임금이 아님을 살피고는 그 헛된 직함을 고사하고 산중으로 돌아왔다.

저술의 다과多寡에 애를 태우지 않았고, 장구章句의 논의에 마음을 기울임이 없었다.

법어法語는 족히 인심을 맑게 했고, 대교大敎는 길이 후학을 계도했다.

임진란에 창의倡義한 장수들은 그 훈도를 입지 않음이 없었고, 조정에서 경국經國한 신하들이 대부분 문하에서 나왔다.

온 나라가 의귀함은 시귀蓍龜와 같았고, 위대한 업적은 사서史書에 기록되었다.

아! 소미성少微星이 광채를 감추고, 갑자기 일관봉日觀峯이 무너졌다.

문득 세상을 떠나 흠앙欽仰할 곳이 없자, 급히 달려온 선비들이 원사院祠를 건립했다.

조정에서 장려하여, 용암龍巖이라 사액했다.

수백 년 동안 춘추로 향사를 드렸는데, 하루아침에 금법 인해 폐허가 되었다.

옛터는 물에 잠겨 저수지로 변했으니, 첨배할 곳 아득하여 어디에서 찾겠는가!

무엇으로 오도吾道를 고무시킬 것인가, 선생을 추모하기조차 난감하였다.

그래도 사기士氣가 쇠퇴하지 않았으니, 김련金煉을 추대하여 소임을 맡겼다.

지관이 길지를 찾았으니 마치 하늘이 도우고 신령이 보살핀 것 같았고, 대중의 논의가 일치하니 어찌 재목이 모자라고 장인이 졸렬함을 근심하랴!

그 생장하고 성학成學한 자리에 나아가니 여전히 장구杖屨의 유향이 어려 있고, 이 봉성鳳城 토동兎洞의 일구를 얻었으니 흡사히도 강론하던 여운이 들리는 듯하였다.

이미 좋은 때를 경건히 가려서, 이에 훌륭한 역사를 시작하였다.

훤하고 높은 곳에 자리 잡아 협소하고 시끄러운 것을 멀리 했으니 강마하는 조용한 장소에 합당하고, 화려하고 거창한 것을 제거하고 질박하고 검소한 것을 귀하게 여겼으니 당일에 남긴 법도를 준수했다.

천추 길이 향사하는 의식을 전할 것이고, 사시 항상 현송하는 소리가 있을 것이다.

여섯 아랑위 송축 노래 높게 불러, 무지개 들보 드는 것을 도운다.

어기여차 들보를 동쪽으로 던지니, 험준한 자굴산闍崛山이 반공에 우뚝하다. 봉두의 둥근 태양 붉은 광채 빛나니, 병풍처럼 에워 싼 하늘 조화 보겠구나.

어기여차 들보를 서쪽으로 던지니, 두류산頭流山 높이 솟아 하늘에 닿았다. 산해의 연원이 아득하다 하지 말라, 구하면 얻으리니 어찌 능히 혼미하랴.

어기여차 들보를 남쪽으로 던지니, 칠평산七坪山 산색이 남색보다 푸르다. 고금에 영걸을 몇이나 배태했나, 이로 인해 사문이 생기를 품었다.

어기여차 들보를 북쪽으로 던지니, 황매산黃梅山 영기가 하늘 짝해 성대하다. 강마와 자익은 이와 같이 해야 하니, 한결같이 인仁 베풂이 유자儒者의 책무일세.

어기여차 들보를 위로 던지니, 일월이 운행하는 우주가 광대하다. 현묘한 이 이치를 그 누가 알겠는가, 현자 능히 스스로 그 형상 이해하리.

어기여차 들보를 아래로 던지니, 종횡으로 논두렁이 들판에 얽혀 있다. 농부들 땀 흘리며 밭을 갈고 김을 매니, 근면한 이는 하늘이 곤궁하게 아니하리.

엎드려 바라건대 상량한 뒤로는, 현자賢者가 운집하고, 사기士氣가 소생하리.

무성하게 예악禮樂과 문명의 본산이 되고, 소명하게 인수人獸와 선악의 입장을 분별하리.

참된 공부를 열심히 궁구하여 해이하지 아니하면 치용致用의 학문이 면면히 이어지고, 깨끗한 향사를 경건히 봉행하여 그치지 아니하면 경세經世의 선비들이 성대히 배출되리.

조국祖國이 흥기하고, 유운儒運이 융창하리.

단군개국 4338년 을유 백로절
문학박사 경상대학교 교수 후학 김해金海 허권수許捲洙 경찬敬讚
용궁龍宮 김성균金晟均 근서謹書

龍巖書院 重建上梁文

兒郎偉 天之未喪斯文也 故降眞儒而興之 世之欲聽彛訓人 皆爲己師以學矣 敬義是吾家之日月 以之立懦而廉頑 出處則君子以時宜 將欲龍見而淵默 恭惟南冥曹夫子 寔乃東方大宗師 其氣像若萬仞壁立之泰山 其精神則蒼天高翔之鵬鳥 自勵伊顔之志學 山寺別儕倫而歸 欲紹孔孟之道流 親手畫聖賢以瞻 勗讀六經四子之籍 無師承而逢源 博通諸子百家之流 與固陋者有別 自早年心得於書言之外 以空談性理爲懲 悟俗學多累于訓詁之間 以實行知識爲貴 雷龍舍中育英 乃效母鷄之伏卵 山海亭裡養氣 如登高山而頻瀛 道由我立 豈不願堯舜君民 志與世違 安可以媠嫕官路 吾身自甘沈冥於邱壑 斯世不果忘却于胸膛 坐皓月而悲歌 仰碧穹而慨咄 譎諫之民喦賦 乃針刺庸君使惕兢 嚴峻之丹城疏 大轟動朝野以抖擻 身不過爲草野逸民 以聘幣之數來之故 一出以布衣陳苦言 爰獨對于思政殿上 審國王非可佐之君固辭其虛銜歸山舍 不焦慮於著述之富 無注心于章句之論 法語足以淑人心 大敎永爲導後學 龍蛇倡義之將 無不蒙其薰陶 廟堂經國之臣 幾都出自門下 舉國依歸若龜筮 偉蹟留載於史乘 嗟呼少微之韜光 遽爾日觀之頹圮 奄歸道山欽仰無所 子來群彦建樹院祠 自朝家獎之 以龍巖賜額 數百載以春秋享祀 倏一朝因禁令廢墟 舊址乃淹變水宮 瞻拜尤邈覓何處 何以鼓舞吾道 難將羹牆先生 猶有士氣之不衰 爭推金煉而使夯 靑烏證吉 殆若天佑神助 衆謀旣同 何憂材之工拙 就其生長成學之地 尚含杖屨之賸香 得此鳳城兎洞一區 似聆講討之留響 旣良辰之虔揀 乃嘉役之始工 卜爽塏而遠湫喧 治叶講磨之靜界 祛華靡而珍樸素 恪遵當日之遺規 千秋永傳芬苾之將 四季恒存絃誦之發 高唱六偉之頌 願助虹梁之扛 兒郎偉抛梁東 峭峻崛山喬半空 峯頭輪曒紅煜熿 如屏圍繞見天工 兒郎偉抛梁西 頭流屹立與天齊 莫言山海淵源渺 求則得之何自迷 兒郎偉抛梁南 七坪秀色碧於藍 胚胎今古幾英傑 因此斯文生氣含 兒郎偉抛梁北 黃梅靈氣配天郁 講劘麗澤若斯可 一視同仁儒士責 兒郎偉抛梁上 日月自行天宇曠 此意玄深有孰知 賢者能自解其狀 兒郎偉抛梁下 縱橫阡陌絆田野 農人滴汗耕耘役 天不可窮

勤勉者 伏願上梁之後 賢者雲聚 士氣復蘇 蔚然爲禮樂文明之本山 昭乎辨
人獸善惡之境場 眞工勤鑽不懈 致用之學纚纚連綿 淨祀虔奉不休 經世之
彦芸芸輩出 祖邦興起 儒運隆昌

檀君開國 四千三百三十八年 乙酉 白露節
文學博士 慶尙大學校敎授 後學 金海 許捲洙 敬讚
龍宮 金晟均 謹書

용암서원龍巖書院 중건기重建記

　옛날 삼기현三岐縣과 가수현嘉樹縣을 합하여 삼가三嘉라 하였는데 삼가는 곧 우리 남명 노선생이 생장한 고을이다. 지금은 삼가가 또 합천군陜川郡에 속해졌으니 군내의 인사들이 노선생이 교화를 남긴 자리에 전형을 본받아 의귀할 장소가 없고 또 향사를 드리는 일이 없는 것으로 항상 한스럽게 여겼다. 예전에 용암서원이 노파리魯坡里 원동院洞에 있었는데 덕천德川 신산新山 두 서원과 동시에 사액하여 선생을 주향하고 선비들이 공부한 것이 또한 200여 년이 되었다. 그러나 대한제국 말기에 훼철을 당하여 그 자리는 잡초만 무성하다가 근래에 또 저수지에 함입되어 형체를 찾아볼 수 없으니 또한 개탄하지 않을 수 있겠는가!

　지난 신사년(2001)은 노선생 탄강 500주년이었다. 사림이 일제히 일어나 서원 복구의 의론을 제창하자 삼가三嘉 초계草溪 강양江陽 합천陜川 등 군내에 있는 여러 향교가 한 목소리로 호응하지 않음이 없었다. 마침내 추진회를 결성하고 가호佳湖 김련金煉이 위원장이 되어 그 일을 주관하였다. 인하여 관청에 청하여 그 자금 협조를 요구하니 관청에서도 또한 흔연히 응하고 거금을 협조하여 비용에 부족함이 없게 했다.

이에 토동兔洞의 뇌룡정雷龍亭 서쪽에 자리를 잡아 수백 평을 마련했으니 자리가 평탄하고 사방이 훤하였다. 자굴산闍崛山이 그 동쪽에 있고 칠평산七坪山이 그 남쪽을 에워쌌으며 황매산黃梅山이 그 북쪽에 솟아 있고 그 서쪽은 지리산智異山이 100리 밖에 있어 웅장하고 **빼어난** 산들이 멀리서 병풍을 이루었으며 양천梁川의 물이 북쪽에서 남쪽으로 흘러 구불구불 돌아가면서 이 자리를 옹호하고 있는 것 같았다.

이에 갑신년(2004) 봄에 역사를 시작하여 터를 닦고 자리를 정리하며 재목을 모우고 장인을 불러서 공사를 크게 일으키더니 수십 개월을 지나 역사를 마쳤다. 그 사우祠宇와 당재堂齋의 규모는 예전에 비해 더욱 굉장하지만 그 편액은 모두 예전 이름을 따랐다. 사우 3칸은 숭도사崇道祠이니 달리 내삼문이 있고 강당 6칸은 거경당居敬堂이니 당의 남쪽에 달리 동서재 각 4칸을 지어 동쪽은 한사재閑邪齋이고 서쪽은 존성재存誠齋이다. 또 그 남쪽에 대문 5칸을 지어 집의문集義門이라 하고 문 밖에는 비석 하나가 있는데 바로 노선생이 단성현감을 사직하는 상소문으로 이제 새로 각하여 세운 것이다. 뇌룡정은 노선생의 당일 별업이 남아있는 곳으로 그 남은 향기가 지금까지 없어지지 않았는데 하천의 범람으로 인하여 장차 숭도사 서쪽에 이건하여 서원과 담장을 연접하게 하고자 하니 또한 훌륭한 일이다.

하루는 김련 씨金煉 氏가 하우河友 유집有楫과 함께 멀리 한양의 서쪽 교외로 나를 찾아와 나에게 서원의 중건 사실을 기록하기를 청하였다. 내 감히 사양하지 못하고 이에 일언으로 고하기를, 서원은 옛날의 학교이다. 태학과 향교 외에 유림이 서원을 사립하여 국가의 교육을 보조한 것이니 고인들이 이를 국상國庠에 비하였다. 그러나 중세 이래로 소위 서원은 그 이름만 있고 그 알맹이는 없어졌으니 현가絃歌의 소리가 끊어진 지 이미 오래 되었다. 또한 지금은 민간의 사립학교가 곳곳에 있으니 어찌 서원을 건립할 필요가 있겠는가! 단지 금일에 서원이 존립하는 의의는 선현을 향사하는 일사에 있다. 매년 춘추로 많은 선비들이 일당에 모여 도포를 입고 큰 띠를 매고서 엄숙히 의식을 행하여 선현의 풍도와 의범을 능히 금일의 세계에 미치도록 하였으니 이것이 어찌 사소한 유익이겠는가! 아! 금일의 세계는 방탕함이 극에 달하여 도의道義가 땅에 떨어지고 이욕利慾이 어지러이 유행한다. 연소한 후배들은 날마다 신기한 것을 쫓아다니면서 예전 법도를 헌 신짝처럼 버리니 향당의 장덕長德들이 자나 깨나 우탄하지만 광란狂瀾을 척수로 막기에는 힘이 부족하다. 오늘 날 서원이 고례를 공경히 지키는 것은 참으로 그만둘 수 없는 점이 있다. 자공子貢이 초하루마다 고하는 희생양을 없애고자 하니 공자孔子께서 말씀하시기를 "너는 그 양을 아끼느냐? 나는 그 예를 아낀다"고 하였다. 부자夫子의 이 말씀은 바로 옛 것을 보존하려는 뜻에서 나왔으니 우리들이 깊이 생각하지 않을 수 있겠는가! 하물며 우리 노선생 경의敬義의 학문은 세교를 부지하고 고금을 지탱함에 있어서이랴! 후생 소자들 중에 이 서원을 지나가는 이는 집의 문을 말미암아 거경당에 들어가 배회하면서 첨앙하면 반드시 장차 엄숙히 옷깃을 가다듬고 한없이 감회가 일어날 것이다. 인하여 선생의 의표를 상상하고 선생의 정신을 체인함이 있다면 이 또한 시세를 바로 잡고 풍속을 계도하는 일단이 될 수 있을 것이니 우리들이 거듭 주의하지 않을 수 있겠는가! 이로써 기록한다.

2005년 을유 중추절
대한민국 학술원회원 성균관대학교 명예교수 민족문화추진회 이사장 문학박사
여주驪州 이우성李佑成 근기謹記
해주海州 정문장鄭文丈 근서謹書

龍巖書院 重建記

古三岐縣與嘉樹縣 合爲三嘉 三嘉則我南冥老先生生長之鄉也 今也三嘉
又屬陜川郡 郡中人士 以老先生遺化之地 而無矜式依歸之所 且無俎豆之
事 常以爲恨 昔嘗有龍巖書院 在魯坡里院洞 與德川新山兩院 同時賜額 主
享先生 而士子之所藏修 且二百有年 乃見撤於舊韓之末 其地鞠爲茂草 近
又陷入于陂澤 無形影之可尋 不亦可慨也哉 往歲辛巳 以老先生誕降五百
周之年也 士林齊起倡書院復舊之議 三嘉草溪江陽陜川等諸鄉校之在郡中
者 無不同聲相應 結成推進會 佳湖金煉 爲委員長 主其事 因請于官 要其
資助 官亦欣然應之 投巨金而相濟 俾無不足於需用 乃相地於兎洞雷龍亭
之西 得數百畝 平曠爽塏 而闍崛山在其東 七坪山繞其南 黃梅山峙其北 其
西則智異山在百里外 雄蟠特秀 遠作屏障 梁川之水 自北而南 逶迤屈曲 如
擁護此地然也 於是 以甲申春始役 開基整地 鳩財募工 大起工役 閱數十朔
而役垂成焉 凡其祠宇堂齋之規模 比舊益宏敞 而其扁額一仍舊名焉 祠宇
三間曰崇道祠 別有內三門 講堂六間曰居敬堂 堂之南 別建東西齋各四間
東閑邪而西存誠也 又其南 作大門五間曰集義門 門之外 有一碑 乃老先生
辭丹城縣監疏之文也 而今新刻而樹者也 雷龍亭 爲老先生當日別業之存留
者 而餘芬剩馥 至于今未泯 因河川之汎溢 將移置于崇道祠之西 與書院連
墻 亦一勝事也 日金煉氏與河友有楫 遠訪佑成于漢陽之西坰 請佑成記書
院之重建事實 佑成不敢辭 第以一言復之 曰書院者 古之學校也 太學鄉校
之外 儒林私立書院 以補國家之教育者也 古人比之國庠 乃自中世以來 所
謂書院者 有其名而無其實 絃歌之絶已久矣 且今民間之私立學校 在在皆
是 亦何用書院爲也 但今日書院存立之意義 在乎尸祝先賢之一事 每歲春
秋濟濟多士 會集一堂 深衣大帶 嚴修儀式 使先賢之風猷儀範 得以延至今
日之世界 茲豈小補云乎哉 嗚呼 今日之世界 波盪極矣 道義墮地 利慾橫流
年少後進 日趨新奇 蔑棄舊規 有同弊屨 鄉黨長德 寤寐憂嘆 而隻手狂瀾
無以爲力 今日書院之恪守古禮 實有不容已者也 子貢欲去告朔之犧羊 孔
子曰 爾愛其羊 我愛其禮 夫子此言 寔出於存古之意 吾輩可不深長思也哉

況我老先生 敬義之學 扶竪世敎 撑拄古今 後生小子之過此書院者 由集義
門 入居敬堂 徘徊瞻仰 必將有肅然而整襟 悠然而興感 因有以想像先生之
儀表 而體認先生之精神者矣 是亦可以爲匡時導俗之一端 吾輩可不三致意
也哉 是爲記

　　　　　　　　　　　　　　二千五年 歲在乙酉 仲秋節
大韓民國 學術院會員 成均館大學校 名譽敎授 民族文化推進會 理事長 文學博士
　　　　　　　　　　　　　　　　驪州 李佑成 謹記
　　　　　　　　　　　　　　　　海州 鄭文丈 謹書

용암서원龍巖書院 묘정비廟庭碑[1]

경상남도 문화재자료 302호
경남 합천군 삼가면 외토리 615-5

이 비석은 선생의 학문과 사상을 기리기 위하여 1812년에 용암서원의 묘정에 세웠던 것이다. 1987년 합천댐 건설로 용암서원이 수몰되자 용주면 죽죽리 산26번지로 이건하였다가 용암서원이 복원됨에 따라 2011년에 현재의 위치로 다시 옮겨왔다. 이 비의 비문은 원래 우암 송시열이 지은 「남명 선생 신도비명」이었는데, 덕산에 이미 미수 허목의 글로 신도비명을 세웠던 관계로 인하여 세월이 지난 후에 서원의 묘정에 세웠던 것이다. 묘정비로 세울 당시에 신도비명의 내용 중에서 남명 선생의 세계世系와 자손록子孫錄 부분을 삭제하고서 당시의 삼가현감인 오철상吳澈常이 그 경위를 비문의 끝에 부기하고서 글씨를 써서 세웠다.

남명 선생이 이미 세상을 떠남에 선비는 더욱 구차해지고 풍속은 더욱 투박해졌으니 식자들이 선생을 사모함이 더욱 간절하다. 그러나 사람들이 의義를 귀히 여기고 이利를 천하게 여기며 조용히 물러남을 가상히 여기고 탐욕을 부끄러이 여길 줄을 알게 되었으니 선생의 공이 참으로 위대하다. 선생은 천분天分이 특출했으니 아홉 살 나던 해에 심한 병이 들자 모부인에게 고하여 말하기를 "소자가 다행히 남자로 태어나 하늘이 반드시 부여한 바가 있을 것이니 오늘 어찌 일찍 죽을까 염려하십니까?" 하였다. 성동成童 때에 기묘사화의 참혹함을 직접 눈으로 보고 마침내 과거에 나가지 아니하다가 친명親命으로 한 번 응시하였다. 글을 지음에 좌구명左丘明 유종원柳宗元의 글을 좋아했는데 어느 날 염계濂溪 선생의 글 중에 "이윤伊尹의 뜻을 뜻으로 삼고 안연顔淵의 학문을 학문으로 삼는다."는 말을 읽고 개연히 분발하여 산재山齋에서 제생에게 하직하고 돌아왔다. 이에 날마다 육경六經 사자四子와 송宋나라 제현의 글을 읽으면서 자세히 연구하고 힘써 터득하여 밤낮을 이어 쉬지 않았으며 손수 공자孔子와 주자周子 정자程子 주자朱子의 모습을 그려 경모景慕의 뜻을 부쳤다. 송규암宋圭菴 선생과 이준경李浚慶 영상이 대학大學 심경心經 등의 책을 증정하자 선생이 문득 편지하여 말하기를 "이 책을 얻고부터 두렵기가 산을 짊어진 것 같다."고 하면서 더욱 박실朴實한 공부에 전념하였다. 당시 문정왕후文定王后가 자리하여 대윤大尹 소윤小尹이 서로 헐뜯자 선생은 더욱 당세에 뜻이 없어 영영 과거를 포기하고 지리산智異山에 들어가 집을 짓고 거처하면서 산천재山天齋라 편액하고는 한결같이 매진하여 조예가 더욱 고명高明하였다. 일찍이 회재晦齋 이언적李彦迪 선생의 천거로 재랑齋郞을 제수했으나 나가지 않았고 뒤에 회재晦齋가 본도本道 관찰사로 왔을 때 보기를 청했지만 또한 사양하였다.

---

2) 「을묘사직소」는 남명에게 단성현감을 제수하자 이를 사직하면서 올린 상소이므로 일명 단성소라고도 한다. 이 상소로 인하여 남명의 명성은 조야를 진동하게 된다. 남명의 일생에서 가장 중요한 계기가 된 이 상소문은 뇌룡정 시절에 올린 것이므로 여기에 수록한다.

명종 3년 특명으로 벼슬을 높여 두 번이나 주부를 제수하고 퇴계退溪 이선생李先生이 조정에 있으면서 글을 보내 출사出仕를 권했으나 끝내 나가지 않았으며 또 단성丹城 현감을 제수했지만 소를 올려 사양하였다. 21년에 판관으로 승격하여 소명召命을 두 번이나 내리고 인하여 약과 음식을 하사하니 선생이 드디어 부름에 응하였다. 주상이 인견하고 치도治道를 물으니 선생이 대답하여 말하기를 "치도治道는 책 속에 있으니 신의 말을 기다릴 것이 없습니다. 신은 생각건대 군신 사이에 반드시 정의情義가 서로 통한 연후라야 가히 할 일이 있을 것입니다." 하고 인하여 생민生民의 곤궁 초췌한 상황을 극진히 진술하였다. 주상이 학문하는 방법을 묻자 대답하기를 "반드시 마음으로 체득해야 할 것이니 한갓되이 사람들의 말만 들어서는 불가합니다." 하였으며 또 주상이 제갈공명諸葛孔明의 일을 묻자 대답하기를 "공명孔明이 소열황제昭烈皇帝와 더불어 십 년을 같이 일하였으나 능히 한실漢室을 회복하지 못했으니 신은 까닭을 알지 못하겠습니다." 하고 다음 날 돌아왔다. 선조 초년에 부름이 두 번 있었으나 또 사양하고 인하여 시폐십사時弊十事를 올렸다. 2년에 또 부름을 받고 소를 올려 말하기를 "인주의 치도治道는 선을 밝히고 몸을 정성스럽게 하는데 있으니 반드시 경敬으로써 주를 삼으십시오." 하고 또 서리의 실정과 폐단을 극진히 아뢰었으며 전첨을 제수했으나 나가지 않았다. 이 때 큰 흉년이 들어 주상이 곡식을 내려 구휼하자 선생이 글을 올려 사례하고 또 말하기를 "여러 번 어리석은 저의 말을 올렸지만 쓰인 바가 없습니다." 하였으니 언사가 매우 간절하고 곧았다.

　　병이 위독해지자 주상이 들으시고 어의御醫를 보내 살피게 하였으나 선생이 이미 세상을 떠났으니 실로 융경隆慶 임신년(1572) 2월 8일이었다. 전년에 뒷산에서 목가木稼의 재앙이 있었고 중국의 성관星官이 우리나라 행인에게 말하기를 "너희 나라 높은 선비가 근간에 불리할 것이다."라고 하였는데 이에 과연 징험되었으니 아! 철인哲人의 나고 죽음이 어찌 우연이겠는가! 4월 6일 산천재山天齋 뒷산에 안장하였다.

선생은 기개가 고상하여 엄격하고 정대했으니 장중한 마음을 항상 심중에 지니고 태만한 기색을 외모에 나타내지 않았다. 깊은 방안에 거처할 때도 어깨와 등이 꼿꼿했으며 새벽 일찍 일어나 조용히 앉아서 묵묵히 보고 정밀히 사색했으니 고요하기가 마치 사람이 없는 듯하였다. 그 학문은 오로지 경의敬義로서 주를 삼았고 좌우의 물건에 새기어 스스로 경계한 바도 이것이 아님이 없었기 때문에 선생은 신채가 고결하고 용모가 준엄하였다. 그 극기克己에는 한 칼로 양단하듯 하였고 그 처사處事에는 물이 만길 높이에서 떨어지듯 하여 절대로 어긋나거나 구차한 뜻이 없었으며 평소 집안사람들도 감히 시끄러운 말과 지나친 웃음을 짓지 아니하여 안팎이 엄숙하였다. 효우孝友에 가장 돈독했으니 부모를 모심에 선善으로 봉양 하였고 오로지 그 마음과 뜻을 즐겁게 하였다. 상喪을 치를 때는 읍혈하며 애모하였고 전후상前後喪에 모두 시묘 살면서 하인에게 경계하여 집안 일로 와서 고하지 못하게 하였다. 조문하는 이가 있으면 다만 엎드려 곡하면서 답배答拜할 뿐 일찍이 더불어 앉아 말하지 않았다. 아우 환桓과 우애가 더욱 돈독하여 항상 말하기를 "지체支體는 나눌 수 없다." 하고 한 담장 안에 살면서 출입문을 달리하지 않았다. 비록 산림에 물러나 있었지만 시대를 상심하고 나라를 걱정함은 지성至誠에서 나왔으니 매양 밤중에 홀로 앉아 슬피 노래하고 눈물을 흘렸으나 사람들이 이를 알지 못하였다.

벗을 사귐에 반드시 그 사람됨을 살폈으니 뜻에 맞지 않는 이는 비록 고관이나 요로의 사람이라도 장차 자기를 더럽힐 것같이 여겼다. 성청송成聽松 성대곡成大谷 성동주成東洲 이황강李黃江 김삼족당金三足堂 등 여러 군자와 더불어 서로 친하기를 지란芝蘭 같이 하였으며 퇴계 선생과 더불어 왕복 변론하였다. 일찍이 퇴계 선생에게 보낸 편지에 "평소 경앙함이 태산북두와 같다." 하였고 퇴계도 선생을 논하여 말하기를 "군자의 출처 대의에 합당하다."고 하였다. 선생은 사람을 가르칠 때 각각 그 재능에 맞게 하였고 질문하는 바가 있으면 반드시 이를 분석하여 남김

없이 설명하였으니 듣는 이가 밝게 깨우쳤다. 일찍이 말하기를 "오늘날의 폐단은 고원高遠한 것을 즐겨 좇으면서 자기에게 절실한 병통을 살피지 않는 데 있다. 성현의 학문은 처음부터 일용에서 벗어나지 아니하니 만일 이것을 버리고 갑자기 성리性理의 깊은 뜻을 알고자 한다면 이것은 진성盡性과 지명知命이 효제孝悌에 근본하지 않는 것이다." 하였고, 또 말하기를 "성인의 미묘한 말과 깊은 뜻은 선유先儒들이 연이어 밝혔으니 배우는 이들은 알기 어려움을 근심하지 말고 위기爲己의 실속 없음을 염려하라."고 하였다. 글을 읽다가 긴요한 곳에 이르면 반드시 세 번 반복한 후 그만 두었으며 인하여 두 책을 이루어 학기學記라 하였고 그 문집 약간 권이 세상에 전한다. 주상이 제문과 곡식을 내리고 대사간에 추증했으며 뒤에 다시 영의정으로 추증하고 문정文貞이라 시호했다. 진주晉州 삼가三嘉 김해金海 고을의 선비들이 모두 사당을 지어 향사를 드린다.

나는 후세에 태어나 문하에서 청소하며 모시지는 못했지만 그러나 일시 제현의 의논을 상상해 헤아려 보건대 그 벽립천인壁立千仞과 일월쟁광日月爭光의 기상은 지금까지 오히려 사람들로 하여금 늠름히 경외敬畏하게 하니 그 풍성風聲을 일으켜 무너진 습속을 진작시킨 것이 마땅하다. 임종에 이르러서도 오히려 경의敬義로서 열심히 학자들에게 이야기하였으니 이른 바 기력이 다할 때까지 조금도 해이함을 용납하지 않음이 아니겠는가! 맹자孟子가 말하기를 "성인은 백세의 스승이니 백이伯夷와 유하혜柳下惠가 그런 분이다." 하였는데 주자朱子가 이 말을 인용하여 동계東溪 고등高登3)을 칭송하였다. 행여 주자朱子로 하여금 다시 일어나게 한다면 선생의 각하脚下에 이 말을 쓰지 않겠는가! 그렇지 않겠는가!

---

3) 고등高登(?~1148)은 송宋나라 장포인漳浦人으로 자字는 언선彦先, 호는號 동계東溪이다. 휘종徽宗 때에 태학생太學生으로 금병金兵이 남하하자 채경蔡京 등 6적賊을 참할 것을 상소했고 고종高宗 소흥紹興 2년 진사시進士試에 급제하여 시정時政을 극언했으며 도당심찰都堂審察로 부임하여 시의時議 6편을 상소했다. 강직剛直함을 굽히지 않았고 권귀權貴에게 아첨하지 않았으며 결국 진회秦檜에게 미움을 받아 용주容州로 유배되었다.

반드시 능히 알 사람이 있을 것이다. 명銘하여 이르기를,

　고상한 천품이라 흉중에 티끌 없어 깨끗하고 활달했다. 옛 것 믿고 의리 좋아 명절名節에 힘썼으니 횡류橫流 중의 지주砥柱였다. 산 속에 집을 짓고 당우唐虞를 읊으면서 배회하며 자락自樂했다. 오직 이 경敬과 의義는 성사聖師의 교훈이라 크게 벽에 걸었다. 깨어 있고 씻어 없애 상제上帝를 대한 듯 밤낮으로 힘썼다. 성상께서 기다리니 찬연히 나갔다가 홀연 이내 돌아왔다. 수양하는 용맹은 용을 잡고 범을 묶듯 늙을수록 돈독했다. 명성 더욱 높아지고 사림 더욱 흠모하니 북두성이 북에 있듯! 목가木稼 재앙 알리고 소미小微 광채 잃었으니 철인哲人 횡액 당하였다. 높은 산 무너지니 나라에 전형典刑 없어 선비 뉘를 본받으랴! 오직 그 풍성風聲은 완부頑夫 유부懦夫 바로 세워 우리 국맥國脈 길이 했다. 두류산 하늘 솟고 그 냇물 땅을 갈라 깊고도 우뚝하다. 천억 년 흘러도 선생의 이름은 이와 함께 무궁하리.

　이것은 원래 신도비명이다. 그러나 묘도에는 이미 다른 사람의 글을 사용하였다. 여러 선비들이 묘정에 비석 세우기를 논의할 때에 이미 우암 송 선생의 글이 있으므로 그 세계와 자손의 기록을 제외하고서 묘정에 쓴다면 불가할 바가 없다고 하였다. 대개 송구봉과 김창주의 묘비문의 일이 그러한 사례이다. 송 선생의 6대손인 집의 치규 또한 이를 듣고서 허락하여 일을 이루었다. 아! 선생의 도덕광휘를 이 대현의 문자에서 더욱 징험하여 믿을 수 있다.

대광보국숭록대부 영중추부사 치사 봉조하 송시열 찬
통훈대부 행삼가현감 오철상 기록하고 글씨를 썼다
숭정 후 세 번째 임신(1812) 2월 8일 세우다.

龍巖書院 廟庭碑

南冥先生旣沒 土益苟俗益渝 有識者思先生益甚 然人人尙知貴義賤利
恬退之可尙 貪冒之可羞 則先生之功實大矣 先生天分絶異 生九歲 嘗疾甚
先生告母夫人 曰我幸爲男子 天必有所與 今日豈憂夭死乎 甫成童 目見己
卯士禍之慘 遂不赴擧 以親命嘗一就 爲文慕左柳 一日讀濂溪 志伊學顔之
語 慨然發憤 自山齋揖諸生歸 日讀六經四子 及宋時諸賢書 精究力索 夜以
繼日 手摹先聖及周程朱三子像 以寓景慕之意 宋圭菴先生 李相浚慶 贈以
大學心經等書 先生輒書 曰自得此書 悚然如負丘山 益從事於朴實之地 時
文定正位 大小尹相構 先生益無當世意 永抛博士業 入智異山 築室以居 扁
曰山天齋 一意進修 所造益以高明 嘗以晦齋先生薦授齋郎不就 後晦齋按
道求見 亦辭謝 明廟三年 特命超叙 兩拜主簿 退溪李先生在朝 以書勸起
終不肯 又除丹城縣監 上疏辭 二十一年陞判官 召旨再下 仍賜藥餌食物 先
生遂赴召 上引見問以治道 先生 對曰道在方冊 不須臣言 臣以爲必須君臣
之間 情義交孚 然後乃可有爲也 因極陳生民困悴之狀 上問爲學之方 對曰
必須心得 不可徒聽人言也 上又問孔明事 對曰孔明與昭烈同事十年 不能
興漢 臣所不得知 翌日謝歸 宣廟初 再有徵命 又辭因陳時弊十事 二年又承
召 上章言爲治之道 在人主明善誠身 必以敬爲主 又極陳胥吏情弊狀 除典
籤不拜 歲大饑 上賜粟以周 先生上書陳謝 且曰累陳愚言 無所施用 辭甚切
直 其疾亟 上俄聞 遣醫視之 則先生已沒 實隆慶壬申二月八日也 前歲後山
木稼 帝京星官 語本朝行人 曰汝國高人 近將不利 至是果驗 噫 哲人生沒
豈偶然哉 四月六日 葬于山天齋後 先生氣宇高嶷 嚴毅正大 莊敬之心 恒存
于中 怠慢之氣 不設于形 潛居幽室 肩背竦直 晨興靜坐 默觀精思 闃若無
人 其學專以敬義爲要 左右什物 所銘而自警者 無非此事 故先生神彩峻潔
容貌俊偉 其克己如一刀兩段 其處事如水臨萬仞 絶無依違苟且之意 平居
家人不敢闌語娛笑 內外斬斬 最篤於孝友 在庭闈間 油油翼翼 以善爲養 專
以悅其心志 其持制血泣哀慕 前後皆廬墓 戒僮僕毋以家事來謟 人有來吊
者 只伏哭答拜而已 未嘗與之坐語 與弟桓友愛彌篤 常曰支體不可分也 同
居一墻之內 出入無異門 雖退處山林 傷時憂國 出於至誠 每中夜 獨坐悲歌

泣下 人殊未之知也 取友必審其人 有不可於意者 雖達官要人 若將浼焉 最
與成聽松大谷東洲李黃江金三足堂諸君子 相好若芝蘭 與退溪先生 往復辨
論 嘗與退溪書 曰平生景仰 有同山斗 退溪論先生 曰合於君子出處之義也
先生教人 各因其材 有所質問 必爲之剖析傾倒 聽者洞然開釋 嘗曰今日之
弊 喜趨高遠 不察切己之病 聖賢之學 初不出日用之間 如或捨此而遽欲窺
性理之奧 是盡性知命 不本於孝悌也 又曰聖人微辭奧旨 先儒相繼闡明 學
者不患難知 患無爲己之實也 讀書至緊要處 必三復乃已 仍成二冊 曰學記
其文集若干卷 行于世 上賜祭賻粟 贈大司諫 後加贈領議政 諡文貞 晉州三
嘉金海諸邑章甫 皆設祠以享焉 余生後世 未及灑掃於門下 然一時諸賢之
論 想像而揣模 其壁立千仞 日月爭光之氣像 至今猶使人凜然畏敬 其扶樹
風聲 以振委靡之習俗也 宜哉 至於啓手足 而猶以敬義 諄諄語學者 所謂一
息尚存 不容少懈者耶 孟子 曰聖人百世師也 伯夷柳下惠是也 朱夫子取此
語 以稱東溪高公 倘使夫子復起 則先生脚下 其不用此語乎 抑否乎 必有能
識之者矣 銘曰

天賦之高 襟懷無累 灑灑落落 信古好義 名節自勵 橫流碣石 築室山間 嘯
吟唐虞 徜徉自樂 惟敬與義 聖師所訓 大揭墙壁 喚醒滌濯 對越上帝 日乾
夕惕 聖朝側席 賁然來斯 欻反初服 進修之勇 捕龍縛虎 老而彌篤 聲名愈
高 士林愈傾 如斗在北 木稼徵災 小微藏輝 哲人之厄 高山旣頹 邦無典刑
士靡矜式 惟厥風聲 廉頑立懦 壽我國脈 頭流倚天 其川柝地 嵩淪磅礴 有
來千億 先生之名 與之無極

此固神道碑銘也 而墓道則已用他人之文矣 多士方謀豎碑於廟庭矣 以爲
旣有尤庵宋先生文 則刪其世系與子孫錄 用之其廟 無所不可 盖證宋龜峯
暨金滄洲墓文事也 宋先生六代孫 執義稱圭 亦聞之 而樂成之 鳴呼 先生之
道德光輝 於斯大賢人文字 尤可徵信焉

大匡輔國崇祿大夫 領中樞府事 致仕 奉朝賀 宋時烈 撰
通訓大夫 行三嘉縣監 吳澈常 識幷書
崇禎后三周壬申二月八日豎

3부 뇌룡정편

<개요>

　뇌룡정은 선생이 김해로부터 다시 삼가 토동으로 돌아온 후에 지은 강학장소이다. 1548년 무렵에 지은 것이다. 임진왜란으로 소실되었다. 이후 향천서원을 중건할 때 그 강당을 뇌룡정으로 한 듯하다. 서원철폐령으로 용암서원이 훼철된 후 뇌룡정만 다시 토동의 원래 자리에 복원하여 선생의 채례를 지냈다. 복원한 뇌룡정이 자주 수해를 입어 2014년에 원래의 위치에서 안쪽으로 조금 옮겨 다시 중건하였다.

　부록으로 수록한 선생의 생가는 곧 선생의 외가이다. 인천 이씨 충순위 국菊의 집이었는데, 오랜 동안 집은 헐어지고 빈터만 남아 있다가 2014년에 본채를 중건하였다.

　「을묘사직소」는 선생이 뇌룡정 시절에 올린 첫 상소문으로 당시의 조야를 진동한 일대 사건으로 기록될만한 글이다. 이 상소문으로 인하여 선생의 명성이 전국적으로 떨치게 되었으므로 여기에 수록한다. 이 상소문을 통하여 최고지도자의 소통과 신하의 직언이 정치에서 얼마나 중요한지를 알 수 있다.

▲ 뇌룡정
(현판의 글씨는 약헌約軒 하용제河龍濟가 썼다)

경상남도 문화재자료 제129호
경남 합천군 삼가면 남명로 72-7

뇌룡정은 선생이 48세부터 12년간 강학하던 장소로서 이곳에서 그 유명한 을묘사직소(단성소丹城疏)를 올리기도 했다. 원래 이 뇌룡정 벽에는 뇌룡雷龍의 모습과 신명사도神明舍圖를 그려 두었다고 전해진다. 현재 뇌룡정에는 『장자莊子』에서 따온 그 이름의 뜻인 '시거이용현尸居而龍見 연묵이뇌성淵默而雷聲'(시동처럼 가만히 있다가 용처럼 나타나고 연못처럼 고요하다가 우레처럼 소리친다.)이라는 글귀가 걸려 있다.

뇌룡정은 임진왜란으로 소실된 후, 합천댐 건설로 수몰된 곳에 세웠던 용암서원의 일부로 복원되었다가 서원철폐령으로 훼철되었다. 다시 십여 년 후인 1883년경에 원래의 자리인 토동의 냇가에 중건하였는데, 그 자리가 수해를 자주 입으므로 인하여 현재의 뇌룡정은 장소를 조금 안쪽으로 들여서 2014년에 다시 중건하였다.

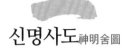

신명사도神明舍圖

뇌룡정의 방 벽에는 선생이 직접 그린 신명사도神明舍圖가 크게 걸려 있었다고 전한다. 신명사도는 남명사상의 핵심인 경의敬義사상을 잘 나타내고 있는 그림으로 존양 성찰 극기의 내용을 담고 있다. 이 사진은 2016년에 진주박물관에서 원형을 살려낸 것이다.

뇌룡정雷龍亭 석채상향문釋菜常享文

이윤 안자 지학志學이요, 정자 주자 도통道統이니,
백세의 뒤에도 채례菜禮를 봉행할 것입니다.

雷龍亭 釋菜常享文

伊顔志學 洛婺統緒 百世在後 菜禮式擧

뇌룡정雷龍亭 석채고유문釋菜告由文

박치복

　　예에 있어 석채舍菜가 중함은 선사先師를 존숭하여 보답함이니, 예기禮記에 경문經文이 적혀 있고 창주정사滄洲精舍에 의례儀禮가 남아있습니다. 공손히 생각건대 선생께서는 우리 남쪽 고을 진작하여, 완부頑夫 유부儒不 풍범을 들었고 경의敬義로 자물쇠를 열었습니다. 우뚝한 이 뇌룡정雷龍亭 숱한 준사俊士 추창趨蹌했으나, 위패 봉안 간소하여 앙모함이 미흡하였습니다. 이에 예전 전례 상고하여 성대한 의식 거행하니, 창포菖蒲 김치 정갈하고 서직黍稷이 향기롭습니다. 제물 향기 피어오르니 바라건대 감우監佑하시고, 행사 이에 시작하면서 감히 흠향하시기를 고합니다.

雷龍亭 釋菜告由文

朴致馥

　　禮重舍菜 崇報先師 戴禮垂經 滄舍著儀 恭惟先生 振我南服 頑懦聞風 敬義啓鑰 歸然斯亭 衆髦璋趨 牌儀已簡 顒敬未孚 玆稽舊典 載秩縟文 昌本之藏 普淖之薰 其香始升 庶冀監佑 卽事攸始 敢告以侑

뇌룡정雷龍亭 석채고유문釋菜告由文

정재규

　도道는 하늘에서 나왔지만 흥폐興廢는 사람에게 달렸으니, 선각자가 있지 않았다면 누가 밝히고 누가 전하겠습니까! 한훤당寒暄堂과 일두一蠹께서 비로소 창도倡道했지만 사초史草가 재앙을 초래했고, 정암靜菴께서 뒤이어 나타났으나 벌레 먹은 글자의 접화가 혹독했습니다. 이에 선비들은 학문을 기피했고 세상은 혼몽함이 가득하여, 미친 물결이 범람하니 누가 이를 막아 물길을 돌리겠습니까!

　당시 오직 선생께서 우뚝하게 남방에 출현했으니, 호걸豪傑의 자품에다 명성明誠한 학문이었습니다. 고도古道를 확신했고 명절名節을 단련했으니, 오직 경敬과 의義는 성문聖門의 진결이었습니다. 안을 곧게 하고 밖을 바르게 하며 고요할 때는 존양存養하고 움직일 때는 성찰省察했습니다. 신명사神明舍에는 명銘을 남기고 박약博約은 그림으로 그렸으며, 조석으로 공자孔子 주자朱子 대하였고 요순堯舜을 노래하였습니다. 용龍이 잠복하고 봉鳳이 비상하듯 금종金鐘이 낭랑하고 옥경玉磬이 잔잔하듯, 명성이 세상에 가득하여 두성斗星이 북쪽에 있는 것과 같았습니다. 무너진 풍속을 일으키고 끊어진 실마리를 이었으니, 높은 산과 넓은 길처럼 원근의 모든 이가 우러러보았습니다.

　하물며 이곳은 고향이라 갱장羹墻의 추모가 간절하니, 비록 제례 의식 폐했어도 어찌 잊을 수가 있겠습니까! 저 뇌룡정雷龍亭 쳐다보니 빈터에 사슴만 놀고 있었는데,[1] 마땅히 정공향鄭公鄉[2]을 세우고 이에 안락정顔

---

[1] 원문의 '정탄록장町疃鹿場'은 『시경詩經』 「빈풍豳風」 '동산東山'편에 있는 말이다.

[2] 원문의 '정향鄭鄉'은 '정공향鄭公鄉'의 준말인데 후한 공융孔融이 정현鄭玄을 극히 공경하여 그의 고향인 고밀현高密縣에 특별히 한 고을을 세워 정공향鄭公鄉이라 하였다. 이후 다른 사람의 향리를 칭송하는 말로 사용된다.

樂亭³⁾을 지었습니다. 춘추로 경건히 향사함을 처음에는 남전藍田 향약 따랐기에, 덕은 높고 예는 간소하여 선비들 마음이 여태까지 미흡하였습니다. 하물며 지금 시절 보건대 현창함이 더욱 마땅하니, 이에 창주 정사滄洲精舍 의례를 본받아 석채례釋菜禮를 거행합니다. 일변—籩과 일두 —豆를 영세토록 준수하리니, 영령께선 뜰 녘에 척강陟降하시면서⁴⁾ 우리에게 광명을 베푸십시오.

雷龍亭 釋菜告由文

鄭載圭

道出於天 興廢由人 不有先覺 孰明孰傳 暄囂肇倡 史草釀毒 靜爺繼作 蟲篆禍酷 士諱學問 世入昏濛 狂瀾旣倒 誰障而東 時惟先生 蹶起南服 豪傑之姿 明誠之學 尊信古道 砥礪名節 惟敬與義 聖門眞訣 內直外方 靜存動察 神明有銘 博約有圖 昕夕孔朱 嘯咏唐虞 龍潛鳳翔 金鏗玉粟 聲名洋溢 如斗在北 頹俗復振 墜緖可續 高山景行 遠邇同情 矧玆梓鄉 于墻于羹 俎豆禮廢 俾也可忘 睠言龍亭 町疃鹿場 宜立鄭鄉 爰有孔作 春秋虔香 始依藍約 德崇禮簡 士心尚缺 況今時義 尤宜表章 迺倣滄儀 釋菜是將 一籩一豆 永世作程 陟降庭止 惠我光明.

---

3) 원문의 '공작孔作'은 송宋나라 정호程顥가 지은 「안락정명顔樂亭銘」에 나오는 말이다. 공자의 후손 공주한孔周翰이 안자顔子의 누항陋巷에 안락정顔樂亭이란 정자를 지었는데 여기에 정명도程明道가 명銘을 지어 칭송하면서 '千載之上 顔惟孔學 百世之下 顔居孔作'이라 하였다.
4) 원문의 '척강정지陟降庭止'는 『시경詩經』「주송周頌」'민여소자閔予小子'편에 있는 말이다.

뇌룡정雷龍亭 중건상량문重建上樑文

완인頑人이 겸손해지고 유부懦夫가 자립하니 유림은 백세의 스승으로 받들었고, 연못처럼 잠잠하고 시동처럼 앉았으니 정자는 사방의 경치 중에 빼어났다.

섬돌과 초석은 옛것을 따랐고, 처마와 집채는 새롭게 꾸몄다.

공손히 생각건대 남명선생은 참으로 동방의 간기間氣이다.

산사山寺에서 제생에게 읍할 적에 좌류左柳의 문장에 미련을 끊었고, 병풍 속의 선사先師에게 절하며 정주程朱의 학문에 전념했다.

경의敬義는 오가吾家의 일월이니 혼우를 벗어나 깨어있고, 출처出處는 군자의 중용中庸이니 때를 따라 적절히 행했다.

기상은 태산처럼 우뚝 솟았고, 식견은 봉황 같이 높이 날았다.

대개 저 세상 떨칠 호걸스런 자태에다, 반성하여 체득한 실질을 더하였다.

의리義利와 공사公私의 분변에는 장식張栻이 맹자孟子의 문하에 공을 이루었고, 천덕天德과 왕도王道의 요체는 이천伊川이 증자曾子의 전법을 홀로 얻었다.

포의布衣로 대궐 올라 부름의 근면함에 오직 한 번 감사했고, 속수束脩

로 문에 들어 제각기 자기 구함 채웠다.

참으로 세상에 펼칠 사업은 공명孔明보다 높았으나, 마침내 집안에서 늦게 했으니 원헌原憲보다 청빈했다.

만년에 두류산 기슭에 자리 잡아, 마침내 가수嘉樹의 거처를 옮겼다.

밝은 달빛 아래에서 슬픈 노래 부르니 군민君民 위한 포부도 소용없고, 맑은 바람 쐬며 긴 휘파람 토하니 구학丘壑 깃든 정취가 유유했다.

단지 오두막에 서까래 몇 개 남아, 여전히 장구杖屨의 남은 향기 띠고 있다.

병화兵火 이미 꺼졌으니 중수할 이 누구인가, 향사享祀 홀연 끊겼으니 배알할 곳 없구나.

부춘산 적막하니 낚시터만 남아있고, 은둔지 황량하니 독서실 찾아본다.

사문은 마침내 의지할 곳 있으니, 우리 원님 다행히도 때 맞춰 찾아왔다.

선현先賢을 추모하는 명헌明軒에는 퇴도退陶의 싯귀가 걸려있고, 유화儒化를 고무하는 윤당倫堂에는 동안同安의 법규가 마련됐다.

이에 공무公務 보는 여가로, 덕성德星 비친 자리를 찾아본다.

영파대映波臺 세 글자는 공곡空谷에서 광채 나는데, 계부당鷄伏堂 한 구역에 고택古宅은 어디 있는가!

옛날에 이미 행한 이 있으니 정현鄭玄 고을 당시에 드러났고, 유지를 차마 폐할 수 없으니 안락顔樂 정자 금일에 일으키리.

기일 정해 착수하니, 논의 모두 한결같다.

이루고야 말겠다는 의지로 선비들은 권면하는 소임 맡아 달려가고, 스스로 참여한 일인지라 장인들은 재목을 깎는 솜씨 예리하다.

규모가 정연하니 황연히 신명사神明舍에 들어온 듯하고, 정채가 발하니 아득히 소미성小微星이 잡힐 듯하다.

녹동鹿洞의 풍류 장차 일어나고, 용담龍潭의 이름 변치 아니하리.

긴 들보 들어 올리자, 좋은 노래 울려 퍼진다.

어기여차 들보를 동쪽으로 던지니, 사문은 천년토록 동방을 밝혔다. 집안에서 청소할 줄 그대는 아는가, 인도人道는 평범한 일상 중에 있다네.

들보를 남쪽으로 던지니, 노인성老人星 원래부터 하늘 남쪽 있구나. 청컨대 그대 한 번 두류산 쳐다보라, 수역壽域에 봄 가을로 광채가 어렸다네.

들보를 서쪽으로 던지니, 내 뉘를 사모하랴 저 서방 미인美人일세. 예부터 영웅들도 많은 한恨을 남겼으니, 몇 명이나 쓸쓸하게 곤궁 속에 늙어갔나!

들보를 북쪽으로 던지니, 출렁이는 맑은 냇물 북쪽에서 흘러온다. 산해山海 연원 끝났다고 말하지 말게나, 흘러가는 것은 저와 같이 다함이 없다네.

들보를 위로 던지니, 방장산 머리 위에 높고도 높구나. 천 척이나 높은 회포 그 누가 알아주랴, 남은 이들 수고로이 백세토록 추앙한다.

들보를 아래로 던지니, 봉황 천 길 날아올라 내려앉지 않는구나, 늦봄에 봄옷 입고 관동冠童들과 바람 쐬니, 선생은 어느 시절 분인지 알 수 없네.

엎드려 바라건대 상량한 뒤로는, 유풍儒風이 날마다 일어나고, 성덕盛德이 더더욱 펼쳐지리.

장수藏修하고 유식遊息하는 자리를 열었으니 면려하여 덕德과 인仁을 의지하고, 쇄소灑掃하고 응대應對하는 방법을 말미암아 점차로 집안과 나라를 다스리세.

그 근심을 먼저 하고 그 즐거움을 뒤에 했으니 이분이 아니면 누구와 함께 할까, 면전에서 마주한 듯 멍에서 보는 듯이 하여 오직 선생을 본보기로 삼으세.

한결같이 준수하여 폐하지 말 것이며, 스승 삼기 힘써서 변함없이 지키세.

김해金海 허유許愈 근찬謹撰

雷龍亭 重建上樑文

頑廉而懦立 儒林尊百世之師 淵默而尸居 亭扁聳四方之觀 階礎仍舊 簷宇重新 恭惟南冥先生 實是東方間氣 揖諸生於山寺 割戀左柳之文 拜先師於屛風 刻意程朱之學 敬義吾家之日月 破昏爲醒 出處君子之中庸 隨時以措 氣像則泰山壁立 識趣則瑞鳳高翔 蓋以振世豪傑之姿 加之反躬體認之實 義利公私之辨 南軒有功於孟門 天德王道之要 伊川獨得於曾傳 布衣登陛 一辭聘幣之勤 束脩踵門 各充飮河之量 苟得有爲於世 少哉孔明 竟使終老於家 貧于原憲 晚卜頭流之麓 遂移嘉樹之巢 坐皓月而悲歌 已矣君民之志 拂淸風而長嘯 悠然丘壑之情 只餘蓬蓽數椽 尙帶杖屨遺馥 兵燹燼矣 肯構者何人 俎豆忽諸 瞻拜焉無地 富春寂寞 偃蹇垂釣之臺 玉洞荒凉 指點讀書之室 斯文終有所賴 吾侯何幸適來 羹墻先賢 明軒揭退陶之什 鼓舞儒化 倫堂設同安之規 乃於朱墨之餘 行尋德星之野 暎波臺三字 空谷留光 鷄伏堂一區 古宅安在 昔人已有行者 鄭公鄕特立於當年 遺址不忍廢之 顔樂亭可起於今日 刻期經始 詢謀僉同 志有竟成 士趨釋菜之役 功出不勸 匠廉斲斷之資 規模整齊 怳入神明之舍 精彩發越 遙挹少微之躔 鹿洞之絃誦將興 龍潭之名義不改 脩樑載擧 善頌隨騰 兒郎偉抛樑東 斯文千載炳吾東 家庭灑掃君知否 道在尋常日用中 抛樑南 老星元是在天南 請君試向頭流望 壽域春秋光氣覃 抛樑西 我思伊何彼美西 從古英雄多少恨 幾人寂寂老寒棲 抛樑北 混混晶川來自北 莫言山海淵源逝 逝者如斯不復極 抛樑上 方丈于頭上復上 高懷千尺竟誰知 餘子徒勞百世仰 抛樑下 鳳翔千仞不曾下 暮春春服偕冠童 不識先生何許者 伏願上樑之後 儒風日興 盛德彌暢 闖藏修遊息之所 交勉乎據德依仁 由灑掃應對之方 馴致乎齊家治國 先其憂後其樂 微斯人與誰 參於前依於衡 惟先生是則 庶遵隨而勿墜 以勖師而有常

金海 許愈 謹撰

뇌룡정雷龍亭 중건기重建記

　우주를 무궁토록 지탱하여 무너뜨릴 수 없는 것이 사문斯文이다. 그렇기 때문에 무릇 이에 공로가 있는 이는 비록 한 고을의 선사善士라도 사람들이 모두 그 남긴 자취를 사모하거늘 하물며 한 나라의 선사에 있어서이랴! 대저 남명 조 선생은 그 도덕과 기절이 천 길의 벽립壁立 같고 백세의 청풍淸風 같아 중국 성관星官의 말이 있었으니 또한 단지 한 나라의 선사일 뿐만 아니다. 전인前人의 찬술이 이미 갖추어져 징험할 수 있고 우암尤庵이 지은 비문에 더욱 드러나 있으니 다시 덧붙일 것이 없다.

　삼가현三嘉縣 토동兎洞은 곧 선생이 태어난 고향으로 뇌룡정雷龍亭이라는 정자가 있었으니 곧 선생이 학문을 닦던 곳이다. 불행히도 난리에 재앙을 입어 빈 터만 남게 되었으니 사림이 통석하여 중건을 도모했지만 겨를이 없었다. 현縣의 북쪽에 예부터 사액서원이 있었으나 또한 철폐되었으니 이에 정자를 중수하려는 계획이 더욱 간절하였다. 을유년(1885)에 이르러 일제히 분발하여 재물을 모우고 역사를 시작하여 세로 오가五架 가로 오간五間을 건립하여 기와를 얹었고 또 사랑채를 지어 이를 수호케 하였다. 매년 3월과 9월 보름에 위패를 모시어 배알하고 규약을 세워 강론하며 또 계契를 만들고 전답을 마련하여 길이 보전할 계획을 세웠다. 비록 정자의 규모는 옛 것에 비하여 증감을 알 수는 없지만 그러나 우뚝이 눈앞에 높이 솟아 그 모습이 어제와 같고 산천은 거듭 새롭게 되었으니 아! 훌륭하다.

현縣의 큰 선비인 남려南黎 허유許愈와 애산艾山 정재규鄭載圭는 영남에서 명망이 높았는데 이 역사는 실로 이들이 주관하였다. 이미 낙성하고 또 스승으로 모시니 매양 원근의 선비들이 모여들어 매우 볼 만하였다. 당시 내가 마침 외람되이 현감이 되어 두 사람과 더불어 잘 지냈으므로 드디어 그 역사에 함께 참여하였다. 공사가 끝나자 나에게 기문을 청하기에 내 불문不文으로 사양하면서 말하기를 "기記라는 것은 문文이다. 학자가 이미 귀의할 곳을 얻었으면 마땅히 한결같이 모시어 여기서 우러르고 여기서 추모하면서 학문에 힘쓸 때는 오로지 경의敬義의 법도를 따르고 덕을 쌓을 때는 항상 뇌룡雷龍의 이름을 생각한다면 이것이 그 실질이니 어찌 문文으로써 하겠는가!" 하였다. 이미 임기를 마치고 돌아왔는데도 청함이 오히려 간절하였고 더욱 사양했으나 더더욱 재촉한 것이 이에 20년이 되었다. 결국 사양함을 끝내 얻지 못하고 대략 전말을 엮어서 이에 응한다.

을사년(1905) 섣달 후학 동양東陽 신두선申斗善 근지謹識

雷龍亭 重建記

撑宇亘宙 而不可墜者 斯文也 故凡有功於此者 雖一鄕之善士 人皆慕其遺躅 而况一國之善士乎 若夫南冥曹先生 則其道德氣節 壁立千仞 風淸百世 而至有中朝星官之語 又非特爲一國之善士而已也 前人之述 已備可驗而尤翁所撰碑文 尤彰著 無容更贅 三嘉縣兎洞 乃先生嶽降之鄕 而有亭號

雷龍者 卽其藏修之所也 不幸 厄于燹而爲墟 士林痛惜 謀重建未遑 縣北舊
有額院而亦見撤 於是乎 亭謀愈切 迺至乙酉 齊奮而鳩財建之 構成縱五架
橫五間 覆以瓦 又立廊舍以護之 每年以三九之望 設位參謁 立規會講 又設
契置田 以爲永遠之計 雖亭制之比舊 增損有未可知 然惟其居然突兀於眼
前 而儀形如昨 溪山重新 嗚呼盛哉 縣之碩儒 有許南黎愈 鄭艾山載圭 蔚
然嶠南之望也 是役也 實尸之 旣落也 又師之 每會遠近來集 彬彬可觀 時
余適忝縣符 與二人友善 遂得與聞其役 役訖 請余記之 余以不文辭 且曰記
者文也 學者旣得依歸之地 則當視同常侍 仰鑽於斯 羹墙於斯 懋學一遵敬
義之規 蓄德常顧雷龍之名 則斯其實矣 奚用文爲 旣歸請猶勤 愈辭而愈迫
斷斷二十年于玆矣 辭終不獲 略綴顚末以塞之

歲在乙巳 日在蜡 後學 東陽 申斗善 謹識

뇌룡정雷龍亭 우설遇雪

雷龍亭遇雪
天憐吾輩遊
故雨一夜雪
大地墨潑雲
壓盡塵埃絶
燈深法語細
酒煖豪氣發
落落亭畔松
共看歲寒節
俛仰步中庭
萬古留明月
草溪鄭載圭

하늘이 우리 유람 어여삐 여겨
비를 내리다가 밤중에 눈을 내린다.
대지는 먹물 뿌린 구름이 자욱한데,
흰 눈이 온통 덮어 먼지 한 점 없구나.
등불 밝아 법어法語는 자세하고,
술기 올라 호기豪氣가 발동한다.
낙락落落한 정자 두둑 소나무,
모두 함께 세한歲寒 절개 구경한다.
면앙俛仰하며 뜰 앞을 걸어보니,
만고萬古의 밝은 달이 비친다.

天憐吾輩遊
故雨一夜雪
大地墨潑雲
壓盡塵埃絶
燈深法語細
酒煖豪氣發
落落亭畔松
共看歲寒節
俛仰步中庭
萬古留明月

초계草溪 정재규鄭載圭

남명 조식 선생상 南冥曺植先生像

여전주부윤서與全州府尹書는 남명 조식(1501~1572) 선생이 1554년(명종 9)에 현재의 합천군 삼가면 하판리 옛집에 살면서, 당시 종2품 전주부윤에 재직하고 있던 이윤경李潤慶에게 쓴 편지書로, 남명의 안빈낙도安貧樂道 사상이 잘 나타나 있다.

이 편지를 보면, 남명이 시류時流에 편승하지 않고 변화와 개혁을 실천하고, 청렴결백淸廉潔白 및 강직함과 함께, 왜 실사구시實事求是와 문무겸전文武兼全·민본民本이 남명의 핵심적인 사상으로 자리매김하게 됐는가를 알 수 있을 것이다.

2011년 3월

남명 선생 선양회 세움. 조각 충북대 교수 류경원

여전주부윤서與全州府尹書

　植亦住世斯久 衰病已極 昔年孤兒捐背 無以自裁 晚得其次男 來寓先人
舊莊于三嘉縣 且飢且寒 日不自給 然累寡而憂少 自我視公 則猶我得矣
(…中略…) 茅店住在溪上 竈婢時時汲取魚兒 只緣無網 徒自臨淵垂沫 能
有繭絲以資口業耶 蔬糲不繼 猶有肉食之念 不亦濫乎

전주 부윤에게

　식植도 이 세상에 머문 지 오래돼 쇠병이 매우 심합니다. 몇 년 전에
외아들을 잃어 상심이 매우 컸는데, 늦게 차자를 얻었습니다. 지금은
삼가현에 있는 선친의 옛집으로 이사와 살고 있지만, 살림이 빈한하여
매일 끼니도 제대로 잇지 못하고 있습니다. 그러나 허물이 적고 걱정거
리가 별로 없으니,5) 내 입장에서 공의 처지를 보면 오히려 내가 더
낫습니다. (…중략…) 띳집이 시냇가에 있어 부엌에서 일하는 아이가
때때로 송사리를 잡아오는데, 다만 그물이 없어 못가에서 땀만 흘릴
뿐입니다. 명주실이 있어야 그물을 짜 고기를 잡지요. 잡곡밥도 제대로
못 먹는데, 오히려 고기 먹을 생각을 했으니, 분수에 넘치는 짓이 아니
겠습니까?

---

　5) '累寡而憂少'의 累는 식솔食率을 뜻하는 것으로, 번역은 '딸린 식솔이 적어 걱정거리가 적으니'로
　　고쳐야 한다.

을묘사직소 乙卯辭職疏

경상대학교 남명학연구소에서 번역하고 최석찬이 글씨를 쓰다
원문은 허종선許從善(1563~1642)의 글씨를 판각한 남명집 을묘사직소를 확대해서 새긴 것이다.
2009년 4월 6일
합천군수 삼가 세우다

이 상소문은 1555년에 이곳 뇌룡정에서 올린 단성현감 사직상소이다. 우리 역사에서 전무후무할
정도로 과격한 표현을 쓴 이 상소문으로 인하여 선생은 목숨이 위태롭기도 했지만 역설적으로
이 상소문으로 인하여 또한 선생의 명성이 세상에 진동하게 되었다.

을묘(乙卯, 서기 1555)년에 단성현감(丹城縣監)을 사직하며 올린 상소문

선무랑宣務郎으로서 단성현감丹城縣監에 새로 제수된 신臣 조식曺植은 참으로 황공하여 머리를 조아리며 주상전하께 상소 하옵니다. 엎드려 생각하옵건대 선왕先王께서는 신이 보잘것없는 줄을 모르시고 처음으로 참봉參奉에 제수하셨고, 전하께서 왕위를 이어받으셔서 두 차례 주부主簿에 제수하셨고 이번에 또 현감에 제수하시니, 두렵고 불안하여 마치 산을 짊어진 듯합니다. 그럼에도 감히 한 번 대궐에 나아가 전하의 은혜에 사은숙배謝恩肅拜하지 못하고 있습니다. 군주가 인재를 등용함은 목수가 목재를 가져다 쓰는 것과 같아, 도목수가 알맞은 재목을 가져다 쓸 뿐이지 목재가 스스로 참여하지 못하는 것과 같다고 생각했기 때문입니다. 전하께서 인재를 등용하심은 나라를 가진 군주로서의 책임이지만, 신은 맡은 일을 감당치 못할까 걱정됩니다. 이 때문에 감히 그 큰 은혜를 사사로이 받지 못하겠습니다. 그러나 신이 머뭇거리며 나아가기 어려워하는 뜻을, 어진 이를 갈망하시는 전하께 감히 아뢰지 않을 수 없습니다.

신이 벼슬에 나아가기 어려워하는 까닭은 두 가지 입니다. 지금 신은 나이가 예순에 가깝지만 학술은 거칠고 어두우며, 문장은 과거에 겨우 합격하기에도 부족하며, 행실은 물 뿌리고 비질하는 일을 감당하기에도 부족합니다. 과거에 급제하려고 노력한 10여 년 동안 세 차례나 실패하고 물러났으니 애초 과거를 일삼지 않았던 사람이 아닙니다. 설사 과거를 탐탁하게 여기지 않는 사람이라 할지라도 발끈하여 과거를 당장 집어치운 평범한 백성에 불과할 뿐, 큰일을 해낼 수 있는 능력을 두루 갖춘 인재가 아닙니다. 하물며 사람됨의 선악은 결코 과거 응시 여부에 달려 있지 않음에야 더 말할 나위가 있겠습니까? 미천한 신이 헛된 명망을 훔쳐서 담당 관원에게 잘못 알려졌고, 담당 관원은 신의 헛된 명망만을 듣고서 전하를 그르쳤습니다. 전하께서는 과연

신을 어떤 사람이라고 생각하십니까? 도道가 있다고 생각하십니까? 문장에 능하다고 생각하십니까? 문장에 능한 자라고 해서 꼭 도가 있지는 않으며, 도가 있는 사람은 반드시 신과 같지는 않을 것입니다. 전하께서만 신을 모르시는 것이 아니고, 재상들도 신을 알지 못하고 있습니다. 그 사람의 됨됨이를 알지 못하고 등용했다가 훗날 국가의 치욕이 된다면 그 죄가 어찌 미천한 신에게만 있겠습니까? 헛된 명망을 바쳐 몸을 파느니보다는 실제로 곡식을 바쳐서 관직을 사는 것이 더 나을 것입니다. 신은 차라리 제 한 몸을 저버릴지언정 차마 전하는 저버리지는 못하겠습니다. 이것이 나아가기 어려워하는 첫째 이유입니다.

전하의 나랏일은 이미 그릇되었으며, 나라의 근본은 이미 망했으며, 하늘의 뜻도 이미 떠나갔으며, 인심도 이미 떠났습니다. 비유하면 이 나라는 백 년 동안 벌레가 속을 갉아먹어 진액이 이미 말라버린 큰 나무와 같습니다. 그런데 사람들은 거센 비바람이 언제 갑자기 닥칠지 까마득히 모르고 지내온 지 오래 되었습니다. 조정의 인물 가운데 충성스럽고 뜻 있는 신하가 없는 것이 아니고, 아침 일찍부터 밤늦게까지 나라 일에 힘쓸 선비가 없는 것도 아닙니다. 그러나 이들도 그 형세가 극도에 달하여 지탱할 수 없고 사방을 둘러보아도 손을 쓸 곳이 없다는 것을 이미 다 알고 있습니다. 낮은 벼슬아치는 아랫자리에서 희희덕거리며 주색을 즐기고 있으며, 높은 벼슬아치는 윗자리에서 어물거리며 오직 뇌물로 재산만 불리고 있습니다. 물고기의 배가 썩어 들어가는데도 아무도 치유하려 하지 않고 있습니다. 게다가 내직에 있는 신하들은 용이 연못을 차지하고 버티듯 후원 세력을 심고 있으며, 외직에 있는 신하들은 들판에서 이리가 날뛰듯 백성을 수탈하고 있습니다. 이들은 가죽이 없어지면 털이 붙어있을 곳이 없다는 사실을 모르고 있습니다. 신은 이 때문에 낮에는 깊이 생각하고 길이 탄식하면서 자주 하늘을 우러러 보고, 밤에는 흐느끼며 침울해 하면서 천정을 우러러 본 지 오래 되었습니다. 대비大妃께서는 비록 생각이 깊으시다 하나 깊은 궁궐의 일개 과부에 지나지 않고, 전하께서는 다만 선왕의 일개 어린 후사後嗣이실 뿐입니다. 그러니 온갖 천재天災와 억만 갈래의 인심을 어떻게 감당해 내며 어떻게 수습하시겠습니까? 냇물이 마르고 곡식이 하늘에서 내리니 그 조짐이 무엇을 뜻하겠습니까? 노랫가락이 구슬프고 흰옷을 즐겨 입으니 소리와 형상에서 이미 그 조짐이 나타난 것입니다. 이러한 때에는 주공周公과 소공召公의 재주를 겸한 사람이 정승의 자리에 있다 하더라도 또한 어떻게 할 수 없을 것입니다. 하물며 지푸라기 같은 미천한 신의 재주로써 무엇을 하겠습니까? 위로는 만에 하나도 위태로움을 붙들 수 없고, 아래로는 털끝만큼도 백성을 보호할 수 없을 것이니, 전하의 신하 노릇하기가 또한 어렵지 않겠습니까? 변변찮은 이름을 팔아 전하의 관직을 얻어 그 녹을 먹으면서도 그 녹에 맞는 일을 하지 못한다면 이 역시 신이 원하는 바가 아닙니다. 이것이 둘째 이유입니다.

그리고 신이 보건대, 근래 보건대 변방에 왜적의 변란이 있어서 여러 대부들이 제때에 밥을 먹지 못합니다. 그러나 신은 이를 놀랍게 여기지 않습니다. 왜냐하면 이 사건은 20년 전에 터졌을 것인데 전하의 신성한 무덕에 힘입어 지금에야 비로소 터진 것이지, 하룻저녁에 갑자기 생긴 일이 아니라고 생각하기 때문입니다. 평소 조정에서 재물을 받고 사람을 임용하였기에 재물은 한 곳에 모였지만 백성은 흩어지게 되었습니다. 마침내 장수로서 적합한 사람이 없고 성城에는 군졸이 없게 되었습니다. 그래서 왜적들이 무인지경으로 들어오듯이 쳐들어 온 것이니, 어찌 이상하게 여길 일이겠습니까? 이것은 또한 대마도(對馬島)의 왜놈들이 본토의 왜놈들과 몰래 결탁하여 그 앞잡이가 되어 만고에 남을 치욕을 끼친 것입니다. 왕의 신성한 위엄을 떨치지 못해서 적에게 어이없이 패하고 말았습니다. 어찌 옛 신하를 대우하는 것은 주周나라 법보다도 엄격하면서 왜적을 용납하는 은덕은 춘추시대 송宋나라보다 도리어 더하단 말입니까? 세종대왕께서 남쪽으로 대마도를 정벌하시고 성종대왕께서 북쪽으로 여진족을 정벌하신 일을 보더라도, 어찌 오늘날 같은 일이 있었겠습니까? 그러나 이런 것은 피부에 생긴 병에 불과하고 심장이나 뱃속의 병은 못됩니다. 심장이나 뱃속의 병은 결리고 막혀서 상하가 서로 통하지 못하는 것입니다. 바로 이때가 경대부卿大夫들이 목이 마르고 입술이 타도록 수레를 치달리며 분주히 주선을 해야 하는 시점입니다. 근위병을 불러 모으고 국사國事를 정돈하는 것은, 자질구레한 정사나 형벌에 달려 있지 않고 오직 전하의 마음 하나에 달려 있습니다. 말이 땀을 흘리듯 마음속으로 노심초사하여, 만 마리의 소가 갈만한 넓은 땅에서 공을 거두는 것도 그 기틀은 전하 스스로의 마음에 달려 있을 뿐입니다. 모르겠습니다만, 전하께서 좋아하시는 바는 무슨 일입니까? 학문을 좋아하십니까? 풍류와 여색을 좋아하십니까? 활쏘기와 말타기를 좋아하십니까? 군자를 좋아하십니까? 소인을 좋아하십니까? 좋아하시는 바에 따라 나라의 존망存亡이 달려 있습니다.

만약 어느 날 흠칫 놀라 깨달아 분발해 학문에 힘을 쓰시어 홀연히 명덕明德과 신민新民의 도리를 얻으신다면, 명덕과 신민의 도리 속에 온갖 선善이 갖추어지고 온갖 교화敎化도 거기서 나오게 될 것입니다. 이것을 들어서 시행하면, 나라를 고루 잘 다스려지게 할 수 있고 백성을 화합하게 할 수 있으며 위태로움을 편안히 할 수 있을 것입니다. 이것을 요약하여 내 몸에 간직한다면, 텅 빈 거울이 만물을 비추듯 저울이 물건을 공평하게 달 듯 생각에 사특함이 없게 될 것입니다. 불교에서 말하는 선정禪定이란 것도 이 마음을 간직하는 데에 달려있을 뿐이니, 위로 천리天理를 통달하는 측면에서는 유교와 불교가 한 가지입니다. 다만 불교는 인사人事에서 시행할 경우, 현실에 발을 붙이지 않기 때문에 우리 유가에서는 배우지 않는 것입니다. 전하께서는 이미 불교를 좋아하십니다. 만약 그 마음을 학문하는 데로 옮기신다면 바로 우리 유가의 일이 될 것입니다. 이렇게만 하신다면 어렸을 때 집을 잃었던 아이가 제집으로 돌아와서 부모·친척·형제·친구를 만나보는 경우가 어찌 아니겠습니까? 더구나 정치를 하는 것은 사람에 달려 있으니, 군주가 사람을 임용할 적에는 자신의 몸으로써 모범을 보여야 하고, 자신의 몸을 닦을 적에는 도道로써 해야 하는 것입니다. 전하께서 만약 사람을 등용하실 적에 자신의 몸으로써 하신다면, 조정에 있는 사람이 모두 사직社稷을 보위하지 않는 이가 없을 것입니다. 아무 일도 모르는 미천한 신 같은 자가 무슨 소용이 있겠습니까? 만약 사람을 취할 적에 몸으로써 하지 않으시고 눈으로만 하신다면 가까이서 시종하는 사람 말고는 모두 전하를 속이고 저버리는 무리일 것이니, 앞뒤가 꽉 막힌 고집스런 소신 같은 자가 무슨 소용이 있겠습니까? 뒷날 전하께서 왕도정치王道政治를 하는 경지로 덕화德化를 이룩하신다면 소신도 마부 같은 말직에서나마 채찍을 잡고 마음과 함을 다하여 신하의 직분을 다할 것이니, 임금님을 섬길 날이 어찌 없겠습니까? 엎드려 원하옵건대, 전하께서는 반드시 정심正心으로써 신민新民의 요체를 삼으시고, 수신修身으로써 사람을 임용하는 근본으로 삼으셔서 왕도의 표준을 세우도록 하소서. 왕도의 표준이 표준 구실을 하지 못하면 나라는 나라로서의 구실을 못하게 될 것입니다. 밝게 살펴주시길 엎드려 바라옵니다. 신 조식은 떨리고 두려운 마음을 감당하지 못한 채 죽음을 무릅쓰고 아뢰옵니다.

乙卯辭職疏

宣務郎新授丹城縣監臣曺植 誠惶誠恐 頓首頓首 上疏于主上殿下 伏念 先王不知臣之無似 始除爲參奉 及殿下嗣服 除爲主簿者再 今者又除爲縣監 慄慄危懼 如負丘山 猶不敢一就 黃琮一尺之地 以謝天日之恩者 以爲 人主之取人 猶匠之取木 深山大澤 靡有遺材 以成大廈之功 大匠取之 而木 不自與焉 殿不之取人者 有土之責也 臣不任爲慮 用是不敢私其大恩 而蹈 躅難進之意 則終不敢不達於側席之下矣 抑臣難進之意 則有二焉 今臣 年

近六十 學術疎昧 文未足以取丙科之列 行不足以備灑掃之任 求擧十餘年
至於三刖而退 初非不事科擧之人也 就使人有不屑科目之爲者 亦不過悻悻
一段之凡民 非大有爲之全才也 況爲人之善惡 決不在於求擧與不求擧也
微臣盜名而謬執事 執事聞名而誤殿下 殿下果以臣爲如何人耶 以爲有道乎
以爲能文乎 能文者 未必有道有道者 未必如臣 非但殿下不知 宰相亦不能
知也 不知其人而用之 爲他日國家之恥 則何但罪在於微臣乎 與其納虛名
而賣身 孰若納實穀而買官乎 臣寧負一身 不忍負殿下 此所以難進者 一也
抑殿下之國事已非 邦本已亡 天意已去 人心已離 比如大木 百年蟲心 膏液
已枯 茫然不知飄風暴雨何時而至者久矣 在廷之人 非無忠志之臣 夙夜之
士也 已知其勢極而不可支 四顧無下手之地 小官嬉嬉於下 姑酒色是樂 大
官泛泛於上 唯貨賂是殖 河魚腹痛 莫肯尸之 而且內臣樹援 龍挐于淵 外臣
剝民 狼恣于野 亦不知皮盡而毛無所施也 臣所以長想永息 晝以仰觀天者
數矣 噓唏掩抑 夜以仰看屋者 久矣 慈殿塞淵不過深宮之一寡婦 殿下幼沖
只是先王之一孤嗣 天災之百千 人心之億萬 何以當之 何以收之耶 川渴雨
粟 其兆伊何 音哀服素 形象已著 當此之時 雖有才兼周召 位居鈞軸 亦末
如之何矣 況一微身材如草芥者乎 上不能持危於萬一 下不能庇民於絲毫
爲殿下之臣 不亦難乎 若賣斗筲之名 而賭殿下之爵 食其食而不爲其事 則
亦非臣之所願也 此所以難進者 二也 且臣近見邊鄙有事 諸大夫旰食 臣則
不自爲駭者 嘗以爲此事發在二十年之前 而賴殿下神武 於今始發 非出於
一夕之故也 平日 朝廷以貨用人 聚財而散民 畢竟將無其人 而城無軍卒 賊
入無人之境 豈是怪事耶 此亦對馬倭奴 陰結向導 作爲萬古無窮之辱 而王
靈不振 若崩厥角 是何待舊臣之義 或嚴於周典 而寵仇賊之恩 反加於亡宋
耶 視以世宗之南征 成廟之北伐 則孰如今日之事乎 然若此者 不過爲膚革
之疾 未足爲心腹之痛也 心腹之痛 痞結衝塞 上下不通 此乃卿大夫乾喉焦
脣 而車馳人走者也 號召勤王 整頓國事 非在於區區之政刑 唯在於殿下之
一心 汗馬於方寸之間 而收功於萬牛之地 其機在我而已 獨不知殿下之所
從事者何事耶 好學問乎 好聲色乎 好弓馬乎 好君子乎 好小人乎 所好在是
而存亡繫焉 苟能一日惕然警悟 奮然致力於學問之上 忽然有得於明新之內
則明新之內 萬善具在 百化由出 擧而措 之國可使均也 民可使和也 危可使

安也 約而存之 鑑無不空 衡無不平 思無邪焉 佛氏所謂眞定者 只在存此心
而已 其爲上達天理 則儒釋一也 但施之於人事者 無脚踏地 故吾家不學之
矣 殿下旣好佛矣 若移之學問 則此是吾家事也 豈非弱喪而得其家 得見父
母親戚兄弟故舊者乎 況爲政在人 取人以身 修身以道 殿下若取人以身 則
帷幄之內 無非社稷之衛也 容何有如昧昧之微臣乎 若取人以目 則衽席之
外 盡是欺負之徒也 亦何有如硜硜之小臣乎 他日 殿下致化於王道之域 則
臣當執鞭於廝臺之末 竭其心膂 以盡臣職 寧無事君之日乎 伏願 殿下必以
正心爲新民之主修身爲取人之本 而建其有極 極不極 則國不國矣 伏惟睿
察 臣植不勝隕越屛營之至 昧死以聞

생가지 生家趾

경상남도 지정 기념물 제148호
경남 합천군 삼가면 외토리 토동

이곳은 선생이 태어난 곳이다. 선생은 외가인 토동의 인천 이씨 충순위 국菊의 집에서 태어났다. 태어날 때 집 앞에 있는 우물에서부터 무지개가 산실에까지 뻗혔다고 전하는데 그 우물은 몇 년 전에 메워서 없어졌다. 95년 5월 2일 경상남도 지방문화재 148호 남명 조식 선생 생가지로 지정되었고, 2014년 7월 현재의 건물을 중건하였다.

부록

용암서원龍巖書院 향례홀기享禮笏記

○唱笏 ○謁者引初獻官升自東階點視陳設 ○祝隨之點燭 ○開櫝 ○開盤 ○引降復位 ○贊人引祝及諸執事入就階間拜位 ○再拜 ○鞠躬 ○拜 ○興 ○拜 ○興 ○平身 ○贊人引祝及諸執事詣盥洗位 ○盥手帨手 ○各就位 ○奉爵洗爵拭爵 ○奉置于卓上 ○謁者贊人各引獻官及在位者入就階間拜位 ○再拜 ○鞠躬 ○拜 ○興 ○拜 ○興 ○平身 ○謁者進初獻官之左 ○請行事

奠幣禮

謁者引初獻官詣盥洗位 ○盥手帨手 ○引詣神位前 ○北向跪 ○奉香奉香盒跪于獻官之右 ○奉爐奉香爐跪于獻官之左 ○獻官三上香 ○祝以幣授獻官 ○獻官執幣獻幣授祝 ○祝奉奠于神位前 ○獻官俯伏興 ○引降復位

初獻禮

謁者引初獻官詣樽所 ○西向立 ○奉爵以爵授獻官 ○獻官執爵 ○司尊擧羃酌酒 ○以爵授奉爵 ○奉爵受爵以授奠爵 ○謁者引獻官詣神位前 ○北向跪 ○奠爵以爵授獻官 ○獻官執爵 ○三祭于茅上 ○以爵授奠爵 ○奠爵奉奠于神位前 ○獻官俯伏興 ○少退跪 ○祝進獻官之左 ○東向跪 ○讀祝文 ○俯伏興 ○引降復位

亞獻禮

贊引引亞獻官詣盥洗位 ○盥手帨手 ○引詣樽所 ○西向立 ○奉爵以爵授獻官 ○獻官執爵 ○司尊擧羃酌酒 ○以爵授奉爵 ○奉爵受爵以授奠爵 ○贊引引獻官詣神位前 ○北向跪 ○奠爵以爵授獻官 ○獻官執爵獻爵以授奠爵 ○奠爵奉奠于神位前

○俯伏興 ○引降復位

終獻禮

贊引引亞獻官詣盥洗位 ○盥手帨手 ○引詣樽所 ○西向立 ○奉爵以爵授獻官 ○
獻官執爵 ○司尊擧冪酌酒 ○以爵授奉爵 ○奉爵受爵以授奠爵 ○贊引引獻官詣神
位前 ○北向跪 ○奠爵以爵授獻官 ○獻官執爵獻爵以授奠爵 ○奠爵奉奠于神位前
○俯伏興 ○引降復位 ○三獻官皆再拜 ○鞠躬 ○拜 ○興 ○拜 ○興 ○平身

飲福禮

謁者引初獻官詣飲福位 ○西向跪 ○祝進獻官之左 ○北向跪 ○奠爵以爵酌福酒
授奉爵 ○奉爵受爵以授祝 ○祝以爵授獻官 ○獻官受爵 ○飲卒酒 ○奉爵受虛爵復
於坫上 ○奠爵以胙授奉爵 ○奉爵受胙以授祝 ○祝以胙授獻官 ○獻官受胙以授奉
爵 ○奉爵返于故處 ○獻官俯伏興 ○引降復位 ○諸執事皆復位 ○獻官以下在位者
再拜 ○鞠躬 ○拜 ○興 ○拜 ○興 ○平身 ○祝入撤籩豆 ○闔櫝 ○闔蓋

望瘞禮

謁者引初獻官詣望瘞位 ○西向立 ○祝取祝板及幣篚 ○降自西階置於坎 ○可燎
置土半坎 ○謁者引獻官詣復位 ○謁者進初獻官之左 ○白禮畢 ○謁者引獻官以次
出 ○執禮以下諸執事降復位 ○再拜 ○以次出 ○禮畢

龍巖書院 享祀祝文式

유세차 모년 모월 모삭 모일에 후학 모는 선사先師 남명선생께 감히
밝게 고합니다.
엎드려 생각건대, 학문은 경의敬義를 성취했고 도는 중용中庸에 부합
했으며, 대동大東에 탁립하여 백세의 종사宗師입니다.

이에 계춘季春 맞아 삼가 결생潔牲과 자성粢盛과 예제醴齊를 진설하여
밝게 올리니 바라건대 흠향歆饗하십시오.

維歲次某年三月某朔某日干支後學某官姓名敢昭告于
先師文貞公南冥曹先生
    伏以
    學成敬義道學中庸百世宗師
    屬茲季春謹以潔牲潔盛醴齊式陳明薦　尙
饗

진설도陳設圖

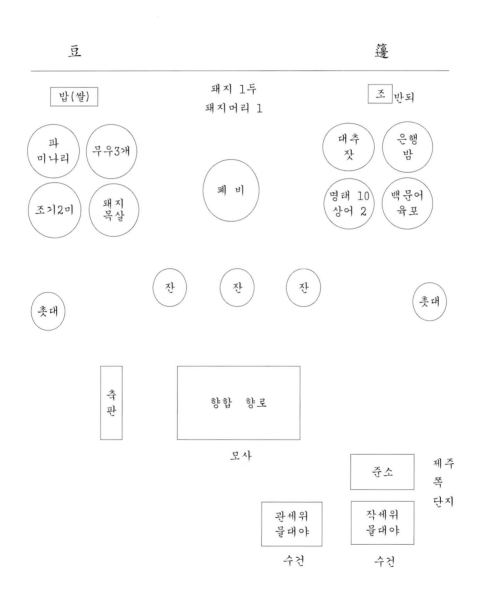

豆   籩

| 밥(쌀) | | 돼지 1두
돼지머리 1 | 조 반되 | |

파미나리 　무우3개

조기2미 　돼지목살

폐비

대추
잣 　은행
밤

명태 10
상어 2 　백문어
육포

잔 　잔 　잔

촛대 　　　　　　　　　　　촛대

축판 　향합 향로

모사

준소 　제주쪽단지

관세위
물대야 　작세위
물대야

수건 　수건

2007년 중건 이후 용암서원 임원

2007년 3월 초9일 道會 有司

都有司　前國務總理　李賢宰
公司員　崔英烈　金文洙　諸明秀　柳東淳　權五燁　柳彦根　韓善遇
　　　　金英洙　宋明植　尹泰鉉　權正浩
曹　司　河度鍾　金萬祚　李壽烈　金相瓊　鄭在澤　權寧達　金日來
　　　　曺甲煥　河泰植　柳洋宇　曺永琪

2007년 용암서원 위패 봉안 고유 집사 분정

陜川郡守　沈義祚
執　　禮　李完圭
祝　　　　李相弼
題　　牌　金東俊

2007년 중건 이후 용암서원 향례 집사

	初獻官	亞獻官	終獻官	執禮	祝
2009년	崔根德	鄭健容	郭健濚	朴元濟	沈東變
2010년	沈義祚	權炳錫	曺穩煥	金亨洙	許洸永
2011년	河有楫	金淳賢	鄭然九	韓斗錫	金永東
2012년	河敞煥	朴元濟	權東述	朴炳烈	金承萬
2013년	金 煉	許洪九	盧在成	南哲鉉	文永煥
2014년	沈在尙	柳遠春	朴雨根	朴泰珠	權昌浩
2015년	韓基仁	鄭相元	車鎭烈	朴炳烈	朴昌在
2016년	許再郁	鄭漢均	宋七用	申文變	文成和
2017년	河敞煥	宋七用	金兌黙	李成柱	金承萬

남명학의 선양경과

1967~1968년 당시 계명대학 철학과에 재직 중이던 김충렬金忠烈 교수는 서울대학교에서 '한국철학사'를 강의하던 박종홍朴鍾鴻 교수가 미국으로 잠시 가게 됨에 따라 그 강의를 대신 하게 되었다. 그 과정에서 종래에 쓰여진 『한국철학사韓國哲學史』 또는 『조선유학사朝鮮儒學史』 등에서 응분의 위상과 학문사상을 비중 있게 다루어야 할 남명 조식 선생에 대한 편폭篇幅과 내용이 너무 소홀하고 생략되어 있는 것을 발견하였다. 그리하여 남명 선생의 학문과 사상을 특별히 연구·보강함으로써 소수이기는 했으나 학생들로 하여금 남명 선생에 대해 새로운 인식을 갖게 하였다.

1970년 김충렬 교수는 고려대학으로 옮기고, 문과대학생 전원이 필수로 들어야 하는 '한국사상사'의 대단위 강의를 맡으면서 본격적으로 '남명의 학문사상과 그의 선비정신'을 고취하여 많은 학생들의 호응을 받았다. 이에 힘입어 김 교수는 강의내용을 논문으로 정리하여 마침 『독서신문讀書新聞』(주간지)에서 특별 기획한 한국사상가 50인을 선정하여 매 분기마다 한 사람씩을 소개하는 란에 발표함으로써 학계의 관심을 환기시켰다.

한편 이와는 별도로, 비슷한 시기에 남명 선생의 후손들은 오랜 침체를 벗어나 선조의 위훈지도偉勳之道를 재조명하기 위한 사업을 추진하기 시작하였다. 우선 1973년 9월에 그 첫 사업으로 계획한 남명 선생의 문집 번역과 사적개발사업史蹟開發事業을 위하여 뜻을 같이한 조봉조曹鳳祚, 조원섭曹元燮 등이 그 기금조성에 착수하여 진주권에 거주하는 종인

宗人 21인(봉조鳳祚, 원섭元燮, 재화在鏵, 규호圭鎬, 의생義生, 수남壽南, 옥환玉煥, 영기瑛基, 태기太基, 규석圭碩, 창환昌煥, 담환潭煥, 경진慶律, 백환伯煥, 종명鐘明, 필규筆圭, 녹환祿煥, 규술圭述, 익환益煥, 성언性彦, 창환昌煥(부산))으로부터 협찬을 얻었는데, 특히 옥환, 재화, 봉조의 천포지공泉布之功이 지대하였다.

1976년에는 본 사업을 적극 추진하기 위하여 조직을 본격화 하고, 그 책임자로 조의생을 선임하여 2차 협찬을 얻어 많은 금액을 적립하였다. 또한 '남명 선생 탄신추모제南冥先生誕辰追慕祭'를 위한 기금도 여러 종인으로부터 협찬을 얻었다. 이러한 종인의 협찬에 의하여 저명한 번역한학자를 모시고자 각 방면으로 탐문하던 중에 의외의 시점에서 학계에서 남명학을 연구·선양하고 있던 김충렬 교수와의 만남이 이루어지게 되었다.

당시 김 교수는 대중지라고 할 수 있는 월간『세대世代』의 요청으로 남명 선생에 관한 비교적 자세한 내용의 글을 게재하였고, 또 1976년 6월에는 월간지『문학사상文學思想』에 「지식인知識人의 수난사受難史」란 제목의 글에서 남명 선생의 행적을 기고하였다. 이 시기에 김 교수의 강의를 들었던 남명 선생의 후손 을환乙煥이 고향 덕산에 남명 선생의 후손이 많이 거주하고 있음을 김 교수에게 알렸고, 김 교수의 글을 읽은 조원섭의 딸 명숙明淑(당시 숙명여대 재학)이 이러한 사실을 문중에 알려 주어 그 책을 구하여 탐독하고서, 이는 곧 성대곡成大谷 선생이 말한 "하필 지금의 사람들에게서만 알아주기를 구하리오, 곧바로 백세를 기다려도 아는 사람은 알 것이라何必求知於今之人 直百世以俟知者知耳"라고 한 '아는 사람'이 바로 김 교수라고 하면서 크게 반가워하였다. 이리하여 김 교수를 예방禮訪할 계획을 세우게 되었고, 문중 회의를 소집하여 이와 같은 사실을 보고하니 조의생, 백환, 봉조, 재화, 옥환, 원섭, 종명, 승환, 도상, 경태, 병정, 익환 등 전원 12인은 만장일치로 김 교수 예방자로 봉조, 원섭 두 사람을 지명하였다.

이어 두 사람은 1977년 3월 초에 상경하여 김 교수를 예방하고 그동안의 노고에 대해 문중대표로서 감사의 뜻을 표하고, 당시 진행 중인 사업현황을 수의酬議한 결과 문집번역자로는 한학자 조규철曺圭喆 씨를 김 교수가 추천하여 주었으며, 8월로 예정되어 있는 제1회 '남명제南冥祭'와 '학술강연회學術講演會'에 김 교수가 참석할 것을 쾌히 승낙하였다.

이리하여 드디어 8월 9일 당시 새마을연수원 부원장으로 있던 조영기 씨의 안내로 김 교수는 진주에 오게 되었고, 진주학생실내체육관에서 2,000명 이상의 군중이 모인 가운데 김충렬 교수, 정중환丁仲煥 교수, 박종한朴鐘漢 교장의 학술강연회가 성황리에 이루어져 진주문화권에 폭넓은 호응을 불러일으키게 되었다. 다음 날인 10일에는 당시 대아고등학교 교장이며 경남사립중고등학교 교장단회장校長團會長이었던 박종한 선생께서 마련한 제1회 '남명제'가 덕천서원德川書院에서 역시 성공적으로 진행되어 남명 선생 현양사업의 모태가 되었다. 그 날 조옥환 사장을 비롯한 조씨 문중 유지들은 김충렬 교수의 담론을 듣고 남명 선조의 학덕을 현양해야겠다는 숭조심崇祖心을 다짐하고 그 구체적인 사업계획을 세우고 위선지성爲先之誠을 쏟기 시작하였다. 당일 김 교수는 「알남명선생사우謁南冥先生祠宇」라는 다음과 같은 시詩를 지어 감회를 표현하였다. "천 리 길 진주가 한 나절 일정이니, 아침에 서울 떠나 저녁에 산청이네. 구름은 지리산의 참모습 감추었고, 물은 양당에서 만나 세속으로 흐르네. 처사 거처한 깊은 시골 서원은 그윽하고, 철인의 비석 오래되어 돌 꽃이 푸르구나. 이제껏 영령 돌아갈 곳 없어서, 적막한 선생은 후생을 기다렸네![千里晉州半日程 朝辭漢北暮山淸 雲藏智異眞面目 水激兩塘世俗情 處士村深杏院邃 哲人碑古石花靑 而今靈氣無歸屬 寂寞先生待後生]"이다.

그 이후 학계의 배종호裵宗鎬 교수는 "수 년 전(1978)에 발간한 『한국철학연구韓國哲學硏究』(동명사東明社)의 중권에 김충렬 교수의 논문 「조식曺植의 학문學問과 사상思想」이 실리게 되는데, 그 논문에 대한 논평도 실을 예정이라면서 필자에게 그것을 의뢰한 일이 있었다. 나는 불미不美

하게도 그 때까지는 『남명집南冥集』을 읽은 일이 없었기 때문에 그에 대한 논평을 사양하였다. …여하튼 김충렬 교수의 남명사상이 한국철학계에 소개된 것은 사학斯學 연구발전에 크게 공헌한 것"(『남명학연구논총南冥學研究論叢』 제1집, 28쪽)이라고 하고 있는 바와 같이, 그때까지도 남명 선생에 대한 학계의 연구는 전혀 이루어지지 않고 있었다.

이로부터 학계의 연구도 조금씩 많아지고 '남명제'가 계속 이어져 세인의 관심이 점차 높아지자 남명 선생의 후손들과 산해연원가山海淵源家의 후예들 그리고 진주지방의 명사들이 남명학연구원南冥學研究院을 설립할 것을 발기하였다. 삼현여고三賢女高 교장이었던 아천我川 최재호崔載浩 선생께서 발기인대회發起人大會를 주관하고 이사진과 운영위원회를 구성하고서 1986년 8월 24일 남명학연구원의 발족을 보게 되니 초대 운영위원장에 조옥환, 이사장에 하동근河東根, 원장에 김충렬 교수가 선임되었다. 그리고 경상대학교의 오이환吳二煥 교수에 의해 방대한 분량의 남명학관련 고문헌古文獻들을 수집·복사하여 비치함으로써 연구를 위한 토대를 마련하였다.

한편 정중환丁仲煥 박사와 김상조金相朝 씨 등의 노력으로 지방문화재地方文化財로 지정되어 있던 남명 선생의 유적지들이 조옥환 사장의 적극적인 후원 아래 당시 덕천서원 원장이었던 전상희全相希 선생, 김충렬 교수, 이규호李奎浩 전문교부장관, 문중의 조인생曹仁生 씨, 당시 문화공보부의 정태진鄭泰辰 국장 등의 협조 하에 문화공보부에서 국가문화재國家文化財로 승격하여 1983년 1월 23일 국가지정문화재國家指定文化財 사적史蹟 305호로 산천재山天齋, 덕천서원德川書院, 별묘別廟, 여재실如在室 등 일원이 지정되었다. 또한 남명학연구원에서는 1988년 10월 『남명학연구논총南冥學研究論叢』 창간호를 발간했으며, 같은 시기에 경상대학교 개교 40주년 기념 '국제학술대회'를 개최하게 되어 이를 조옥환 사장과 조재화 한일교통 사장 등 조씨 문중의 인물들이 적극적으로 후원하였다. 이 결과 경상대학교에서는 『경남문화연구慶南文化研究』 제11집을 남명학 특집호로 간행하였다.

또한 국가문화재 지정을 위한 노력의 과정에서 남명 선생의 생애와 업적에 대한 국민적 인식이 희박함을 느낀 조옥환 사장은 이 내용을 국민학교 교과서에 등재할 필요성을 절감하고 추진위원회를 구성하고서 문교부에 건의하여 이를 실현하게 되어 전국의 몇 군데 시범학교에서의 교육을 시행하고, 드디어 1990년부터 전국의 국민학교 6-1『읽기』교과서 제4과(37~47쪽)에 '조식' 항목을 등재하여 국민학생을 통하여 전국민이 남명 선생의 생애와 업적을 알게 하는 데 기여하였다.

또 이정한李正漢 전 경상대학교 총장의 적극적인 후원으로 남명학연구소南冥學研究所 발기인대회를 거쳐, 같은 해 9월 남명학연구소 창립총회를 개최함으로써 정식으로 연구소의 발족을 보게 되었다.

한편 남명학연구원에서는 연구원의 계속사업으로서 연구활동을 추진해 온 결과 1992년 2월『남명학연구논총』제2집을 발간하게 되었고, 이를 기념하기 위하여 경남문화예술회관에서 출판기념회를 가지기도 하였다.

그러한 과정 중에서 연구원 안에서는 연구원을 사단법인社團法人으로 등록하여야 한다는 요망이 계속 제기되어, 드디어 1993년 11월 20일 사단법인 설립을 위한 발기인대회를 이정한 전 경상대 총장이 발기인 대표를 맡아 경남문화예술회관에서 개최하였다. 그리고 1994년 5월 13일 재무부의 승인을 받고 경상남도 교육감에게 사단법인 남명학연구원 설립허가를 신청하여 6월 30일 경상남도 교육감으로부터 '허가 제17-16호'로 등록허가를 받게 되었으며, 이사장에 권순찬權淳纘 연암 공업전문대학 학장, 원장에 김충렬 고려대학교 대학원장을 포함하여 법정이사法定理事 15인으로 구성하였다. 자산은 조옥환 사장이 기부한 기본자산 1억 원과 법정이사 15인이 출연한 보통자산 일천오백만 원으로 출발하여 7월 28일 산청등기소에 등기를 필하고, 8월 18일 진주세무서로부터 고유번호 613-82-05277을 지정받음으로서 사단법인 설립을 위한 모든 절차를 마치게 되었다.

그리고 9월 1일에 사단법인 남명학연구원의 김경수金敬洙 초대 사무
국장을 임명하여 사단법인으로서 연구원의 업무를 추진하면서 한편으
로는 지역유림 및 산해연원가山海淵源家의 후손들을 중심으로 평이사平
理事를 위촉하여 11월 27일 사단법인 남명학연구원 1994년도 창립이사
회를 가지고 95년도 사업계획을 심의 의결하였다. 그 의결에 따라 이미
문화체육부文化體育部에서 선정하는 95년 2월 "이 달의 文化人物"로 지
정되어 있던 남명 선생의 기념행사를 준비하게 되었다.

2개월 이상의 준비기간을 거쳐 95년 2월 22일 서울의 성균관成均館에
서 한국, 중국, 미국, 일본의 교수들이 참가하여 "남명 선생南冥先生의
학문學問과 사상조명思想照明"이란 주제의 '국제학술대회'를 개최하여
성황리에 마쳤으며, 동시에 "찬남명선생도학讚南冥先生道學"(압운押韻: 인
人, 신伸, 신新, 춘春, 친親)이란 제목의 '전국유림한시백일장全國儒林漢詩白
日場'을 개최하여 장원壯元에 박영제朴永濟 씨(부산)를 비롯하여 39명의
수상자를 내기도 하였는데, 장원시는 "남명 선생 도학은 하늘과 인간을
다했고, 제자들에 전수되어 온 나라에 펼쳤네. 두드러진 문장은 천고에
혁혁하고, 환히 밝힌 경의는 만 년 동안 새롭네. 두류산 우뚝 솟아 큰
형상 이루었고, 덕천강물 휘돌아 스스로 봄을 둘렀구나. 옛 스승 추모
하니 감개가 무량하니, 우리 모두 돌아가 책 속에서 친하자오![南冥道學盡
天人 傳授門生海內伸 顯著文章千古赫 倡明敬義萬年新 頭流屹立能成局 德水淸洄自帶春 追慕先師多感慨
吾儕歸欲卷中親"이다. 또한 1월에 제작한 MBC-TV의 특집 다큐멘터리 「남
명 조식」도 4월 28일 전국적으로 방영되었다.

한편 연구원과는 별도로 경상대학교 부설 남명학연구소에서는 2월
17일 학술회의를 개최한 데 이어 『남명집』 교감국역본의 출판기념회를
가졌으며, 다음날은 회원을 모집하여 남명 선생의 사적지를 답사하였
다. 또 산청문화원山淸文化院에서도 남명학강연회를 가졌고, 부산민학회
釜山民學會에서도 남명학으로 학술회의를 개최하는 등 다양한 행사들이

있었다.

사적지에 대한 정화 및 기념사업도 진행되었다. 94년도에 청와대에서 가뭄극복 결과에 대한 지방장관회의가 있었음에도 불구하고 대통령의 양해를 얻어 특별히 남명제의 초헌관初獻官으로 참석한 김혁규金爀珪 경상남도지사가 산천재 관리사의 신축에 도비 1억 원의 지원을 약속하였다. 그 지원금으로 3칸 겹집의 아담한 한옥구조의 관리사가 95년 4월 28일 준공되었다. 뿐만 아니라, 국비지원으로 묘소墓所 및 별묘別廟 앞의 정비사업이 95년부터 97년까지 3년간의 연차 계획으로 추진되어 부지보상금에만 15억 원 이상이 투입되었다. 그리고 폐허로 남아 있는 삼가면三嘉面 토동兎洞의 남명 선생 생가지도 95년 5월 2일자로 경상남도 지방문화재 148호로 도지정기념물道指定記念物로 지정되어 수 년 전에 복원이 마무리 되었다.

1980년대에 들면서 시작된 남명에 대한 본격적인 연구는 약 30여 년의 기간에 비약적인 발전을 이루었다. 오이환 교수가 정리하고 있는 「남명학관계기간문헌목록」에 의하면 2011년 말까지의 기간문헌목록만 무려 120쪽에 이르고, 발표된 논문만 2,000편을 헤아린다.[1] 게다가 남명 선생 탄신 500주년을 맞이하여 대대적인 기념사업을 행한 2001년 이후로는 관련기관들에서 정기적으로 학술회의를 개최하고 논문집을 간행하고 있는 관계로 인하여 1년에 대략 최소한 50편 이상의 연구실적이 추가되고 있는 것으로 볼 수 있다. 남명학관련 연구실적을 정기적으로 간행하고 학술회의를 개최하는 대표적인 단체만 해도 사단법인 남명학연구원을 비롯하여, 경상대학교 남명학연구소 및 서울대학교의 재단법인 남명학회 등이 있다. 남명학연구소에서 1년에 4권의 논문집을 간행하고 있는 것을 비롯하여, 나머지 두 기관에서도 1년에 1권의 논문집을 간행하고 있다. 이 밖에 진주교육대학교의 남명학교육연구

---

1) 오이환, 『남명학의 새 연구』 하, 한국학술정보, 2012, 313~412쪽.

재단에서도 간헐적으로 성과물을 출판하고 있다.

이와 같이 단기간에 한 인물에 대한 연구가 폭증하면서 이루어진 사례는 전무후무할 정도인데, 이는 남명 선생의 후손인 조옥환 사장의 적극적인 후원에 의해서 가능한 일이었다. 그리하여 이미 오래 전에 남명의 학문과 사상은 '남명학'이라는 명칭을 가지게 되었으며, 동양철학계에서는 한국의 대표적 사상가 10인의 범주에 포함시키게 되었다 (이는 예문서원에서 기획하여 간행한 '한국의 사상가 10인' 중에 남명이 포함된 것을 말한다. 여기서 말하는 10인은 원효·의천·지눌·이황·조식·이이·정제두·정약용·최한기·최제우 등이다).

그동안에 있었던 대표적인 기념사업을 몇 가지 열거해보면, 김해의 산정을 중수하면서 신산서원으로 규모를 확대한 일, 합천의 뇌룡정 옆에 용암서원을 중건하고서 낡은 뇌룡정을 조금 이전하여 중건한 일, 덕산에 남명기념관을 신축하여 연간 십만 명 이상의 관람객을 유치하고 있는 일, 한국선비문화연구원을 설립하여 남명학에 바탕한 선비정신과 청렴 및 인성교육 그리고 힐링 연수를 전국적 규모로 시행하고 있는 일 등이다.

남명에 대한 연구가 시작되던 무렵에는 주로 남명사상의 특징을 구명하는 것에 초점을 맞추면서 퇴계학과의 비교를 통하여 그 독창성을 찾으려 했고, 이어서는 남명사상의 다양한 영역들로 연구가 확대되었다. 그러면서 가장 중심적인 쟁점으로 부각한 것이 남명의 성리설이었다. 여기에 더하여 정치사상 및 교육사상 등이 많이 거론되었다. 물론, 남명에 대한 연구는 어느 시점 이후로는 제자와 종유인 및 넓은 의미의 남명학파에 속하는 인물들에까지 확대되었고, 최근에는 근세의 인물들까지도 남명과 조금이라도 관계가 있는 경우에는 거의 연구 대상에 포함시키면서 남명학의 외연을 확대하고 있다.

※ 위의 내용은 초기부터 남명 선생 선양사업에 적극적으로 참여하였던 조옥환 사장(남명학진흥

재단 이사장)의 진술을 바탕으로 하고, 관련된 다른 분들의 진술 내용을 추가하여 김경수(당시 남명학연구원 초대 사무국장)가 1차로 정리한 것에, 다시 김경수(현재 한국선비문화연구원 책임연구원)가 2000년도 이후의 내용을 추가로 정리한 것이다. 여기에 등장하는 인물들 중에서 김충렬 교수와 박종한 교장을 비롯하여 많은 분들이 그동안 세상을 떠났다. 그러나 이 글은 당시의 상황을 서술한 것이므로 그분들의 성함 앞에 일일이 고故라는 글자를 표시하지 않았다.

사단법인 용암서원보존회 연혁

　남명 조식 선생의 탄생지로서 경의지학인 선생의 고결한 선비정신과 학통을 계승하여 전국민의 충절과 애민애족교육의 장으로 활용하기 위하여 선생의 향기가 묻어있는 용암서원을 영원히 보전키 위함이 목적이다.

○ 2009년 3월 6일 용암서원에서 가칭 "사단법인용암서원보존회" 창립 총회를 개최했다. 총회 개최 결과 초대 회장에 허홍용 등기이사에 류광현 최상호 이길영 허광영 류길현, 감사에 박창재 송칠용, 사무국장에 김종철이 선임되었다.

○ 2009년 3월 24일자로 경상남도지사로부터 제2009-9호로 사단법인 용암서원보존회로 법인설립 허가를 받았다.

○ 2009년 4월 2일자로 거창세무서장으로부터 수익사업을 하지 않는 법인 고유번호 611-80-03624을 부여받았다.

○ 2011년 7월 29일 허홍용 보존회장 사망으로 긴급이사회를 소집 후 임회장을 2011년 8월 31일 임시총회를 개최 선임키로 하였다.

○ 2011년 8월 31일 임시총회에서 제2대 (사)용암서원보존회장에 심의조 (전)합천군수를 선임했다.

○ 2013년 3월 정기총회에서 제2대 심의조 보존회장 외 임원진이 제3 대 (사)용암서원보존회 임원진으로 전원 유임하였다.

○ 2015년 4월 부산교통 조옥환 회장으로부터 헌성금 1억 원을 기부 받아 삼가면 외토리 616-3번지 2,648㎡(801평)를 92,115,000원에 매 입하여 합천군에 사용 승낙 받아 군의 예산 7억여 원으로 2016년 1월에 착공하여 건축면적 202㎡ 목조기와조로 2016년 12월 말 준공 하였다.

○ 2017년 3월 7일 용암서원보존회 정기총회에서 제4대 용암서원 보존 회장에 심의조 회장이 유임되고 임원진 전원이 유임되었다.

용암서원보존회 임원명단

고문: 조옥환 윤태현 정종엽 권병석 류원춘
회장: 심의조
감사: 박찬재 김종철
사무국장: 노재성
이사: 송칠용 이길영 임장섭 류길현 최상호 이장영 이우열 이수희 허광영
　　　박신재 조수일 최인석 조갑환 조영기 박원제 유도재 배종해 정한균
　　　차진열 문을주 김익근 김태묵 이주석 노정석 차판암 심성호 허규석
　　　이장열 조호연 조병용 박우근 권석호 윤한무 허재욱 정상원 진창근
운영위원: 문성화 석주식 이성주 차필환 정표상 서성안 신문섭 허기도 서대
　　　호 박병열 백운출 김승만 권영옥 심경섭 김칭순 김재철 곽효빈

남명 선생 선양회 연혁

1. 창립총회
   - 창립목적: 조선 최고의 선비 남명 선생이 탄생하시고 60세까지 강학한 합천에서 남명선생은 잊혀진 학자였다.

     남명 선생은 합천 사람인데도 산청 사람으로 알고 있는 이가 많아 이를 시정하고, 자랑스러운 남명 선생을 복위하여 자라나는 후대에 자긍심을 심어주고, 합천의 영원한 사표로 삼아 선생을 높이 선양하는데 그 목적이 있다.
   - 사업: 남명 선생을 선양할 수 있는 책자 발간과 생가 및 계부당 복원, 용암서원 복원 등을 추진하기로 한다.
   - 2001년 2월 10일 창립총회 개최

     도비 1천만 원을 지원 받아 남명선생선양회를 창립하여 국회의원 김용균, 합천군수 강석정, 문화원장 권병석, 재부삼가향우회장 최상호, 조씨 문중대표 조상진, 경남도의회 전문위원 조찬용 등 내외 인사 200여 명이 참여하여 창립총회를 갖고 회장에 우리 식품 대표 박우근 사장을 선출하였다.

     남명선생 선양 홍보책자『영원한 합천인 남명 조식선생』15,000부 발간 배포

2. 남명선생 유적지 순례
   - 2001년 4월 28일
   - 합천 중부 농협 주부 대학생과 합천군 새마을 남녀 지도자 뇌룡정

순례
- 재 대구향우회(회장 이정원) 회원 70명 뇌룡정, 덕천서원 순례

3. 사무실 개소
- 2001년 6월 29일
- 남명선생선양회 사무실 현판식
- 권인호 교수(대진대)의 "남명사상의 현대적 의미" 특별 강연.

4. 남명선생탄신500주년기념 사적지 답사
- 기간: 2001년 8월 16일 ~ 18일까지
- 남명선생 사적지 답사: 김해 선산서원, 삼가 뇌룡정, 산청 산천재, 덕천서원
- 부대행사: 의병 출정식. 남명제 참가.
- 참석 인원: 합천 군내 중학교 학생 100여 명

5. 내암 선생 묘소 문화재 지정 건의
- 2001년 8월 9일
- 내암 정인홍 선생 묘소를 경상남도 지정문화재로 지정해 줄 것을 건의함.

6. 제2차 정기총회
- 2002년 4월 18일
- 장소: 낙원 예식장
- 참석인원: 회원 150여 명
- 업무실적: 을묘사직소 및 남명선생 선양 책자 발간
- 관내 17개 중·고등학교 순회강연

7. 청소년 대상 남명선생 선양 특강
   - 일시: 2002년 5월 27일~5월 31일
   - 내용: 남명선생의 생애와 사상
   - 대상: 관내 12개 중학교 학생 517명
   - 장소: 뇌룡정

8. 남명선생 시비 건립 및 홍보실적
   - 제3회 정기총회
     2003년 5월 28일
   - 강동욱 박사 "남명 정신. 합천 정신" 특별 강연회 개최
   - 도비 2천만 원 지원으로, 차서화담운(次徐花潭韻), 영독수(咏獨樹) 외
     토 입구 느티나무 아래 시비 건립
   - 외토리, 하판리에 남명로 지정
   - 의령군 대의면에 남명선생 유적지 안내 표지판 설치
   - 내암 정인홍 사당 '청람사' 건립에 도비 6천만 원 지원 및 영정
     제작비 1천만 원 지원 주선
   - 2003년 11월 남명 선생의 선고 선비 묘갈명을 도문화재 지정 건의

9. 2003년 6월 10일 뇌룡정에서 관내 중학교 1학년생을 대상으로 뇌
   룡정, 생가터 등을 설명.

10. 용암서원 복원 기공식
    - 2003년 8월 12일 용암서원 복원 기공식
    - 서원복원추진위원장 김연

11. 선양회 회원 선현 유적지 탐방
    - 일시: 2003년 11월 6일

• 탐방지: 남명선생의 고우 대곡 성운 유적지 보은 탐방

12. 꿈나무 향토 탐방
  • 2004년 5월 25일
  • 관내 중학교 1학년생 388명 꿈나무 향토 탐방
  • 뇌룡정 외 합천 문화유적지 탐방

13. 남명 선고(조언형 1528년 입석. 남명선생 찬)
  • 남명 선비(숙부인 이씨. 1545년 입석. 규암 송인수 찬)
  • 묘갈 도문화재 지정(2004년 7월 1일 경남유형문화재 제401호, 411
    호로 각각 지정

14. 남명제 및 조선유학사상과 남명학 세미나 참석
  • 2005년 7월 26일
  • 덕천서원 숭덕사 남명탄신 504주년 남명제 참석
  • 유학자 이상학, 김연 전 문화원장, 박우근 선양회장, 박환태 합천
    신문사 사장 등 100여 명 참석

15. 2005년 11월 19일. 박병련 교수 특강
  • "남명 조식 선생의 삶과 사상" 주제 강연회
  • 한국학중앙연구원 박병련 교수 초빙
  • 심의조 합천 군수 외 각급 기관 단체장 등 200여 명 참석

16. 2006년 6월 13일~16일까지. "꿈나무 향토 탐방"
  • 대상: 관내 중학교 1학년생 410명

17. 2006년 제3차 회칙 개정

• 2006년 7월 8일 제3차 회칙 개정. 회원 수 167명
• 임원 개선. 최상호 회장 선임

18. 비영리 단체 등록
• 2007년 11월 27일 남명선생선양회가 비영리 민간단체로 등록

19. 제6회 정기 총회
• 일시: 2008년 11월 29일
• 임원 개선: 최상호 회장 및 임원 유임
• 초청 강연: 동양학 칼럼 리스트 조용헌
• 책자 발간: 『참 스승 남명 조식선생』 1,000부 발간 배포.

20. 대장경 1000주년 세계문화축전
• 부음정(孚飮亭)등 도문화재 지정 여론 형성 및 '경남도 기념물'지정 요청
  2009년 8월 7일(경남일보)
• 내암묘소정비사업비 3천만 원 도비 지원
• 대장경 1000년 세계 문화 축전을 앞두고 정인홍 선생의 업적 부각
  ―임란을 당함에 선생이 가야 숭산 등에서 의병 3000명을 창의하여 해인사 대장경을 지켜낸 역사를 재조명

21. 2009년 정기 총회
• 일시: 2009년 11월 14일
• 특강 내용: 남명 선생의 경의 사상과 경남 교육의 방향
• 강사: 경상남도 교육감 권정호
• 참석자: 관내 기관장 및 교장단 전원과 17개면 유림 지도자 등 130명

• 임원 개선: 회장 최상호, 부회장 김진근 박영규, 사무국장 조찬용, 고문 강봉조 김연 박노진 윤태현 조병용 진영업 허홍용 등, 사무 간사 이사 감사 전원 유임

22. 남명 선생 흉상 건립
  • 일시: 2011년 4월 13일(음력 3월 11일)
  • 장소: 용암서원 앞
  • 조각가: 충북대학교 류경원 교수
  • 예산: 33,800,000원

23. 2011년 정기 총회
  • 일시: 2011년 11월 25일
  • 정기총회 예산결산 심의
  • 초청 특강: 대진대학교 교수 권인호 박사
  • 유적지 탐방: 유교문화유적지 탐방(봉화 영주 예천)
  • 임원 개선: 회장 조찬용 선출

24. 2012년 초청특강 및 소음악회 개최
  • 일시: 2012년 8월 14일 18시
  • 장소: 삼가 장터 3.1만세운동 기념탑 광장
  • 특강 강사: 경상대학교 교수 최석기 박사
  • 음악회: 대교초등학교 교장 이장식 지휘

25. 2013년 역사 탐방
  • 일시: 2013년 11월 28일
  • 장소: 녹우당(고산 윤선도 고택)

26. 2015년 7월 25일
   - 장소: 3.1 광장
   - 내용: 내암 정인홍의 생애와 사상
   - 강사: 조찬용 선양회 회장
   - 책자발간:『남명 및 내암 정신과 합천 등 경상 우도의 3.1 만세운동』,『내암 정인홍의 생애』,『내암 정인홍의 사상과 철학』등 책자 1,000부 제작 배포

27. 2016년 3월 23일 남명선생선양회와 삼가장터 3.1 만세운동 기념사업회가 주관하고 국가보훈처의 예산지원으로 항일 애국지사 순국 기념비 건립

발문跋文

　　龍巖書院이 復元(西紀2007년)된 陜川郡 三嘉面 外吐里 兎洞마을은 南冥 曺植 先生의 出生地일 뿐 아니라 中年期(1548~1561)에 雷龍亭과 鷄伏堂을 建立 後學을 養成하고 그 유명한 乙卯辭職疏(明宗 10년)를 올린 歷史的인 곳이다.

　　龍巖書院의 전신은 1576년(宣祖 9년)에 盧欽 宋希昌 등 여러 선비가 衆論을 모아 三嘉縣의 서쪽 20餘 里 近處 晦峴(佳會面 外沙里)에 세운 晦山書院인데 壬辰倭亂 때 燒失되었다.

　　그 후 1601년(宣祖 34년)에 書院을 重刱하면서 晦山書院址가 狹小하여 여러 선비들이 議論하여 鳳山面 鳳溪里 香江 앞으로 移建하였다.

　　1605년(宣祖 38년) 8월 南冥 先生 位牌가 奉安되고 1609년(光海君 1년)에 龍巖이라 賜額을 받았다.

　　1812년(純祖 12년)에 書院內에 廟庭碑가 세워지고 1871년(高宗 8년) 大元君의 書院撤廢令에 의해 毁撤된 후 書院址마저 陜川댐 建設로 인해 水沒되었다.

　　2000년 8월 2일 龍巖書院 復元推進委員會를 結成하여 2002년 敷地 6,530㎡를 買入 2004년 1월부터 地盤을 造成 崇道祠를 비롯한 7棟의 建物을 建立하여 南冥 曺植 先生의 位牌를 奉安하고 每年 享禮를 지내고 있다.

　　今番 제40회 '남명선비문화축제' 紀念으로 龍巖書院 德川書院 新山書院의 書院誌를 集大成하여 한 질로 發刊하게 된 것을 매우 뜻깊게 생각하면서 그동안 書院誌編輯에 온 정열을 기울여 오신 沈義祚 龍巖書院保存會長님을 비롯한 關係者와 韓國선비문화연구원 責任研究員과 書院誌編輯委員님들께 感謝를 드립니다.

2017년 6월

陜川郡 三嘉鄕校 典校 宋 七 用

『德川書院誌』·『龍巖書院誌』·『新山書院誌』 編纂委員會

委員長
趙 淳(前 副總理, 德川書院 院長)

顧問
崔秉烈(前 서울市長, 守愚堂 先生 後孫)　　曺玉煥(釜山交通 代表, 南冥 先生 後孫)
申珉澈(松溪 先生 後孫)

諮問委員
朴丙鍊((社)南冥學研究院長)　　　　　　　李相弼(慶尙大 南冥學研究所長)
曺榮達(서울대 (財)南冥學會長)　　　　　　金洛眞(晉州敎大 南冥敎育研究財團 理事)
崔球植(韓國선비文化研究院長)

副委員長
沈義祚(龍巖書院 院長)　　　　　　　　　　裵鍍奭(新山書院 院長)
河大逵(德川書院 院任)　　　　　　　　　　曺穩煥(南冥 先生 門中 代表)

監修委員
許捲洙(德川書院 院任)

委員
孫星模(山天齋 齋任)　　　　　　　　　　　盧永七(新山書院 鄕任)
李章永(雷龍亭 齋任)　　　　　　　　　　　朴孝根(山海亭 齋任)
申榮大(松溪 先生 後孫)　　　　　　　　　　盧在成(龍巖書院 保存委員會 局長)
曺斗煥(南冥 先生 門中 運營委員長)

檢討委員
朴丙鍊((社)南冥學研究院長)　　　　　　　崔錫起(慶尙大學校 敎授)
李相弼(慶尙大 南冥學研究所長)　　　　　金洛眞(晉州敎大 南冥敎育研究財團 理事)
金鶴洙(韓國學中央研究院 敎授)　　　　　盧在成(龍巖書院 保存委員會 局長)
李成圭(新山書院 總務)

執筆 및 編輯委員
金敬洙(韓國선비文化研究院 責任研究員, 慶尙大學校 哲學科 外來敎授)

飜譯委員
李昌浩(漢學者, 翻譯家)

幹事
曺鍾明(南冥 先生 後孫)